GUERRE DE 1870

JOURNAL

D'UN

HABITANT DE COLMAR

(Juillet à Novembre 1870)

LE JOURNAL DE MLLE H... PENDANT LE MOIS DE JANVIER 1871

ET D'AUTRES ANNEXES

PAR JULIEN SÉE

IMPRIMERIE DE AUG. BARTHOLDI

PARIS

YRAULT ET Cⁱᵉ, LIBRAIRES-ÉDITEURS

5, Rue des Beaux-Arts, 5

MÊME MAISON A NANCI

1884

GUERRE DE 1870

JOURNAL

D'UN

HABITANT DE COLMAR

PUBLICATIONS DU MÊME AUTEUR

Les Chroniques d'Alsace :

I. Hans Stolz. *Chronique de Guebwiller* (1124-1540). Texte allemand, préface et notes en français. — Colmar, J.-B. Jung, 1871. 1 vol. in-8°.

II. Courte Chronique de Colmar (1205-1400), d'après un manuscrit inédit de la bibliothèque de Colmar. Texte allemand. (*Alsatia*, 1875).

III. Description du siège et de la prise de Colmar par les Suédois (1632). Texte allemand, préface en français. — Colmar, J.-B. Jung, 1878. 1 vol. in-8°.

IV. Johann Joner. *Notanda,* journal d'un stettmestre catholique de Colmar pendant la première période de la conquête française (1678-1706). Texte allemand, avec préface française et notes tirées des archives de Colmar. — Colmar, J.-B. Jung, 1873, un vol. in-8°.

V. Ambroise Muller. *Mémorial d'un bourgeois protestant de Colmar* (1678-1705). Texte allemand, introduction française. — Colmar, J.-B. Jung. 1873. 1 vol. in-8°.

VI. Mémoires des RR. PP. Jésuites du collége de Colmar (1698-1750), avec notes et pièces tirées des archives de Colmar. — Genève, J.-G. Fick, 1872. 1 vol. in-8° (*épuisé*).

VII. Dominique Schmutz. *Journal d'un artisan de Colmar avant et pendant la Révolution* (1738-1800). Texte allemand, introduction française. — Colmar, J -B. Jung, 1878. 1 vol. in-8°.

Nos Élections au Reichstag 1874, Lettre... — Clermont-Ferrand, G. Mont-Louis, 1874. Broch. in-8°.

Emekh Habakha ou la Vallée des pleurs, chronique des souffrances d'Israël depuis sa dispersion, par maitre Joseph Hacohen, médecin, d'Avignon (1575). Traduit pour la première fois en français, avec notes et textes tirés des historiens de France, d'Angleterre, d'Allemagne, etc., par Julien Sée. — A Paris, chez le traducteur, 22, rue Baudin. Un magnifique volume in-8°.

Sous presse :

Brody, la Jérusalem galicienne, *Juifs polonais et juifs russes ; Littérature jargon,* notes de voyage (1882).

Premier engagement entre les Francs-tireurs de Saint-Denis et les Badois sur le pont de Horbourg (11 septembre 1870).

Croquis de M. Aug. Bartholdi, dessin de M. Ém. Perboyre.

JOURNAL

D'UN

HABITANT DE COLMAR

(Juillet à Novembre 1870)

SUIVI DU CAHIER DE MLLE H... PENDANT LE MOIS DE JANVIER 1871

ET D'AUTRES ANNEXES

PAR JULIEN SÉE

ORNÉ DE TROIS CROQUIS DE M. AUG. BARTHOLDI
ET D'UN DESSIN ORIGINAL DE M. ÉM. PERBOYRE

PARIS

BERGER-LEVRAULT ET Cie, LIBRAIRES-ÉDITEURS

5, Rue des Beaux-Arts, 5

MÊME MAISON A NANCY

1884

A Monsieur Émile BOUTIN

DIRECTEUR GÉNÉRAL DES CONTRIBUTIONS DIRECTES

ET

A Madame Émile BOUTIN

AVANT-PROPOS

Le livre que nous présentons au lecteur n'est pas une œuvre composée d'ensemble et n'était même rien moins que destiné aux honneurs de la presse ; c'est une simple suite de notes prises au jour le jour, presque heure par heure, pendant les premiers mois de la guerre franco-allemande, par un bourgeois de Colmar, amateur de nos vieilles chroniques et désireux de laisser à son tour aux archives locales une sorte de déposition sur l'état des esprits à l'une des époques les plus critiques de notre histoire. Un vote récent du Conseil général de l'Aisne lui a inspiré de les publier [1]. Naturellement plus d'un fait retracé dans ces lignes, mainte appréciation formulée d'une plume sincère porte l'empreinte des émotions du moment, mais on estimera que c'est précisément dans cette fidélité d'expression que gît la valeur d'une chronique : la science de l'histoire est beaucoup moins dans la sèche notion des faits que dans la connaissance exacte des senti-

---

[1]. Vote du 22 août, pour la préparation d'une histoire départementale de la guerre.

ments ou des opinions d'où ils procédaient ou qu'ils ont eux-mêmes suscités. Peu importe, politiquement, que toutes ces opinions aient été vraies et tous ces sentiments justes ; les uns et les autres veulent être connus tels quels, c'est à cette condition seule qu'ils livreront leur moralité.

Et cette moralité, ici, quelle est-elle?

1° *Nous n'avons pas voulu la guerre, on l'a voulue pour nous.* Interrogés, nous avons répondu *Non.* Le Non des villes et le Oui des campagnes au plébiscite avaient en ceci la même signification. L'on en trouverait encore aujourd'hui peut-être la preuve matérielle dans les papiers de la gendarmerie du Haut-Rhin. Chargée, en mai 1870, de faire une enquête sur les chances de popularité d'une guerre avec la Prusse, elle ne recueillit que des réponses négatives dans les cantons supposés les plus prussophobes, c'est-à-dire les plus fervemment catholiques.

2° *En nous jetant dans la guerre, on avait pris soin de nous diviser.* La même politique aveugle qui, au mépris de toutes nos maximes et de toutes nos traditions diplomatiques, érigeait l'Italie en grande puissance et proclamait le droit de la Prusse à s'arrondir, avait laissé raviver chez nous les dissensions confessionnelles[1], ne s'apercevant pas qu'elle défaisait par là, non seulement 89, mais encore 1648, fondement de la grandeur de la France. Dans les traités de Westphalie, en

---

1. *App.* I.

effet, il n'y a pas que l'équilibre européen, il y a aussi la paix religieuse, origine et raison d'être de notre présence dans la famille française.

Une fois jetés dans la guerre, nous avons fait, nous ne pouvions faire que des vœux pour le succès de nos armes. C'était le cri de nos cœurs, encore plus que notre devoir, lors même que nous n'eussions pas été l'enjeu de la lutte. Nous avons payé d'inoubliables deuils et d'amères séparations la tenace loyauté de nos sentiments.

3° A un point de vue plus objectif, *l'armée allemande n'était pas ce que la faisait notre imagination de vaincus.* Renseignée comme notre affolement la croyait, elle eût cueilli Strasbourg le soir même de Reichshoffen. La tardive invasion du Haut-Rhin montre que toute la masse de ses forces était déjà en France. La qualité des troupes venues le 14 septembre trahit une levée hâtive de jeunes contingents. Les démonstrations faites sur le Haut-Rhin dans les derniers jours du siège de Strasbourg, à plus forte raison la tranquille arrivée des mobiles du Rhône, le va-et-vient continuel de francs-tireurs et les paisibles opérations du conseil de révision témoignent qu'il ne restait rien aux Allemands pour occuper la Haute-Alsace, qu'une diversion était possible et que Strasbourg pouvait être secouru. L'interruption du bombardement de Brisach (du 7 octobre au 1er novembre), celui de Schlestadt commencé seulement le 22 octobre, prouvent la pénurie de munitions. Et de troupes aussi, puisque les opérations

n'ont pu être reprises que par des hommes de la landwehr, âgés et venus d'où? Du fond du fond de l'Allemagne: du Mecklembourg, du Holstein et du Schleswig.
Au moment de la chute de Metz, c'étaient des Polonais
qui traversaient Colmar; ils ne comprenaient mot
d'allemand. Ce n'est qu'après la reddition de Metz
qu'ont commencé les marches sur Belfort, ce n'est que
grâce à Bazaine que Belfort a pu être sérieusement
assiégé. Plusieurs mois après, l'armée de l'Est n'eut
devant elle qu'un rideau de troupes. Dès la mi-octobre
apparaissaient chez l'envahisseur des signes de découragement. Gambetta avait donc vu juste, une prolongation de la résistance pouvait, sinon renverser, du
moins considérablement améliorer la face des choses[1].
Sans doute, bien des ruines eussent encore été accu-
mulées et bien du sang versé, mais que d'hécatombes
ne nous coûtera pas dans l'avenir la perte de Strasbourg et de Metz, les portes de notre maison, et que
de centaines de millions ne nous a pas déjà coûté ce
simple bout de phrase glissé dans le traité de paix,
du traitement de la nation la plus favorisée concédé à
l'Allemagne commerciale.

L'esprit du lecteur établira aussi, peut-être, un
rapprochement entre ces trois faits: les grèves de

---

1. Rien d'instructif sous ce rapport comme un article paru dans la
Revue des Deux-Mondes, le 1er avril 1871, sous le titre de *Versailles
pendant le siège*. Nous reproduisons à l'Appendice, un extrait de cette
relation très remarquable, due à l'un de nos universitaires les plus
éminents, M. Henri Pigeonneau, professeur suppléant à la Faculté des
lettres de Paris. *App.* 2.

juillet, le 31 octobre et le 18 mars. Il s'apercevra que tous trois ont distrait notre attention à des heures capitales. Le premier, en tout cas, n'est pas éclairci, le ferment religieux ne suffit pas à l'expliquer. Qu'on ne nous accuse pas d'excitations inconsidérées ; nous n'incriminons pas, nous soupçonnons, sans d'ailleurs absoudre notre propre indiscipline, si funeste à la patrie. Grèves, émeute, Commune, au surplus, à les supposer fomentées du dehors[1], étaient stratagèmes de guerre, auxquels c'était à nous à prendre garde ; nous estimerions à grande faute, en cas de nouveau choc, de négliger les éléments de conflagration intérieure que peut présenter notre adversaire. *Salus populi suprema lex.*

Ces Notes auront atteint leur but, si elles contribuent à établir l'opinion qu'avec plus d'énergie, plus d'esprit de sacrifice et de patriotique opiniâtreté nous pouvions encore sauver nos provinces il y a treize ans. Sachons nous l'avouer aujourd'hui et à l'occasion nous en souvenir. Surtout rappelons-nous Sedan et Metz : il n'y a ni relèvement ni revanche à espérer, aussi longtemps que chaque Français ne sentira pas comme une brûlure au cœur à la pensée de ces deux hontes sans exemple.

Septembre 1883.

---

1. *App.* 3.

GUERRE DE 1870

JOURNAL

d'un

HABITANT DE COLMAR

(De Juillet à Novembre 1870)

Juillet-août 1870.

Les jours succèdent aux jours, les événements se suivent, amenés, emportés par le flot des années, la vie s'écoule, une génération passe et l'expérience d'aujourd'hui demeure perdue pour demain.....

Il y a trois mois, la France, après dix-huit ans de gouvernement personnel, acclamait de nouveau le souverain qui l'avait conduite au Mexique, qui avait permis Sadowa, mal à propos tiré l'épée pour des intérêts non nôtres et l'avait gardée au fourreau lorsqu'il eût fallu s'en servir pour sauver l'avenir de la puissance française. Sept millions cinq cent mille suffrages maintenaient à un seul homme le droit de faire la guerre sans l'assentiment du pays, qui expierait les fautes et paierait les victoires. Et voilà que peu de jours après le 8 mai, il est déjà vaguement question de guerre : un journal officieux, le *Constitutionnel*, parle du rang que la France doit conserver[1], etc. Une querelle éclate, querelle de mots, on l'a dit, et voilà la guerre allumée, non plus entre la France et l'Autriche, entre la France et la Russie, entre la France et le Mexique, mais entre la France et la Prusse, c'est-à-dire entre deux pays voisins, entre deux races, entre deux langues, entre deux religions, une de ces guerres enfin dont la génération qui l'a vue naître voit rarement l'issue finale.

Il a fallu toute l'impéritie de nos gouvernants pour ne pas s'apercevoir qu'une guerre avec la Prusse ne tarderait pas à devenir une guerre avec l'Allemagne entière. Pour empêcher l'achèvement de l'unité allemande, un seul moyen nous restait : nous tenir tranquilles, n'éveiller aucune susceptibilité germanique ; c'est le contraire qui a lieu, c'est nous qui nous donnons l'apparence[2] de chercher à la Prusse une querelle d'Allemand ; bref, on commence par rendre inévitable ce que l'on voulait tout d'abord éviter : il ne s'était pas tiré un coup de fusil que l'unité allemande était faite ; la race germanique tout entière marchait contre la Gaule, dans le but hautement annoncé de reconquérir l'Alsace et la Lorraine : *Elsass und Lothringen her*, se sont écriés dès les premiers instants les journaux d'outre-Rhin.

1. « Il importe, disait le journal officieux, que la France reprenne sa « place et fasse entendre sa voix dans les grandes questions qui s'agitent « et qui ne doivent ni se traiter ni se résoudre sans notre concours et sans « notre influence. »

2. La vérité est qu'en Allemagne on souhaitait, on guettait la guerre. Voir *App.*, 4.

Tout cela, pour peu qu'on s'y arrête, était si facile à prévoir, qu'on ne saurait assigner à la politique impériale que des vues secrètes, absolument étrangères à l'intérêt national, et ces vues m'apparaissent de deux sortes :

1° L'empire, à qui le Mexique et tant d'autres fautes avaient enlevé son prestige, éprouvait la nécessité de se refaire du lustre; ce lustre pouvait-il être autre que celui de la victoire? Mais d'abord il fallait tâter le pouls au pays, ce fut sans doute le but réel du plébiscite.

L'empire vainqueur, c'était pour un moment la France agrandie, la dynastie consolidée.

La défaite, on ne la prévoyait point : les douteurs étaient qualifiés Prussiens.

D'aucune façon les revers ne pouvaient être plus préjudiciables à la dynastie que le maintien du *statu quo*; à tout prendre, Napoléon devait préférer périr dans le sang à périr dans la boue.

La France, elle, n'aurait jamais que son dû, pour avoir osé ne plus adorer Bonaparte.

2° Mais à côté de ces considérations s'en pressentent d'autres, sinon plus perceptibles, du moins tout aussi vraisemblables. Si l'on tient compte de la grande influence exercée par l'impératrice sur son époux, c'est-à-dire sur tout le gouvernement, puisque celui-ci est personnel, et par la religion sur l'impératrice; si, d'autre part, on songe que la Prusse de Sadowa est une puissance hérétique, et, en troisième lieu, que dans notre Alsace, les communes qui ont voté *non* le 8 mai sont la plupart protestantes, on ne tarde pas à se persuader que la guerre est moins politique que religieuse, non pas à la vérité dans la pensée de l'empereur, mais très certainement dans celle de l'impératrice et d'une partie de ses conseillers. Différents symptômes viennent me confirmer dans cette pensée, je me propose de les noter jour par jour avec les faits dont je serai témoin, car, je le crains bien, c'est la grande lutte du XVIIe siècle, c'est le duel du Catholicisme et de la Réforme qu'on s'efforce de rouvrir. Que de sang va couler pour des querelles que l'on croyait éteintes[1] !

Dans l'ordre des faits historiques, c'est l'empire d'Allemagne, dissous par la Réforme, qui ressuscite champion de la Réforme. Que deviendra la France catholique ? Marchera-t-elle avec l'Espagne et l'Italie sous la bannière suzeraine du Pape infaillible ou doit-elle, dans une lutte gigantesque, perdre à son tour l'unité nationale et l'existence politique ?

Redoutables questions que résoudra l'avenir. Nous, réservés à ces orages, prenons part au présent, goûtons-en les joies, s'il en est encore, supportons-en les douleurs, mais surtout sachons en démêler le sens, pour instruire, s'il plaît à Dieu, ceux qui viendront après nous. Nous vivons, hélas ! à une époque de réaction religieuse et c'est une semblable réaction qui a coûté l'Alsace à l'Allemagne. Les nations seraient-elles donc condamnées à périr par la religion même qui les a constituées ?

Mais espérons ! Avant de faire 89, la France a dû être broyée sous le pilon unitaire de Louis XIV ; qui sait si, dans l'Église aussi, le tiers état, c'est-à-dire le bas clergé, ne fera pas un jour sa révolution ? Il ne tarderait pas alors

---

1. *App.*, 5.

à rentrer dans la nation, dont il formerait l'âme, et la France redeviendrait une. L'avenir serait à nous.

La journée finit dans les éclairs et la tempête, mais nos successeurs reverront le ciel pur et le soleil radieux :

> Wenn schon die Schöpfung sich verhüllt
> Und laut der Donner ob uns brüllt,
> So lacht am Abend nach dem Sturm
> Die Sonn' uns doppelt schön !

JUILLET

15 juillet 1870.

La guerre est déclarée, guerre à la Prusse. L'empire s'est mis aux prises avec ce qui sera tout à l'heure l'empire d'Allemagne.

Ici la consternation est universelle : après une année de sécheresse et de stérilité, encore la guerre, peut-être la disette! On n'entend que lamentations.

Des paysannes viennent me trouver, se plaignent; elles ne comprennent pas qu'elles aient la guerre, après que leurs maris ont voté pour la paix, voté *oui*.

Enfin, récriminer ne sert de rien : il faut s'apprêter à tous les hasards de la guerre; nous sommes, comme on dit, aux premières loges, et nous pouvons être durement éprouvés.

— Le dogme de l'infaillibilité papale vient d'être proclamé à Rome par 458 *oui* contre 88 *non*, plus 62 *oui* conditionnels. C'est, comme le fait remarquer le *Siècle*, à peu près la proportion du plébiscite.

— La séance du Corps législatif où ont été votés les subsides de guerre a été très agitée. MM. Thiers, Jules

Favre, Gambetta se sont élevés avec énergie contre l'opportunité d'un conflit avec la Prusse : « J'ai été plus que personne, a dit M. Thiers, affecté des événements de 1866, mais l'occasion de les réparer est choisie de la façon la plus détestable. Je suis certain, a-t-il ajouté, qu'il y aura des jours où vous regretterez votre précipitation. »

M. Émile Ollivier a déclaré, au nom du cabinet, que le Gouvernement n'avait rien négligé pour éviter la guerre, mais que le roi de Prusse ayant refusé de recevoir notre ambassadeur, elle était devenue inévitable.

« C'est là-dessus que vous faites la guerre ! s'est écrié alors Arago ; le monde civilisé vous donnera tort, il verra que vous n'avez cherché qu'un prétexte. »

Pour expliquer la guerre, les journaux officieux en sont arrivés à des aveux accablants. Ainsi le *Moniteur* dit « que la paix du monde a échoué sur une *difficulté de forme,* envenimée et grossie par tous les ressentiments du passé et toutes les passions du présent. » Le roi de Prusse *approuvait* la renonciation du prince de Hohenzollern au trône d'Espagne, le cabinet français exigeait qu'il la *garantît.* Chacun a mis son amour-propre à ne pas céder l'un à l'autre. Et voilà comment deux cent mille hommes vont payer de leur vie une difficulté grammaticale.

— Personne ne veut la guerre. Or, on va la faire ou faire croire à l'Europe que nous la voulons.

Ceci est un coup de surprise et d'escamotage.

Des millions de paysans ont voté hier à l'aveugle. Pourquoi ? Croyant éviter une secousse qui les effrayait. Est-ce qu'ils ont cru voter la guerre, la mort de leurs enfants ?

Il est horrible qu'on abuse de ce vote irréfléchi.

Michelet.

— Depuis 8 jours sévit à Mulhouse une des grèves les plus considérables qui se soient produites en France. Les jours précédents, quelques réclamations isolées, relatives à la diminution des heures de travail et à une augmentation correspondante des salaires, avaient été formulées; mais rien ne permettait de prévoir qu'elles dussent être le prélude de la vaste explosion qui s'est inopinément produite. Fileurs, tisserands, imprimeurs, journaliers, ouvriers-mécaniciens, maçons, tailleurs de pierre, charpentiers, menuisiers, peintres, plâtriers, lithographes, etc., ont simultanément cessé de travailler. Tout ce monde semble avoir été saisi par une même frénésie de se mettre en grève.

Dès vendredi (8 juillet), des bandes nombreuses de grévistes se mirent à parcourir la ville, particulièrement le Nouveau-Quartier; puis elles se dirigèrent vers la forêt du Tannenwald où, dans la première effervescence de leur résolution, des ouvriers et surtout des ouvrières se livrèrent publiquement à des excès de boisson, à des obscénités et à des scènes de débauche. Au retour, des cris furieux et des menaces furent proférés contre les propriétaires des élégantes habitations édifiées depuis peu sur le coteau de Mulhouse. Aucune violence ne fut toutefois commise.

Dans la même journée, des groupes de grévistes, conduits par des meneurs résolus, se portèrent sur les établissements où le travail continuait encore. Ils en forcèrent les portes, refoulant violemment et insultant les concierges, les employés et même les patrons qui essayaient de leur en interdire l'entrée. Ils mirent en branle les cloches de sortie dans le but d'attirer les ouvriers, coururent aux moteurs qu'ils arrêtèrent, et contraignirent leurs camarades, qui protestaient et voulaient continuer à travailler, à se joindre à eux.

Les autorités locales demandèrent des troupes. Le préfet du Haut-Rhin arriva le soir à Mulhouse et adressa aux ouvriers une proclamation ainsi conçue :

Habitants de Mulhouse,

L'ordre a été violemment troublé dans votre ville.

Des usines ont été envahies ; des ouvriers voulant travailler ont été arrachés de leurs métiers et empêchés de gagner le pain de leurs familles.

Je viens défendre la paix publique ; je viens protéger la liberté du travail, propriété inviolable du citoyen.

Discutez librement avec vos patrons les questions qui vous divisent, c'est votre droit absolu. Il sera pleinement respecté ; mais respectez aussi le droit du patron.

Que le contrat qui vous unit soit libre pour lui comme pour vous.

Respectez surtout la liberté de vos camarades ; leur travail leur appartient ; ne portez pas atteinte à leur propriété.

La loi est la même pour tous ; elle ne sera plus violée. Si la raison n'était pas écoutée, mon devoir serait de recourir à la force.

J'espère que cette extrémité me sera épargnée et que la population de Mulhouse tout entière répondra à l'appel que j'adresse à son bon sens, à son esprit de justice, au sentiment de ses véritables intérêts.

Mulhouse, le 9 juillet 1870.

Le Préfet du Haut-Rhin,
ISIDORE SALLES.

Dans la nuit du vendredi au samedi, arrivèrent à Mulhouse des cuirassiers venus de Huningue et divers détachements d'infanterie formant en tout un effectif de quinze cents hommes, auxquels se joignirent les brigades de gendarmerie de Sierentz, Dannemarie, Huningue et Saint-Louis.

A partir de samedi, les bandes de grévistes cessèrent de se montrer dans les rues de Mulhouse. Le but était atteint, l'élan était donné, la grève s'était régularisée et semblait obéir dès lors à des comités directeurs. Ces comités, une fois qu'ils virent la grève devenue générale à Mulhouse, s'efforcèrent de la rendre contagieuse au dehors. Des meneurs partirent dans différentes directions, pour Guebwiller, Thann, Cernay, Saint-Amarin, afin de déterminer les ouvriers de ces communes à suivre leur exemple.

La grève, dans ces localités, n'a donné lieu à aucun désordre sérieux. Des bandes d'hommes, de gamins, de femmes et de filles se sont simplement dirigées sur divers établissements, en sollicitant sur leur passage les ouvriers d'impression qui étaient aux fenêtres des fabriques par le cri de : *üse mit* (dehors! dehors!). Cris, chants, rires.

D'après l'*Industriel*, les prétentions des ouvriers se résument en : 10 heures de travail, de 6 heures à 6 heures, avec deux heures libres, de midi à 2 heures, et même gain quotidien qu'auparavant. Un vieux pareur, ajoute le même journal, affirme bien haut que sans le résultat très affirmatif du plébiscite, on aurait condamné les ouvriers à 15 heures de travail. De pareilles insinuations, répandues par on ne sait quels personnages, expliquent les cris de *Vive l'Empereur!* qui paraissaient d'abord intempestifs et insolites.

A Wattwiller, une foule immense a envahi les fabriques d'impression, en enfonçant les portes, en forçant les ouvriers à sortir et en se livrant à des voies de fait contre les employés. Aucun de ceux qui commettaient ces excès n'est connu de ceux-ci.

Il paraît que les neuf dixièmes des ouvriers en grève ne demanderaient pas mieux que de reprendre leur travail, mais il y a intimidation et menace de la part d'une fraction[1]. — Les femmes surexcitent les hommes.

Jeudi, à une heure et demie, arrivée à Colmar de deux escadrons de lanciers de la garnison de Neuf-Brisach, mandés par dépêche télégraphique. Ils attendent un nouvel ordre pour aller remplacer à Guebwiller les cuirassiers appelés à Thann.

Vendredi matin, les trois brigades de gendarmerie dirigées sur Guebwiller mardi sont renvoyées dans leurs casernements respectifs.

On écroue à la prison de Colmar deux ouvriers, Maurer et Fischer, tous deux de Bühl, sous la prévention de menaces et de violences à l'occasion de la grève.

A Bühl, Soultz, Wesserling, Felleringen, la grève présente partout les mêmes caractères. Des bandes de grévistes viennent débaucher les ouvriers qui travaillent encore, réclament 25 p. 100 d'augmentation de leur salaire et 10 heures seulement de travail.

La troupe et la cavalerie se portent sur les différents points où la sécurité paraît menacée; mais elles n'ont eu nulle part encore, Dieu merci, l'occasion d'intervenir.

---

1. On m'a cité depuis, comme l'instigateur principal de cette grève, un des acteurs les plus remuants du 31 octobre et du 18 mars. Malheureusement je n'ai pu vérifier le fait.

Le *Journal de Mulhouse*, en recherchant les causes de la grève, l'attribue à la prédication haineuse du *Volksbote*, qui, « grâce à une tolérance inexplicable, s'est donné pour mission d'exciter les ouvriers contre les patrons et les catholiques contre tous ceux qui n'admettent pas l'infaillibilité du pape ».

« MM. les rédacteurs de cette feuille pieuse, ajoute le *Journal de Mulhouse,* n'ont pas prêché dans le désert, et ils doivent être flattés de voir que leurs lecteurs se sont montrés dociles à leurs exhortations. »

— Une dépêche du ministre de la guerre prescrit de faire rentrer sur-le-champ les chevaux d'artillerie en dépôt chez les cultivateurs.

Une autre dépêche rappelle sous les drapeaux tous les militaires de l'armée de terre et de mer actuellement en congé, pour quelque motif que ce soit, même les soutiens de famille.

Le décret de mobilisation de la garde mobile vient de paraître : 50,000 hommes vont être dirigés sur le camp de Châlons.

On parle d'un emprunt de guerre de 500 millions.

L'artillerie de Belfort a reçu l'ordre d'armer le fort des Barres. Tous les soldats sont employés à ces travaux.

Le chef de gare de Belfort a reçu l'ordre de diriger tous les wagons disponibles sur la gare de Strasbourg, pour ramener des pièces de canon à Belfort.

16 juillet.

Extrait d'une lettre de mon frère Ernest, datée de Strasbourg, 15 juillet, minuit :

La surexcitation est grande ici ; les Facultés vont probablement être licenciées, la majorité des étudiants devant rejoindre la mobile.

J'ai été ce soir à Kehl ; les postes français sont doublés, les armes réunies en faisceaux ; on va rompre le pont, et peut-être le faire sauter.

A Kehl même, on est assez calme, et pourtant le drapeau badois n'y flotte plus ; on dit que le général baron Weiler est remplacé par un officier prussien arrivé avec de l'infanterie et de la cavalerie prussiennes.

Du reste, je n'ai rien vu d'extraordinaire à Kehl, mais la route de Strasbourg à Kehl présente un aspect réellement curieux : sur toute la route, des voitures encombrées de malles et de personnes, savoir : des Français fuyant Bade et l'Allemagne, des Allemands fuyant la France ; des flâneurs de Strasbourg allant voir l'état des choses, des estafettes lancées au triple galop, des officiers ; en un mot, une grande agitation. De petits forts situés sur la route et occupés par des douaniers sont évacués pour faire place aux troupes. Les paysans se hâtent de faucher leurs blés et de les rentrer avant la tempête. Enfin toutes les portes de la ville ont été fermées ce soir à 10 heures précises.

On attend demain matin, de bonne heure, un régiment de zouaves et dans vingt-quatre heures, 50,000 hommes.

— La compagnie des francs-tireurs de Colmar, capitaine Eudeline, adresse l'appel qui suit à la jeunesse de l'arrondissement :

Concitoyens,

La France, menacée dans son indépendance par les projets ambitieux de la Prusse, est forcée de recourir encore une fois aux armes.

C'est le moment de payer notre dette à la patrie.

Constituée pour la défense exclusive de ses foyers, la compagnie des francs-tireurs volontaires de Colmar fait appel au patriotisme de ses concitoyens.

Sans crainte comme sans aveuglement, nous envisageons l'avenir qui nous prépare une lutte terrible et décisive.

Elle nous sera favorable ; la justice de notre cause, le courage de notre armée et le concours énergique de toute la nation nous en sont le plus sûr garant.

Mais sachons parer à toute éventualité passagère.

Que tous ceux qui ont conscience du devoir à remplir en cas d'agression, s'arment et s'instruisent dès à présent, pour qu'au premier signal ils soient prêts à repousser toute tentative sur les bords du Rhin.

Nos rangs leur sont ouverts [1].

Dimanche, 17 juillet.

— Les premiers convois de troupes ont passé, dirigés sur Strasbourg. Les soldats sont tristes, silencieux. Ce que tout le monde répète, ils se le disent peut-être aussi : le courage personnel ne sert plus ; la science a remplacé l'ardeur guerrière, le soldat n'est plus que de la chair à mitraille. Les attaques d'homme à homme, de régiment à régiment ne sont plus possibles ; c'est à qui aura les meilleurs fusils, les meilleurs canons, les meilleures mitrailleuses, que restera la victoire.

8 h. — On dit que 30,000 Français ont occupé Luxem-

---

1. Ce document a été affiché dans les deux langues, sur papier blanc, à la suite d'une note officielle ainsi conçue :

« Le préfet du Haut-Rhin s'empresse de porter à la connaissance des habitants du département l'appel chaleureux que la gravité des circonstances a inspiré au patriotisme de la compagnie des francs-tireurs de Colmar et auquel il ne peut qu'applaudir.

« Colmar, le 22 juillet 1870.   I. SALLES. »

Une trentaine d'ouvriers, la plupart de moins de vingt ans, ont répondu en s'enrôlant immédiatement. La compagnie n'était armée, à son vif regret, que de carabines Minié, se chargeant par la bouche.

bourg. Les Prussiens se seraient présentés une heure après.

9 h. — Cette nouvelle n'est pas confirmée.

10 h. — Le courrier de Paris n'est ni arrivé, ni signalé.

3 h. et demie. — La rue et la cour de la gare du chemin de fer sont encombrées de monde. Agitation, discussions, grande animation.

Il passe des voitures d'ambulance : *Todtewáye*[1], dit-on. Exclamations douloureuses et lamentations.

Enfin le courrier arrive, il est en retard de 6 heures. On se précipite, on se presse, on s'arrache les journaux.

La nouvelle de l'apparition de cavaliers prussiens à Sierck produit l'effet d'une secousse galvanique. On parle moins des fautes du Gouvernement, on songe davantage à la France.

Lundi matin, 18.

Auguste Heylandt et sa femme ont passé la nuit dernière à la gare, distribuant des aliments et du vin à nos chers soldats, pour qui l'intendance ne montre guère de sollicitude.

4 h. — Les trains se succèdent sans interruption ; le service des voyageurs est en grande partie suspendu. De marchandises on n'en accepte plus ; tout pour le transport des soldats et des munitions.

Des souscriptions se font en ville et aux environs pour offrir des rafraîchissements aux troupiers. On réunit des sommes relativement considérables. On a peine à retenir

---

1. Voitures pour les morts.

ses larmes en voyant passer nos pauvres bons soldats, si gais, si braves. Ils vont à la boucherie.

Nægelen, mon voisin, qui revient de Thann, en a vu hier qui quittaient cette ville. Des ouvrières les accompagnaient à la gare. Tout ce monde causait, riait. Le train arrive, les conscrits y montent, la locomotive siffle : « *Gehen*, leur crient alors les femmes, *gehen, éhr armi Kaïwe, gehen zuäm Tod*[1]. » Et elles éclatent en sanglots.

A Guémar, un conscrit interpelle les villageoises : *Séye z'fréede on klaye ném, éhr Wywer, 's Flaisch word wolf'l, d'gross Metzig fangt aa*[2].

— Le ministre de la guerre a fait demander, par l'intermédiaire de l'intendance, à MM. les médecins et pharmaciens civils, ainsi qu'aux médecins militaires en retraite, leur concours pour le service de santé à l'hôpital militaire de Colmar et, s'il y a lieu, du corps de troupes stationné dans notre ville.

Tous ont naturellement adhéré avec le plus patriotique empressement.

5 h. — La ville semble avoir perdu subitement les trois quarts de sa population, tant les rues sont désertes. Tout le monde est à la gare.

Rue de Munster, une foule compacte regarde arriver le 9ᵉ cuirassiers.

A l'intérieur de la gare, on voit sur le quai, le long du bâtiment, des monceaux de pain et de charcuterie, des cuveaux remplis de vin. Des hommes de tout âge et de tout rang servent les soldats, leur versent à boire, leur

---

1. Allez, pauvres diables, allez à la mort.
2. Soyez contentes et ne vous plaignez plus, femmes, la viande va être à bon marché, la grande boucherie commence.

donnent à manger. Cet accueil émeut profondément ceux qui en sont l'objet ; des officiers en sont touchés jusqu'aux larmes.

Les soldats sont les uns riants, les autres sérieux ; ils s'appellent, crient, chantent les *Girondins*. Le train repart, mille bras gesticulent hors des portières. Cris de : *Vive la France ! Vive Colmar ! Adieu, Colmar ! Adieu, pays !*

Plus d'un, sur le quai, se détourne pour cacher ses larmes.

Un sergent auquel je présentais une chope de vin, l'a repoussée en disant : « Pas de vin, Monsieur, je vous en prie, rien que du pain, si vous en avez ; depuis Marseille nous sommes à jeûn. » J'ai couru lui chercher tout ce que je pouvais porter de pains et de charcuterie ; Paul Kaeppelin en a fait autant. Quand le train s'est remis en marche, nous nous sommes regardés muets, les yeux mouillés.

6 h. — Nouvelles rumeurs sur l'occupation de Luxembourg par un corps français. On parle d'un combat dans lequel les Prussiens auraient été repoussés. On va jusqu'à citer trois de nos généraux qui auraient été, l'un tué, les deux autres blessés.

Renseignements pris, cette nouvelle n'est pas plus sérieuse que le bruit qui a couru à Reims et dans d'autres villes, que le général Ducrot, à la tête de 4,000 hommes, aurait franchi le pont de Kehl et mis en déroute 16,000 Prussiens.

Il est probable que jusqu'à ce moment, pas un coup de fusil n'a été tiré. On prétend même, ce qui est très possible, que la guerre n'a pas encore été déclarée officiellement.

— Le bruit court que les Badois se serviront contre nous de balles explosibles fabriquées par les Prussiens avant la convention qui en a proscrit l'emploi. Si le fait se vérifiait, les représailles seraient terribles. On se rappelle ou on croit se rappeler que Bade n'avait pas pris part à la convention de Saint-Pétersbourg, en vertu de laquelle les principales puissances européennes se sont interdit l'usage des balles explosibles.

— La pitié populaire s'est changée en une sorte d'émulation pieuse, d'enthousiasme de la charité. Les dons patriotiques affluent de tous côtés, chaque habitant veut contribuer à l'hospitalité colmarienne. La rue des Boulangers dirige vers la gare un véritable convoi de saucisses et de pains, avec deux hectolitres de café, dont la place d'Armes fournit le sucre. Des particuliers ont offert jusqu'à trois tonneaux de vin. Les soldats, réjouis de l'accueil qu'ils reçoivent, chantent, rient, crient. Leur gaîté, leur entrain gagne la foule ; ils promettent avec assurance notre victoire, on se plaît à les croire.

Ce sont Mmes Heylandt, Étienne et Édouard Chevalier, Thierry, Gauckler, etc., qui ont apprêté les deux hectolitres de café. Elles servent à boire et à manger comme de simples cantinières. Braves dames !

Depuis hier, on a réuni en ville plus de 1,500 fr. en argent, 30 hectolitres de vin, 15 de bière, 10 de café ; de la viande et du pain à voiturées.

9 h. — La Société de tir a décidé qu'elle se mettrait à la disposition de l'autorité pour l'organisation de patrouilles, tant à l'intérieur de la ville que dans la banlieue.

Dès ce soir, les membres de la Société commenceront leur service de surveillance, qui s'exercera principalement sur la voie ferrée, à plusieurs lieues de distance. Ils remplaceront les cuirassiers de la garnison.

Les membres de la Société chargés de ce service porteront comme marque distinctive une rosette aux couleurs de la ville : vert et rouge. Ils seront munis d'une carte nominative de membre de la Société, signée du président.

A en croire une persistante rumeur, on aurait capturé deux individus occupés à déchausser des rails entre Herrlisheim et Rouffach.

11 h. — Affiche :

Le Maire de Colmar à ses concitoyens :

Habitants de Colmar,

Votre patriotisme vous a inspiré la généreuse pensée d'aller saluer les détachements de notre vaillante armée de passage à la gare du chemin de fer. Une souscription a été ouverte pour leur offrir des rafraîchissements.

Cet acte spontané et généreux vous honore et je suis heureux de vous en féliciter ; mais permettez-moi, dans l'intérêt même de cette manifestation patriotique, d'appeler votre bienveillante attention sur les inconvénients que présente l'accumulation de la foule sur les quais de la gare au moment du passage des trains. Le service du chemin de fer se trouve entravé, la discipline militaire en souffre, des retards préjudiciables aux mouvements de troupes peuvent se produire et, chose plus grave encore, ces retards peuvent entraîner des collisions entre deux trains qui se suivent.

Il aura suffi, j'en suis persuadé, de signaler à votre patriotisme la possibilité de pareils accidents, pour que vous vous empressiez de laisser à MM. vos commissaires, revêtus d'insignes, le soin de pourvoir seuls aux distributions de rafraîchissements.

Je viens donc vous prier de vous abstenir dorénavant de pénétrer dans l'intérieur de la gare. Des mesures sont prises pour que MM. les commissaires seuls y aient accès pendant les distributions.

Colmar, le 19 juillet 1870.

Le Maire, H. DE PEYERIMHOFF.

1 h. et demie. — L'intérieur de la gare présente un aspect moins tumultueux. Les distributions se font avec ordre.

On voit des magistrats et des fonctionnaires, entre autres le nouveau conseiller à la Cour, M. Malval, à leur tour portant le ruban vert, insigne de nos restaurateurs volontaires.

Beaucoup de bourgeois des communes voisines. Un d'eux, M. Schiele, de Türckheim, témoigne une satisfaction narquoise : il vient de remettre à un de nos braves une balle coupée, reçue par son père à Iéna. « Si jamais, lui a dit ce dernier *in articulo mortis,* si jamais nous recommençons la danse avec les Prussiens, que cette fausse monnaie leur soit restituée, par toi ou par tes enfants. »

La balle est en deux; il y en aura pour deux.

— Munster vient d'envoyer une première offrande en espèces, 147 fr.;

Kientzheim, 47 mesures[1] de vin;

Katzenthal, 46;

Ammerschwihr, 56;

Kaysersberg en annonce pour demain 60 et Sigolsheim 80.

---

1. La mesure ou *ohm* est d'un demi-hectolitre.

— Le commandant de place de Strasbourg a fait afficher samedi l'avis suivant :

Note de la place. — La place de Strasbourg se trouvant en état de guerre, les portes seront fermées à 9 heures du soir, à compter d'aujourd'hui, et ouvertes à 4 heures du matin.

Dans l'intérêt de la population et pour se conformer à un ancien usage local, la cloche municipale se fera entendre chaque soir une heure avant la fermeture des portes, c'est-à-dire à 8 heures.

La circulation sur le terre-plein des remparts est interdite, jour et nuit, à compter de ce jour.

Strasbourg, le 16 juillet 1870.

Le Colonel commandant de la place,

DUCASSE.

— Les deux segments tournants, badois et français, du pont en fer de Kehl avaient déjà été ouverts pendant la nuit de vendredi à samedi ; samedi matin on les avait, des deux côtés, remis en place et la circulation avait été rétablie. Vers midi, on a de nouveau fait tourner sur son pivot le segment badois, et environ une heure après, le segment français a été, à son tour, ramené à sa position parallèle à la rive ; depuis ce moment, le passage des trains, dont le nombre avait déjà considérablement diminué dans la matinée, a complètement cessé d'une rive à l'autre.

Toutes les familles françaises momentanément installées dans les villes d'eaux d'Allemagne sont, depuis avant-hier soir, forcées de faire de longs détours pour rentrer en France.

A Huningue, le pont volant a été démonté la nuit dernière par le service du Rhin, secondé par les troupes de

la garnison de Huningue. L'opération, commencée à
11 heures du soir, par une pluie battante, s'est achevée à
5 heures et demie du matin.

Mercredi, 20.

8 h. — Envoi de Wintzenheim : 15 mesures de vin,
18 litres d'eau-de-vie ; 402 fr. 90 c. en numéraire.

9 h. — Envoi d'Éguisheim : sur un chariot pavoisé
de drapeaux tricolores et garni de verdure, se carrent
quatre grands tonneaux portant les inscriptions suivantes :
LES HABITANTS D'ÉGUISHEIM A L'ARMÉE FRANÇAISE. — MORT
AUX PRUSSIENS ! — VIVE L'ARMÉE ! — PATRIOTISME.

— Des souscriptions s'organisent, ici et dans divers
cantons, en vue de secourir les blessés militaires. Le
Courrier du Haut-Rhin, qui en a eu l'initiative il y a déjà
quelques jours, a déjà reçu 1,400 fr. Les premiers sous-
cripteurs sont : MM. X..., avoué au tribunal, 100 fr. ;
S. Bickart-Sée, 100 fr ; André Kiener, 100 fr. ; Frédéric
Hartmann, premier versement, 300 fr. ; Th. Zurlinden,
100 fr. ; Edm. Fleischhauer, 100 fr. ; la loge maçonnique
de Colmar, premier versement, 500 fr.

Le consistoire protestant a mis à la disposition du
maire une somme de 500 fr.

— L'administration se prépare à convertir en hôpital le
vaste entrepôt des tabacs. Un millier de blessés pourront
y être recueillis.

Jeudi, 21.

Des affiches blanches ornées d'une croix rouge portent
les noms des membres d'un comité départemental de secours aux blessés, organisé sous le patronage de MM. de
Bigorie de Laschamps, premier président de la Cour,

Isidore Salles, préfet, et H. de Peycrimhoff, maire de Colmar. Les membres du comité sont désignés : ce sont d'abord MM. Rencker, président, R. Kaeppelin, vice-pré-, sident. Le secrétaire est un professeur de l'école normale.

L'accord, paraît-il, ne règne pas entre ce comité et les promoteurs. Le comité ne serait même pas constitué défi-nitivement ; y aurait-il une intrigue là-dessous ?

— Les nouvelles des bords du Rhin sont rares et con-fuses. Il paraît toutefois positif que les Prussiens opèrent une double concentration sur la ligne de la Sarre, entre Trèves, Sarrelouis et Sarrebrück d'un côté, et sur la rive droite du Rhin, vers Rastadt, de l'autre.

L'armée qui se concentre vers Rastadt, à peu près à la hauteur de Lauterbourg, aurait pour mission de protéger les communications de la Bavière et du Wurtemberg avec Mannheim et Mayence, communications qui s'opèrent par la voie ferrée de Munich à Ulm, Stuttgart et Bruchsal.

Le prince royal de Prusse serait investi du commande-ment en chef de cette armée, dans laquelle seraient incor-porés tous les contingents de l'Allemagne méridionale.

Le Palatinat bavarois commencerait à être occupé par des forces prussiennes. Un corps prussien serait campé au col de Kaiserslautern, par lequel passe la voie ferrée qui relie le Palatinat à la Prusse rhénane.

— Les Français se sont avancés sur le territoire prus-sien près de Sarrebrück. Quelques coups de fusil auraient également été échangés du côté de Forbach, entre les avant-postes français et prussiens.

— Nouvelle souscription, pour subvenir aux frais d'ha-billement des volontaires francs-tireurs.

— Notre général, le comte de Saint-Sauveur, est nommé grand-prévôt de l'armée du Rhin.

— M. Georges de Heeckeren, le fils du sénateur, vient de s'engager dans les chasseurs à cheval.

— La Cour de Colmar a voté 2,000 fr. en faveur de l'armée.

— L'*Univers* donne la formule du nouveau dogme de l'infaillibilité papale :

Nous attachant fidèlement à la tradition qui remonte au commencement de la foi chrétienne, pour la gloire de Dieu notre Sauveur, pour l'exaltation de la religion et le salut des peuples chrétiens, nous enseignons et définissons, *sacro approbante concilio,* que c'est un dogme divinement révélé : que le pontife romain, lorsqu'il parle *ex cathedrâ,* c'est-à-dire lorsque remplissant la charge de pasteur et docteur de tous les chrétiens, en vertu de de sa suprême autorité apostolique, il définit qu'une doctrine sur la foi ou les mœurs doit être tenue par l'Église universelle, jouit pleinement, par l'assistance divine qui lui a été promise dans la personne du bienheureux Pierre, de cette infaillibilité dont le divin Rédempteur a voulu que son Église fût pourvue en définissant sa doctrine touchant la foi ou les mœurs ; et, par conséquent, que de telles définitions du pontife romain sont irréformables par elles-mêmes, et non en vertu du consentement de l'Église.

Que si quelqu'un, ce qu'à Dieu ne plaise, avait la témérité de contredire notre définition, qu'il soit anathème !

— Un décret impérial du 18 juillet nomme dans la mobile :

Lieutenants en premier ou en second :

1er bataillon (Belfort). — Monnier, Pierre-Édouard ; Gebel, Charles ; Baer, Antoine-Edmond ; Müller, François-Joseph ; Graschig, Gustave.

2ᵉ bataillon (Colmar). — Hoffmann, François-Alexis ; Hanser, Frédéric-Guillaume ; Moise, Charles-Camille ; De Golbéry, Othin-Marie-Dieudonné-Camille ; Ancel, Prosper ; Wessang, Joseph-Victor.

3ᵉ bataillon (Colmar). — Heuchel, Robert ; Bühler, Joseph ; Quimfe, Marie-Joseph ; Gerspach, Hubert ; Knoll, Édouard-Jules ; Latscha, Henri ; Diemer, Michel.

4ᵉ bataillon (Mulhouse). — Pagnard, Joseph ; Renfort, Célestin-Adolphe ; Weniger, Gustave ; Montes, Émile.

5ᵉ bataillon (Altkirch). — Fleury, Henri-Joseph-Antoine ; Bullet, Louis-Joseph-Jules ; Clavé, Charles ; Martin, Henri-Emmanuel.

ARTILLERIE. 1ᵉʳ bataillon (pontonniers). — Mæchtlin, Joseph, lieutenant en 1ᵉʳ ; 2ᵉ : Houbre, Amédée, lieutenant en 1ᵉʳ ; 3ᵉ : Jeannerot, Hector, lieutenant en 2ᵉ ; 4ᵉ : Ehrhardt, François-Joseph, lieutenant en 2ᵉ.

Sous-lieutenants :

1ᵉʳ bataillon (Belfort). — Lebleu, Xavier ; Grünfelder, Jean-Thiébaut ; Charbonnier, Marie-Jean-Pierre ; Dreyer, Joseph ; Weinbrenner, Louis ; Tschieret, Eugène-Jean-Jacques.

2ᵉ bataillon (Colmar). — Geistodt, Frédéric ; Weibel, Jean-Victor ; Florence, Eugène ; Schœnlaub, Frédéric.

3ᵉ bataillon (Colmar). — Rabischon, Henri ; Meyer, Martin ; Ohnenberger, Jules-Dominique ; Thuet, Alphonse ; Jordan, Henri ; Weber, Émile-Henri ; Klein, Eugène.

4ᵉ bataillon (Mulhouse). — Hauwiller, Émile ; Wespiser, Joseph-Martin ; Moritz, Eugène ; Penot, Denis-Henri ; Haffa, Eugène ; Bourry, Jean ; Serrès, Ernest-Alfred-Jean.

5ᵉ bataillon (Altkirch). — Cattez, Joseph-Xavier ; Marion, Joseph ; Germann, Jean-Jacques ; Lamy, Philippe-Ernest.

— Lettre des élèves du lycée de Colmar à leur proviseur :

Monsieur le Proviseur,

En présence des grands événements qui se préparent et du mouvement général qui entraîne tous les cœurs à la défense de la patrie, la jeunesse des lycées ne peut être la dernière à prouver son patriotisme.

Nous avons la guerre. — Le soldat paiera de son sang, le citoyen de son argent. Ils le doivent à la France. Nous aussi nous venons offrir, en attendant que nous puissions coopérer d'une manière plus active à la défense de notre pays, ce que nous avons de plus cher, le prix de notre travail.

Nous renonçons à nos couronnes, pour les donner à ceux qui vont combattre vaillamment.

Nous vous prions donc, Monsieur le Proviseur, de souscrire en faveur des soldats blessés pour la valeur de nos prix que nous abandonnons.

Si petit que soit notre don, nous espérons néanmoins qu'il sera bien accueilli et que notre exemple, si toutefois nous n'avons pas été prévenus, sera suivi par nos camarades des autres lycées.

Les Élèves du lycée de Colmar.

Vendredi, 22.

11 h. — Dépêche télégraphique :

Gérardmer, 21 juillet, 3 h. 5 m.

Au comité de secours à la troupe de passage à Colmar.

Offrons souscriptions pour nous joindre à vous. Est-il temps ? Pouvez-vous utiliser les sommes recueillies à Gérardmer dans bref délai ?

Les jeunes gens de Gérardmer.

—Déclaration de guerre lue, dans la séance du 20 juillet, par le ministre des affaires étrangères, à la tribune du Corps législatif :

Messieurs,

L'exposé qui vous a été présenté dans la séance du 15 a fait connaître au Corps législatif les justes causes de guerre que nous avons contre la Prusse.

Conformément aux règles d'usage et par ordre de l'Empereur, j'ai invité le chargé d'affaires de France à notifier au cabinet de Berlin notre résolution de poursuivre par les armes les garanties que nous n'avons pu obtenir par la discussion.

Cette démarche a été accomplie, et j'ai l'honneur de faire savoir au Corps législatif qu'en conséquence l'état de guerre existe à partir du 19 juillet entre la France et la Prusse.

Cette déclaration s'applique également aux alliés de la Prusse qui lui prêtent contre nous le concours de leurs armes.

— Une réunion du comité local de secours aux blessés a eu lieu ce soir à la mairie. O surprise ! M. Rencker a ouvert la séance en protestant contre les affiches et l'emploi abusif qui a été fait de son nom. M. Kaeppelin en dit autant. « Je ne veux pas, dit M. Rencker, être une fiche dans un casier administratif. » On applaudit. Le secrétaire se retire.

On s'ajourne à dimanche, au foyer du théâtre.

4 h. — Les habitants de Riquewihr viennent d'informer le maire de Colmar qu'ils tiennent à la disposition de l'autorité 70 à 100 mesures de vin pour les soldats.

— Une souscription en argent et en nature s'organise dans les communes de Mittelwihr, Beblenheim et Hunawihr.

— Les habitants d'Ingersheim informent notre mairie qu'ils tiennent à la disposition du comité de secours 72 mesures de vin, plus une somme de 334 fr. recueillie par eux.

Samedi, 23.

Des voyageurs qui arrivent de Strasbourg disent qu'à 3 heures du matin, les Prussiens ont fait sauter la pile centrale du pont de Kehl.

1 h. — Le comité de la maison évangélique de santé de Colmar a offert à l'administration militaire 10 lits pour les blessés.

— Depuis midi, ce sont les sapeurs-pompiers qui font le service des différents postes militaires de la ville.

— Le *Journal officiel* publie l'adresse suivante de la Cour de Colmar à l'Empereur :

Sire,

Nous rendons la justice au nom de Votre Majesté dans une province frontière. Mieux qu'aucune autre, la Cour impériale de Colmar a pu juger depuis quatre ans tout ce qu'il a fallu à l'Empereur de modération, de patriotique sagesse pour supporter les agressions violentes ou mal dissimulées de la Prusse. Nous avons eu l'occasion fréquemment d'apprécier sur les lieux la marche ininterrompue du gouvernement prussien qui, dans l'ivresse d'un succès contre un peuple allemand, osait viser l'amoindrissement de la France.

La dernière entreprise de ce gouvernement envahisseur, tout à fait étrangère à l'intérêt allemand, a révélé une menace si directe, aggravée de tels procédés, que le gouvernement impérial y devait répondre par l'action. Nous sommes placés, Sire, vis-à-vis de la Prusse, « dans le cas de légitime défense de notre honneur et de nos intérêts ». L'énergie de la France impériale, la promptitude de ses mesures, l'inébranlable solidité de ses enfants déjoueront les projets de la Prusse. L'Alsace, la France entière sont avec Votre Majesté, avec notre vaillante armée qui, sous les yeux de l'Empereur, va combattre pour la plus juste, la plus patriotique des causes et, au prix d'héroïques efforts, assurer une paix longue et glorieuse à notre drapeau respecté.

Habitués à invoquer Dieu pour rendre la justice aux hommes, nous l'invoquons au nom du droit dans cette douloureuse et solennelle circonstance. Nos ancêtres du Conseil souverain étaient Français de cœur et d'âme, alors que le retour de notre province à la mère-patrie n'était pas encore consacré par l'union étroite des cœurs. Aujourd'hui que ce beau pays, uni comme un seul homme, est la sentinelle avancée de la France, notre seul mérite est de dire à Votre Majesté qu'en fait de patriotisme sérieux et absolu, nous sommes les successeurs de l'ancien Parlement d'Alsace.

Nous avons l'honneur d'être, Sire, avec un profond respect, de Votre Majesté les très fidèles et très dévoués serviteurs.

— Les journaux annoncent que le gouvernement badois, interrogé par la France, a déclaré n'avoir jamais songé à employer les balles explosibles.

— Depuis lundi, la place de Schlestadt est mise en état de guerre. Les portes sont fermées à 9 heures du soir et rouvertes à 4 heures du matin.

La circulation sur les terre-pleins des remparts est interdite nuit et jour.

La fermeture des portes est annoncée, un quart d'heure à l'avance, par une sonnerie de trompette.

— Le général Uhrich vient d'arriver à Strasbourg pour prendre le commandement de la division, en remplacement du général Ducrot, chargé du commandement d'une division active.

— M. Keller adresse un appel au patriotisme des grévistes pour les exhorter à remettre à un temps meilleur leurs réclamations. « La France a besoin de nous ; ne dépensons pas nos ressources et nos courages en dissensions intestines. »

— Toujours grande foule au chemin de fer. Négociants, magistrats, fonctionnaires servent à l'envi les soldats. Ceux-ci chantent toujours, crient : *Vive Colmar ! Vive la France !* — Pas un cri de *Vive l'Empereur !* Ce détail est si persistant que tout le monde en fait la remarque.

Dimanche, 24 juillet.

Réunion au foyer. Beaucoup de monde y est rassemblé ; M. Rencker ouvre la séance. Il répète ce qu'il a dit l'avant-veille ; il revendique pour la bourgeoisie de Colmar l'honneur de marcher seule, hors de toute tutelle administrative ; il ne veut pas de coteries, ni plusieurs sociétés ; il faut qu'il n'y en ait qu'une seule qui, sans distinction de culte, ni d'opinion politique, ni de fortune, sans patronage d'aucune sorte, représentera l'union de tous les citoyens dans une œuvre commune de dévouement et d'humanité. Il faut travailler à l'union des citoyens et ne pas se prêter à une spéculation électorale. Vifs applaudissements.

On passe au vote. M. Rencker est élu président, MM. Renouard de Bussierre et Aug. Heylandt, vice-présidents, Stehelin, secrétaire, et Chevalier fils, trésorier.

La Société s'est constituée sous le titre de « Société colmarienne pour le soulagement des blessés et des malades militaires », et a prononcé son affiliation à la *Société internationale de Paris*, présidée par M. de Flavigny. Elle s'est organisée en quatre sections, savoir : section de publicité et de propagande ; — section de finances ; — section médicale ; — section du matériel et de répartition.

Composition des sections : 1re, *Publicité*. — MM. le vicomte de Bussierre, président ; Belin, juge ; Fleurent, avocat ; Gérard, avocat ; Malval, conseiller ; Mannheimer, banquier ; Pabst (Alfred), peintre ; Robin, ingénieur civil ; Schlumberger, substitut à la Cour ; Stehelin, avocat.

2e, *Finances*. — MM. Rencker, notaire, président ; Chevalier fils, trésorier.

3e, *Service médical.* — MM. Berdot père, médecin, président ; Marquez, médecin, secrétaire, et Wimpffen, médecin, commissaire-assesseur, délégués du comité médical de secours aux blessés.

4e, *Matériel.* — MM. Heylandt, président ; Ad. Ernst, avoué à la Cour ; Mesnard, négociant ; baron Meyer de Schauensée ; Rohté fils, négociant ; Thierry, avoué à la Cour.

Le bureau général du Comité est formé de MM. Ed. Rencker, président ; vicomte de Bussierre, Berdot père, Heylandt, présidents de section ; Pabst et Stehelin, secrétaires.

M. Rodolphe Kaeppelin, qui avait également été nommé, a dû décliner cette mission, que ses fonctions de capitaine des sapeurs-pompiers ne lui permettent pas d'accepter dans les circonstances actuelles.

Total de la première liste de souscription (au 29 juillet) : 5,299 fr. 10 c. [1]

Dons en nature. — Commune de Herrlisheim : linge, 11 hectolitres de vin, 48 litres d'eau-de-vie. — Mme veuve Georges Noll, de Niedermorschwihr : une vache. — MM. Titot et Hirn et Mlle Jordan, du Logelbach, 6 lits.

— Des comités de secours aux blessés se sont formés à Munster, Rouffach, Guebwiller et Thann.

Le conseil municipal de Pfaffenheim a voté 2,000 fr. au profit de la caisse de secours aux blessés militaires.

---

1. La Société a recueilli en tout 62,172 fr. 05 c. et quantité de dons en nature. Indépendamment de ses dépenses locales, elle a envoyé des ambulances sur le théâtre de la guerre, expédié de l'argent et des vêtements aux prisonniers, subvenu aux frais de rapatriement de soldats à leur retour de captivité, etc.

31 juillet, 11 h.

Outre le pont de Kehl, les Badois en ont fait sauter plusieurs autres sur la Kinzig et la Rench, celui d'Offenbourg est miné. Les communications entre cette ville et Carlsruhe sont interrompues.

— J'ai été voir le campement des soldats sous la halle couverte. Les gens du *Staden* leur apportent à profusion du bois, du vin, des saucisses ; les troubades n'ont jamais été à pareille fête.

A cette occasion, je fais une visite au président de la Société des vignerons, qui demeure dans le voisinage. Bien que simple vigneron, il jouit d'une assez grande influence électorale, d'ailleurs tout entière à la dévotion de la cure. Malgré l'emportement de ses opinions, il sait être affable. Nous causons des élections municipales, fixées au 7 août. J'apprends de lui qu'on fera la guerre aux «francs-maçons», qu'*on* ne veut plus de **MM.** Titot, Ernst, Stéphan, Auguste Scheurer, etc., connus pour libéraux ou protestants.

Sa femme et conseillère, non moins incandescente, jure que le Prussien sera battu *zuäm ä klaïne Kûrférschtle*, c'est-à-dire au point de redevenir un simple petit Électeur. J'y donne mon assentiment. Elle me raconte alors de vieilles prédictions, copiées d'un vieux, vieux livre de prières et d'où il résulte que trois villes seront brûlées, savoir : Paris, Genève et Berlin, que le pape redeviendra plus puissant que jamais et que le *Marmottle-Kénig* (le roi des marmottes, Victor-Emmanuel) sera remis à sa juste place ; que notre Alsace sera préservée des horreurs de la guerre par la grâce de la Mère de Dieu, qui étendra son manteau tutélaire (*Deckmantel*) sur la contrée ; que des douze tribus d'Israël sept embrasseront le catholicisme et les cinq autres persisteront dans leur croyance damnée jusqu'à la consommation des siècles. Amen !

— Je reviens des prés de Herrlisheim, où campent deux bataillons de chasseurs. Impossible d'imaginer un plus vivant paysage. Au milieu de la vaste prairie qui se déroule entre la chaîne des Vosges et le bois du Frohnholz, on aperçoit, lorsqu'on arrive au Tichelé, un éparpillement de tentes, au centre duquel ondule au souffle de la brise le drapeau tricolore. Des troupiers vont, viennent ; d'autres, nonchalamment étendus, sommeillent. Çà et là une mince fumée s'élève ; ce sont les apprêts de la *popote*. Sur ce fond mouvant passent et repassent, hommes et femmes, bras dessus bras dessous, les campagnards et les citadins badauds, dont les voitures stationnent sous la futaie, à l'entrée du bois.

Au bout du camp se profilent coquettes les tentes des officiers, séparées entre elles par des cabines de verdure.

D'un bouquet d'arbres à droite j'entends rire, chanter, bavarder ; j'y pénètre : une vraie noce flamande, une scène à la Téniers s'offre à mes regards. Autour de longues tables, faites de planches clouées sur des piquets, bourgeois, paysans, chasseurs, grisettes, assis sur des bancs non moins rustiques, frappent du verre, trinquent, gesticulent avec animation. Dans un coin, des tonneaux vides et placés debout ; d'autres, un peu plus loin, encore pleins, et liés sur un chariot dont le cheval broute la frondaison. A l'arrière du véhicule, un gros cantinier pansu tient le robinet d'où s'échappe la liqueur blonde. Brocs et canettes s'emplissent avec entrain.

Par-dessous le feuillage, le soleil couchant illumine de

ses feux pourprés les faces rubicondes ; les arbres se colc-
rent de tons rosés. Au pied des monts, villages et clochers
vont s'effaçant dans la brume, pendant que la cime dé-
coupe avec vigueur, sur le ciel flamboyant, sa tranchante
arête et ses ruines séculaires.

2 août.

M. Louis Standaert, rédacteur du *Progrès* de Guebwiller, a été arrêté pendant qu'il discourait contre la
guerre [1].

— Le médecin en chef du 1er corps, M. Leroy, vient
de se donner la mort à Strasbourg, en se tirant deux
coups de pistolet dans le cou. Ce suicide cause une grande
émotion dans la métropole alsacienne. On l'attribue au
désespoir qu'aurait éprouvé M. Leroy de ne pouvoir accompagner l'armée, par suite d'infirmités.

— Le comité électoral de Colmar publie un article
relatif aux élections municipales, qui doivent avoir lieu,
pour toute la France, les 6 et 7 août. « Quelques vives et
légitimes préoccupations qu'inspire, dit-il, la situation
extérieure de la France, le citoyen ne peut, ne doit cependant pas oublier les affaires intérieures de son pays. »

Hélas ! ma maison brûle, comment voulez-vous que je
songe à la façon de l'administrer ? Commençons par éteindre ; après nous voterons. J'espère bien que le Gouvernement aura le bon sens d'ajourner ces élections.

— Le *Volksbote* veut aussi qu'on vote :

Au milieu des événements de la guerre, on ne doit pas oublier
que dans huit jours, dans toute la France, tous les citoyens pro-
céderont au renouvellement des conseils municipaux.

---

1. *App.*, 6.

Pendant que nos soldats combattent sur le champ de bataille pour l'honneur et la sécurité du pays, les citoyens catholiques de Mulhouse ne doivent pas oublier qu'eux aussi ont à combattre pour des droits longtemps méconnus.....

De même que certains, en ce moment, déclarent *très injuste* la guerre contre la Prusse et l'imputent aux jésuites ou aux catholiques, de même ils qualifient d'inique au plus haut point, la prétention des catholiques d'être plus largement représentés au conseil municipal qu'ils ne l'ont été jusqu'à ce jour. Toujours le même son protestant et prussien, prussien et protestant....

(Volksbote du 30 juillet.)

— Les départements du Haut et du Bas-Rhin et de la Moselle sont déclarés en état de siège.

— A l'exemple du lycée, les élèves du gymnase catholique ont fait le sacrifice de leurs prix en faveur de nos soldats blessés.

On a adressé de Gérardmer à M. Aug. Heylandt une somme de 526 fr., offrande d'habitants de cette localité qui tiennent à participer aux frais de l'accueil des troupes de passage.

— Je repasse sous la halle couverte, en compagnie de M. Blanchot, commissaire de police. C'est un bataillon du 17ᵉ de ligne qui y campe. Les soldats sont couchés sur la paille. Ils cuisent leurs aliments le long du quai. Les gens du Staden leur font l'existence facile.

Colmar fourmille de troupes; pas un ménage qui n'ait logé depuis quinze jours 8 ou 10 soldats. Il doit y avoir 12,000 à 14,000 hommes ici. Colmar est le quartier général du 7ᵉ corps.

— Hier matin, nos gardes mobiles sont partis pour Neuf-Brisach. Ils ont traversé la ville en rangs, précédés

de la musique des pompiers et chantant la *Marseillaise*.
Nous a quittés aussi mon frère Paul, promu sous-lieutenant
depuis le décret du 18 juillet.

Dans la même matinée et toute la journée d'aujourd'hui,
ont défilé les contingents des communes voisines, les uns
à pied, les autres en chariots enrubannés et garnis de verdure. La plupart étaient accompagnés de musiques de leurs
localités. Dans mainte voiture, un tambour de pompiers,
debout, battait la caisse. — Beaucoup de cris, de chants.

— Le ..e de ligne, qui a passé par la ville aux derniers
jours de la semaine écoulée, s'est fort mal comporté.
Nombre de soldats ont abandonné leurs armes dans les
maisons ou les ont jetées sur les routes à l'étape du départ. M. Blanchot me dit en avoir réexpédié déjà à l'autorité militaire une pleine voiturée. J'ai vu de mes yeux,
au poste de police, un deuxième tas de havresacs et de
fusils. Le colonel du ..e aurait même été insulté à Colmar par un de ses hommes.

Ce régiment a été toute la semaine précédente en con-
tact avec les grévistes de Mulhouse et de Wesserling.

— Cette semaine deux jeunes soldats se sont noyés dans
le canal, l'un d'eux volontairement.

3 août.

En ouvrant ma fenêtre à 5 heures du matin, je vois mon
voisin Gerson qui me crie que Sarrebrück est pris. Je
cours vers la préfecture. Porte de Rouffach, à l'octroi,
j'aperçois un attroupement, je m'approche et lis la dépêche
suivante :

Le ministre de l'intérieur aux préfets. — **J'ai reçu** du secrétaire
de l'Empereur la dépêche suivante :

« Aujourd'hui 2 août, à 11 heures du matin, les troupes françaises ont eu un sérieux engagement avec les troupes prussiennes. Notre armée a pris l'offensive, franchi la frontière et envahi le territoire de la Prusse. Malgré la force de la position ennemie, quelques-uns de nos bataillons ont suffi pour enlever les hauteurs qui dominent Sarrebrück et notre artillerie n'a pas tardé à chasser l'ennemi de la ville.

L'élan de nos troupes a été si grand que nos pertes ont été légères. L'engagement, commencé à 11 heures, était terminé à 1 heure. L'Empereur assistait aux opérations et le Prince impérial, qui l'accompagnait partout, a reçu sur le premier champ de bataille de la campagne le baptême du feu. Sa présence d'esprit, son sang-froid dans le danger ont été dignes du nom qu'il porte.

Cette dépêche a provoqué dans la ville une grande animation. Chacun voit avec un certain soulagement la période de crise préparatoire toucher à sa fin ; l'action, vigoureusement conduite, doit nous mener, pense-t-on, à une prompte et heureuse solution.

Beaucoup de personnes croient Sarrebrück une forteresse ; l'enthousiasme baisse lorsqu'on apprend que c'est une ville ouverte. On trouve que c'est beaucoup de bruit pour peu de chose et l'on commente avec vivacité la seconde partie de la dépêche relative au prince impérial. L'intérêt dynastique qu'elle trahit agace la plupart. J'ai entendu des officiers s'écrier : « Ah çà ! s'imagine-t-*il* que c'est pour son m...... de fils que nous allons nous faire tuer ? »

4 août.

Nouvelle dépêche, qui parle des mitrailleuses et de leur rôle pendant la bataille de Sarrebrück. Les plus déterminés adversaires de la guerre sont fiers de cette supériorité de l'armement national.

Avant-hier, en amont du pont de Horbourg, les artilleurs ont fait l'essai de leurs 3 mitrailleuses. De forts madriers, épais d'un pouce et demi et de hauteur d'homme, ont été, à 1,500 mètres de distance, réduits en fragments. Bon présage, mais j'éprouve une certaine appréhension à voir la confiance publique se porter sur notre seul armement. Il y a onze ans, l'on comptait surtout, et malgré nos canons rayés, sur le courage et la valeur de nos soldats.

Quelle puissance peut être sûre du lendemain, si l'invention d'un chimiste ou d'un armurier doit suffire pour la ruiner?

6 h. soir. — L'impression défavorable produite par la dépêche de Sarrebrück s'accentue lorsqu'on reçoit connaissance de la dépêche adressée par l'empereur à l'impératrice. Cette dépêche, la voici :

Louis vient de recevoir le baptême du feu ; il a été admirable de sang-froid et n'a nullement été impressionné.

Une division du général Frossard a pris les hauteurs qui dominent la gauche de Sarrebrück. — Les Prussiens ont fait une courte résistance. — Nous étions en première ligne, mais les balles et les boulets tombaient à nos pieds. — Louis a conservé une balle qui est tombée tout près de lui. — Il y a des soldats qui pleuraient en le voyant si calme. — Nous n'avons eu qu'un officier et dix hommes tués.

NAPOLÉON.

Le mécontentement public devient si prononcé qu'on ne se gêne plus pour parler haut. « Comment, s'écrie-t-on, nous parler de son fils au lieu de nous dire quels soldats sont morts! Ignore-t-il que la dernière paysanne, la dernière femme du peuple aime son fils bien autrement que l'héritier de la dynastie ? » « Si j'avais, s'écrie l'un des mécontents, si j'avais un gamin capable de voir, sans sourciller, faucher les hommes comme des épis mûrs, je lui administrerais une volée tous les matins. »

Frédéric Hartmann, dans le *Courrier du Haut-Rhin,* se rend l'interprète du sentiment public en écrivant les lignes suivantes :

Les rédacteurs des dépêches impériales feraient, en vérité, preuve d'esprit et de cœur, s'ils cessaient d'entretenir le public, avec une affectation qui va contre le but qu'ils se proposent, des moindres faits et gestes du prince impérial.

Dans une proclamation au peuple français, l'Empereur avait déjà dit : « J'emmène mon fils avec moi, malgré son jeune âge. *Il sait quels sont les devoirs que son nom lui impose* et il est fier de prendre sa part dans les dangers de ceux qui combattent pour la patrie. » En répondant au président du Corps législatif, l'Empereur s'était répété : « J'emmène, avait-il dit, mon fils avec moi. Il apprendra, au milieu de l'armée, à servir son pays. » Enfin, dans la dépêche qui vient d'être expédiée de Sarrebrück le 2, par le secrétaire de l'Empereur lui-même au ministre de l'intérieur, se trouvent ces lignes : « L'Empereur assistait aux opérations. Le prince impérial qui l'accompagnait, a reçu sur le premier champ de bataille de la campagne le baptême du feu, sa présence d'esprit, son SANG-FROID *dans le danger ont été dignes du* NOM qu'il porte. »

Cette recherche constante de mettre en relief le prince impérial, de faire sonner le nom qu'il porte, semble trop donner raison aux esprits mal faits qui prétendent que le désir de relever le prestige de la dynastie napoléonienne n'a pas été étranger à la guerre où nous sommes engagés. Il y a là comme une préoccupation personnelle qui contraste désagréablement avec l'élan national dans lequel le peuple français tout entier a confondu ses forces.

La France est surtout avide de nouvelles de l'armée. Elle suit d'un cœur ému ses vaillants enfants courant à la frontière au chant de la *Marseillaise,* sans que nous ayons jamais pu surprendre un seul cri dynastique sortant de leurs poitrines. Elle ne doute pas que s'ils sont bien conduits, ils ne soient partout victorieux, mais son cœur maternel ne peut se défendre des plus vives anxiétés. C'est avec fièvre qu'elle attend la nouvelle de la première victoire et la liste glorieuse, mais, hélas ! toujours trop longue de ceux qui auront versé leur sang pour elle. Elle ressent donc une irritation très compréhensible à être trop longtemps entretenue du prince impérial et à ne pas l'être de ce qui surtout l'intéresse.

Nous avouons, au surplus, peu apprécier, quant à nous, le jour sous lequel l'Empereur prend soin de produire son fils. Nous n'admettons pas qu'aimer la guerre soit au nombre des premiers devoirs que son nom lui impose, que ce soit seulement au milieu de l'armée qu'il apprendra à servir son pays. Enfin nous avouons surtout ne pas goûter le *sang-froid* dont aurait fait preuve un enfant de 14 ans en voyant les mitrailleuses coucher les hommes par rangées sur le sol. Nous apprécions peu cette éducation trop imbue des traditions du premier Empire, et nous aurions préféré apprendre que le jeune prince, sans s'être troublé des dangers qu'il pouvait courir, s'était senti ému au spectacle de ce fléau social qui s'appelle la guerre.

Ces paroles rencontrent dans le public une chaleureuse approbation. Beaucoup de personnes, notamment M. Ignace Chauffour, viennent en féliciter Mauduit, rédacteur en chef : « Vous avez donné, lui dit-il, la véritable note patriotique et nationale. »

Vendredi, 5 août.

Cette nuit, entre 1 et 2 heures, le tambour a battu la générale. Il semblait qu'il y eût quelque chose de fiévreux dans le battement. La lumière blanche de la lune éclairait les rues inanimées. Au bout de quelques instants, les portes des maisons se sont ouvertes, donnant passage à des soldats qui achevaient de boucler leurs sacs ou de boutonner leurs tuniques. Signe qu'ils ont été pris à l'improviste.....

— Les dons affluent toujours. Pourtant les communes commencent à se constituer en comités locaux. D'autres se bornent à informer l'autorité du chef-lieu qu'elles tiennent à sa disposition tant de vin, tant de linge, tant de lits, tant d'argent.

Riquewihr, Ostheim et Iebsheim ont également préparé des lits, du vin en quantité et réuni d'assez fortes sommes d'argent. Ce qui n'empêche pas les fanatiques de leur prêter le désir du triomphe de la Prusse. Pour Iebsheim, ce bruit a pris tant d'intensité que la gendarmerie s'est transportée dans la commune. Le notaire du lieu, qui me raconte le fait, en est hors de lui. Bien des haines dateront de l'an 1870.

— Le canton de Munster a constitué à son tour un comité de secours aux blessés, qui s'est réparti en 4 sections : service actif des volontaires, finances, approvisionnement et correspondance. Les dames de la Société munstérienne, après avoir fait une quête abondante, se préparent maintenant, à l'hôpital, à leur mission de charité : elles apprennent, sous la direction des médecins et des sœurs, à panser les blessures, les fractures et les amputations.

— A Rouffach, on s'est également formé en comité ; de nombreuses souscriptions en argent, literie et linge ont été recueillies. La ville a mis à la disposition du comité toutes les places disponibles de son hospice, le collège tout entier, une maison des sœurs, etc. Les élèves du collège ont fait le sacrifice de leurs prix.

Le comité de Guebwiller a pour président M. Grosjean, avec M. Schaffhauser pour secrétaire, et M. Joseph Althoffer pour trésorier.

MM. Conreaux, Gschwind et Sick-Bornèque forment le bureau de celui de Thann.

Vendredi soir, 4 h.

Depuis ce matin, le bruit court que la nuit dernière, Wissembourg a été bombardé et incendié par les Prussiens.

A 1 heure, je vais trouver M. Gauckler, ingénieur, dont le frère est maire de Wissembourg : il ne sait rien.

La nouvelle même a été apportée par des voyageurs du train montant.

Les troupes parties hier pour Huningue sont, paraît-il, repassées pendant la nuit en chemin de fer, se dirigeant vers Strasbourg. Évidemment il y a eu quelque chose. — A 2 heures, j'ai vu revenir d'Ensisheim un régiment parti d'ici la veille. Il était à jeûn. Dans la cour de la gare on lui a distribué à boire et à manger. Il y avait des pelotons débandés comme après un combat malheureux. Une étape à jeûn, par un soleil de 45 degrés !

7 h. et demie. — Le train de Strasbourg nous apporte le *Courrier du Bas-Rhin*. On se précipite. Xavier Benckhardt fils, qui arrive, en déplie un sur le quai et lit à haute voix : « L'avant-garde du premier corps, postée près de « Wissembourg et forte de 8,000 hommes environ, a été « surprise hier jeudi et enveloppée par un corps d'armée « de 80,000 Prussiens et Bavarois et, après une lutte héroïque, a dû se replier sur Soultz et Haguenau. »

Je n'en écoute pas davantage et cours à la poste. Haletant, je rencontre le directeur et lui apprends la fatale nouvelle. « Vous vous trompez, fait-il, une dépêche annonce au contraire la capture de 40,000 Prussiens. » Il entre au bureau de poste, où la lecture d'un numéro du *Courrier* change le cours de ses appréciations.

Samedi, 6 août.

Impossible d'exprimer l'exaspération publique. « Quels généraux, quelles mazettes avons-nous donc à la tête de notre armée, pour que nos soldats reçoivent des boulets dans la soupe? Il n'y avait donc ni avant-garde, ni avant-postes, ni grand'gardes, ni éclaireurs! Voilà quinze jours que les Prussiens et les Bavarois se promènent dans le Bas-Rhin et on les laisse faire! Nos gueux de ministres ne veulent rien laisser dire aux journaux, mais pouvait-on plus clairement exprimer que ce côté de la France était sans troupes? Et nos mitrailleuses, où sont-elles? Autour du gamin dynastique, autour de Louis l'admirable! Et pendant que ce moutard ramasse des balles mortes, nos soldats sont massacrés en détail! »

Voilà, en substance, les discours que personne ne craint plus de proférer, mais la violence n'a plus de bornes à la nouvelle que nos soldats ont manqué de munitions.

Manquer de munitions, *à quelques lieues de Strasbourg!* N'être pas secourus, *à quelques lieues de Strasbourg!* J'en conclus immédiatement que Strasbourg manque de garnison et de munitions et que la campagne est perdue.

— Dépêche officielle sur Wissembourg :

Paris, 5 août, midi 45 m.

Trois régiments de la division Douay et une brigade de cavalerie légère ont été attaqués à Wissembourg par des forces très considérables, massées dans les bois qui bordent la Lauter. Ces troupes ont résisté pendant plusieurs heures aux attaques de l'ennemi, puis elles se sont repliées sur le col du Pigeonnier, lequel commande la ligne de Bitche.

Le général Douay (Abel) a été tué. Une de nos pièces dont les chevaux avaient été tués et l'affût brisé, est tombée au pouvoir de l'ennemi.

Le maréchal Mac-Mahon concentre sur les lieux les forces placées sous son commandement.

11 h. — Une grande bataille est, dit-on, engagée depuis l'aube entre Mac-Mahon et les Prusso-Bavarois. Point de résultat connu. La préfecture est sans nouvelles.

7 h. — Rien encore.

9 h. — Des Allemands du cirque Loyal et un Badois au service d'Acker, poêlier, sont maltraités par des ouvriers de fabrique. Un agent de police, venu au secours de ce dernier, est lui-même injurié et bousculé. Il est obligé de dégainer. On l'appelle *Schlorwä* (savate).

10 h. — Toujours pas de nouvelles. On commence à désespérer. Quoi ! le vieux Mac-Mahon, l'homme de Magenta, serait battu ! — Je rentre chez moi, le cœur serré.

Dimanche, 7 août.

Mauvais signe, on a évacué la gare de Strasbourg cette nuit. De dix en dix minutes sont passés des trains de wagons vides, se dirigeant sur Mulhouse. Il a dû en passer près de 1,000.

La gare est assiégée de monde. Chacun veut savoir quelque chose et personne n'apprend rien. Le Champ-de-Mars, la route de Rouffach et les abords de la Préfecture sont également encombrés, mais de nouvelles point.

4 h. — Une dépêche :

> Metz, minuit et demi.

Le maréchal de Mac-Mahon a perdu une bataille sur la Sauer.
— Le général Frossard a été obligé de se retirer. Cette retraite
s'opère en bon ordre. — Tout peut se rétablir.

Une autre dépêche donne quelques indications som-
maires sur la bataille perdue par Mac-Mahon, annonce la
convocation des Chambres et la mise en état de défense
de Paris.

Consternation générale. Larmes, effarements, visages
sombres. Chacun regagne sa demeure.

Les Prussiens sont annoncés pour cette nuit même.
Tout le monde ferme l'entrée de son logis et s'occupe de
cacher ses objets précieux. Quelques-uns les portent chez
leur notaire. Panique générale.

L'aspect de la ville est funèbre.

— Grand émoi cette après-midi : la gendarmerie, disait-on, venait de capturer un colonel prussien qui aurait
poussé l'outrecuidance jusqu'à se promener en tenue sur
la place d'Armes.

Renseignements pris, le prétendu colonel est un officier
polonais venu pour offrir ses services à notre gouvernement. Il a été dirigé sur Belfort pour être incorporé dans
la légion étrangère.

Du reste, il ne se passe guère de jour sans qu'on amène
à la police, qui les relâche, un ou deux *espions*, car depuis
la déclaration de guerre, l'imagination populaire voit des
espions partout. C'est ainsi qu'on a appréhendé aussi deux
personnages en costume civil, qu'on avait vus crayonnant
des notes à l'entrée du magasin à fourrages. Pendant qu'on
les interroge, un attroupement se forme et la foule de grou-

der. Pour en avoir le cœur net, on les mène au général, qui..... leur fait un accueil des plus gracieux.

Nos espions étaient des fournisseurs de l'armée.

Lundi, 8 août, 5 h.

Tout le monde est déjà sur pied. On ne voit que gens qui déménagent. Beaucoup veulent se réfugier en Suisse, mais les portes de la gare sont fermées.

Point d'autres nouvelles que celles d'hier.

M. X..., fonctionnaire, annonce que les Prussiens seront ici dans une heure. Il est bien troublé, il s'exprime bien librement sur l'empereur et le plébiscite, et pourtant, peu de jours avant le 8 mai, ne me disait-il pas d'une grosse voix convaincue : « Mais vous voulez donc un bouleversement, le drapeau rouge, la révolution ! »

Je monte avec mon voisin Nægelen sur la tour de la cathédrale. Beaucoup de personnes y sont déjà, d'autres continuent de monter. Pas l'ombre d'un Prussien à l'horizon.

Place d'Armes, le maire, au milieu d'un rassemblement, s'écrie d'un ton pénétré : « Voilà, Messieurs, les funestes effets du pouvoir personnel ! » Il y a trois mois, le digne homme répandait une circulaire engageant les électeurs à voter *oui*.

Éternelle comédie humaine, personne aujourd'hui ne veut plus avoir voté *oui*. Un agent électoral, F...:, fait d'une voix dégagée : « Oui, c'est vrai, j'en ai distribué, des *oui*; mais comment j'ai voté, moi je le sais. »

8 h. — Le maire, les adjoints, ainsi que le préfet, doivent se porter au-devant de l'ennemi, pour faire appel à sa modération.

8 h. et demie. — La municipalité vient de faire publier à son de caisse qu'on ait à bien recevoir les Prussiens et à s'abstenir de toute résistance inutile, pour ne pas attirer d'autres maux sur la cité.

Des élections d'hier et d'avant-hier, personne ne parle plus. Pourtant j'apprends que 17 conseillers sont sortis. La liste de la cure, portée par les vignerons, a triomphé. Ceux-ci ont voté seuls dimanche, pendant que la partie éclairée de la population stationnait devant la préfecture.

Les meilleurs de nos conseillers sortants, MM. Titot, Ign. Ernst, etc., sont éliminés comme suspects de franc-maçonnerie.

11 h. — On est aussi inquiet au sujet des ouvriers que des Prussiens. Ils ont abandonné les fabriques et commencé par démolir le cirque, à cause des musiciens allemands qui y sont employés. Demangeont, l'armurier, a vendu en quelques heures tout ce qu'il possédait de revolvers, pistolets, etc. Chacun veut avoir une arme, en prévision de dangers possibles.

Toute figure inconnue est prise pour celle d'un espion. Deux bons garçons de Kientzheim, un tailleur et un épicier, ont été cruellement maltraités hier soir ; leurs agresseurs les avaient entendu appeler Prussiens. Le propre fils du gardien de la prison, Stocker, a été arrêté et mené au violon comme espion déguisé.

Hier, une vieille dame étrangère à cheveux blancs tombant en boucles sur les épaules et tenant par une laisse rouge un petit chien havanais, aborde un passant sur le pont Félix et, sans préambule, lui demande, en désignant du doigt l'Ackerhof : « Ceci, est-ce une caserne, Monsieur? — Non, Madame, répond l'autre sans réfléchir,

puis aussitôt : Mais c'en est une fort souvent. » Elle le re-
mercie et poursuit son chemin. L'homme, inquiet, et
voyant un maréchal des logis de gendarmerie (**M.** Soulié)
sur sa porte, va lui faire part et de la question et de la
réponse. Deux gendarmes sont aussitôt chargés de filer
l'inconnue qui, d'abord arrêtée, interrogée, et ses bagages fouillés à la gare, a été ensuite relâchée comme
folle.

— Affiche verte apposée en ville :

Mes chers concitoyens,

Colmar, avec ses dépendances militaires, ne peut pas se passer
d'un service régulièrement organisé; les corps des sapeurs-pompiers et des francs-tireurs, trop peu nombreux, ne peuvent pas y
suffire.

Que les hommes de bonne volonté, disposés à faire le service
de la garde nationale, soit sédentaire, soit active, veuillent bien
se faire inscrire auprès des chefs de ces deux corps.

Colmar, le 6 août 1870.

R. KAEPPELIN,
*Capitaine commandant du corps des sapeurs-
pompiers de Colmar.*

11 h. et demie. — L'auteur de la panique de ce matin
est le préfet lui-même, qui a télégraphié au ministère que
les Prussiens passaient le Rhin[1].

Tel a été l'émoi qu'on a précipité dans le Brennbæchle
plusieurs tonneaux de poudre déposés au quartier de cavalerie.

Pendant qu'à Colmar on attendait l'arrivée des Prus-

---

1. *App.* 7.

siens, à Mulhouse, à Munster, à Rouffach, on les y croyait
déjà entrés. La même panique s'est aussitôt emparée de
la population de ces villes.

Le bureau de poste est fermé, autre effet de l'émotion
publique et administrative.

5 h. — Une réunion de citoyens à la mairie décide
l'organisation d'un corps de constables volontaires qui
fera des patrouilles toutes les nuits. 300 personnes s'ins-
crivent séance tenante. Les constables porteront un brassard rouge et vert, couleurs de la ville. La ville est divisée en cinq quartiers, qui seront pourvus de postes établis
à la mairie, place d'Armes, à la prison, dans les ateliers
de M. Widerkehr et faubourg de Brisach. Chaque poste
sera de 10 hommes, celui de la Harth (Widerkehr), de 20.
Chaque poste élira son chef. Le service commence ce soir
même.

— On reçoit quelques détails sur la bataille perdue par
Mac-Mahon. Nos soldats ont manqué de munitions et se
sont battus à jeûn.

L'indignation touche à la fureur.

Mardi, 9 août.

On apprend que le général Frossard a été battu à son
tour. On ne trouve plus assez d'invectives pour ce gouvernement de malfaiteurs, ces généraux d'antichambre et de
sacristie, ces ministres au *cœur léger*. Ce mot d'Ollivier
est commenté avec amertume.

Je reçois coup sur coup deux dépêches de Thann : on
n'y sait rien encore. J'y télégraphie la fatale nouvelle.

Les arrestations d'espions continuent, et non à Colmar
seulement. M. Mossmann, l'archiviste, s'est vu arrêter à

Biesheim, M. Kampmann père, pharmacien, à Wettolsheim où il herborisait, M. Grosheinz, du Logelbach, à Bennwihr. Heureusement pour eux, ils ont pu se faire reconnaître à temps.

10 h. — L'administration postale organise un service de poste aux chevaux entre Colmar et Belfort. Depuis trois jours nous n'avons reçu ni lettres ni journaux de Paris. On croit la capitale en insurrection.

Nos administrateurs sont dans un complet désarroi. On se raconte couramment que le préfet perd la tête. Il paraît que dans la nuit de dimanche à lundi, M. Salles et son secrétaire général ont fait un auto-da-fé de cartes des Vosges, par crainte de les voir tomber aux mains de l'ennemi.

11 h. — Le drapeau blanc à croix rouge flotte au-dessus de la porte et au clocher de l'hôpital militaire.

L'intendance a disparu.

La ville est livrée à elle-même.

L'Alsace abandonnée, à la merci des Prussiens.

Je vois K....., maréchal des logis de gendarmerie, gagner les Vosges pour éviter d'être pris. L'hallucination des Prussiens dure toujours.

— On apprend la mort du général de Gaujal, frappé d'un coup d'apoplexie à Strasbourg.

— Comité de secours de Lièpvre : 20 lits à domicile, 18 dans les locaux communaux.

L'Allemand-Rombach : 7 lits et 1,000 fr.

— Jean Macé, le promoteur de la Ligue de l'enseignement, membre du comité strasbourgeois de secours aux blessés, est chargé de la répartition des blessés entre les comités auxiliaires du département.

— L'évacuation du territoire pontifical par nos troupes a commencé samedi dernier 31 juillet. C'est la fin du pouvoir temporel. « Le sort en est jeté, s'écrie la feuille de Rixheim; ce que les francs-maçons et les Italiens ont demandé depuis longtemps, ce que le ministre protestant Beust (d'Autriche) demande encore actuellement, leur est à présent accordé..... Dans ces circonstances, nous ne devons pas nous décourager, mais prier et fournir des soldats au Saint-Père, sans oublier le denier de Saint-Pierre. »

4 h. — La peur disparaît un peu. Les gendarmes n'ont pas tous quitté la ville. Le péril n'est pas si proche qu'on l'avait cru. Les Prussiens n'ont pas passé le Rhin, pas plus à Marckolsheim qu'à Kembs. Ils ont fait quelques feintes; leurs forces sont probablement à Saverne, où doit se livrer une bataille.

Mercredi, 10 août, 8 h.

Des individus ont arrêté hier à Wintzenheim une voiture qu'ils croyaient celle de M. Frédéric Hartmann[1], en criant : « A mort! il faut le tuer, c'est lui qui est cause de tout. »

A Türkheim, on menace d'incendie tous ceux qui, en 1869, ont voté pour Hartmann.

Les populations rurales sont terriblement fanatisées. On a fait croire à ces pauvres ignorants que M. Hartmann a envoyé 8 millions à Bismarck, qu'il a logé Bismarck dans sa maison, lui a indiqué les meilleurs passages des Vosges, que les gens de Munster, indignés, ont voulu le

---

1. Candidat libéral et protestant aux élections de 1869, chef du mouvement antiplébiscitaire en 1870.

fusiller et qu'alors il se serait réfugié en Allemagne, « où il est encore », dit-on. La masse ne peut se persuader que nos revers si imprévus ne tiennent pas à quelque cause extraordinaire. Les protestants et les francs-maçons sont accusés d'avoir trahi la France et vendu l'Alsace au roi de Prusse. Une sourde colère fermente.

Dans plusieurs communes des environs de Mulhouse se prêche du haut de la chaire la guerre sainte aux hérétiques et aux mécréants: « Et après les Prussiens, ce sera le tour des hérétiques *dans le pays* même. » L'*Électeur souverain*, qui rapporte le fait, dit qu'il pourrait citer les communes où se tiennent ces discours homicides [1].

---

1. Extrait de l'*Indépendant du Haut-Rhin* (Belfort) :

MONTREUX-JEUNE. — On nous écrit :

« Le 15 août, le curé de notre commune a déclaré dans son prêche que nous avons perdu les batailles de Forbach et de Reichshoffen, parce que nous avons retiré nos troupes de Rome ; que ces défaites étaient méritées, et, s'animant de plus en plus, il a menacé la France des colères célestes, parce que nous avons abandonné le pape; mais, s'écriait-il, le pape est infaillible et rien ne prévaudra contre lui ! *Nous sommes les plus forts.*

« Il a déblatéré ensuite contre les journaux et les journalistes.... puis une charge à fond de train contre le protestantisme.

« Nous livrons ces lignes sans commentaire à l'appréciation de nos lecteurs. »

— Extrait de l'*Électeur souverain* (Mulhouse) :

« Dans plusieurs paroisses des environs de Mulhouse, on pousse les fidèles à la guerre de religion. Du haut de la chaire on leur crie : « La guerre, « la guerre sainte, la guerre aux hérétiques et aux mécréants, la voilà donc « venue. Que chacun s'arme pour la bataille, même les femmes et les en- « fants. Et quand nous aurons battu les Prussiens, alors ce sera le tour des « hérétiques et des mécréants dans le pays même. » Voilà comment, dans notre belle Alsace, on fomente la guerre civile ! »

Cette effervescence ne régnait pas qu'en Alsace. A Phalsbourg, des protestants ont été arrêtés. Voir *Mon Procès devant le Conseil de guerre de Phalsbourg assiégé*, par Jules QUIRIN, et *A bas les protestants!* de M. HAEMMERLIN (*App.* 8 et 9).

De son côté, le *Volksbote,* notoirement rédigé par des abbés, imprime qu'à Munster on a célébré le jour de prières ordonné par le roi de Prusse [1].

Presque partout, du moins dans les communes rurales,

---

1. *Volksbote* du 6 août, p. 4 :

MUNSTER. — *En Alsace et pourtant Prussiens.* On nous écrit :

« Le jour de prières ordonné par le roi de Prusse et pape évangélique a été célébré avec la piété la plus zélée dans une commune de notre vallée. Le *Volksbote* voudra bien ne pas laisser échapper cette occasion de faire connaître, pour l'édification générale, ces beaux sentiments de notre vallée. Les pasteurs de Mulhouse et de Strasbourg pourraient ici aller encore à l'école. »

Même numéro, p. 6 :

« Qui a fait la grandeur de la Prusse ? Le protestantisme, que la France a nourri en Allemagne pendant la guerre de Trente ans.

« Qui a fait la grandeur de la Prusse ? La franc-maçonnerie.... La franc-maçonnerie s'efforce de placer la Prusse à la tête de l'Allemagne, un empereur protestant à la tête de tout le pays.... Le peuple allemand a été trahi par la franc-maçonnerie au profit de la Prusse.

« Qui a fait la grandeur de la Prusse ? Beaucoup de Français, par libéralisme bête, par manque d'esprit catholique. M. Thiers, aujourd'hui si prudent dans ses paroles pour l'Autriche et contre la Prusse, n'avait autrefois à la bouche que les louanges de celle-ci. »

Citons aussi, pour être juste, l'extrait suivant d'un curieux article du même journal sur la *Marseillaise :*

« .... Sous le second Empire aussi, les citoyens d'un rouge ardent voulurent de temps à autre manifester leur patriotisme, et par-ci par-là on entendait retentir dans les rues de Paris :

> Contre nous de la tyrannie
> L'étendard sanglant est levé.

« Mais il y avait toujours là des serviteurs de la police pour museler les citoyens et les mettre à l'ombre, si cela ne suffisait pas. Aujourd'hui, en juillet 1870, d'un bout de la France à l'autre, depuis Paris jusqu'au moindre village, dans le palais de l'empereur comme dans la paisible chaumière du campagnard, au théâtre et au cabaret, dans les champs et dans la forêt, à travers monts et vallées retentit le refrain :

> Allons ! enfants de la patrie,
> Le jour de gloire est arrivé.

« Des trains entiers de soldats chantent comme d'un seul gosier ce chan la guerre est présentée comme une guerre entre le catholicisme et le luthéranisme[1].

Du reste, à côté de plates imitations de la *Marseillaise*[2], il se publie des choses ignobles ou insensées. J'en conserve

---

de guerre et le sifflet strident de la locomotive semble faire chorus avec eux.

« Aussi l'hymne national n'a-t-il cette fois rien de séditieux, rien de rouge, rien de franc-maçonnique.

> Contre nous de la tyrannie
> L'étendard sanglant est levé,

s'applique cette fois au Prussien, qui voudrait, comme un vrai tyran, supprimer notre chère France, comme il a fait du Hanovre et d'autres pays. Aussi la *Marseillaise* est-elle aujourd'hui un cri patriotique, qui produit sur les fils de la France une impression analogue à celle que faisait, il y a 800 ans, le cri de *Dieu le veut* sur l'Occident catholique.

« Au surplus, chacun avouera que l'air de ce chant a quelque chose de patriotique et de plus propre que tout autre à éveiller l'humeur guerrière, et il faudrait avoir du sang de lièvre pour ne pas être électrisé par ce chant.

« Par ces accents, la musique du régiment enthousiasme le cœur de nos braves. Le réserviste dit adieu à ses parents, le garde mobile s'arrache des bras de sa femme, les sanglots s'arrêtent quand retentit le cri

> Allons ! enfants de la patrie !

« Et au chemin de fer stationne encore une musique de pompiers qui accompagne les vaillants aux accents de la *Marseillaise*, les soldats chantent avec elle, les proches essuient leurs pleurs et entonnent à l'unisson l'hymne de guerre. »

1. Un des écrivains les plus judicieux du *Journal des Débats*, M. Ernest Bersot, signalait en les déplorant, quelques jours après, les faits de passion religieuse et de passion antireligieuse qui désolaient la France à ce moment :

« Les populations du Haut-Rhin, écrivait-il, sont fanatisées par les curés et accusent les protestants d'être vendus à la Prusse. D'un autre côté, les journaux des départements, de Bordeaux et de Périgueux, nous parlent de tentatives faites contre des maisons religieuses et des églises. A Bordeaux et à Lyon, on en voulait au collège des Jésuites ; à Agen, on a attaqué le couvent et l'église des Carmes ; à Périgueux, on a saccagé le grand séminaire et maltraité la statue d'un saint. Ailleurs, on rêve de Prussiens, d'ennemis, de traîtres et d'espions, et on en voit partout ; un mot mal interprété, une simple rumeur soulevant les foules, voilà où nous en sommes.... Au milieu de nos malheurs, c'en est un bien cruel de voir qu'il y a encore en France quelque part assez d'ignorance et de fanatisme pour qu'il soit possible d'y avoir de pareilles cruautés. Il ne manquerait plus qu'une guerre de religion ! C'est assez de la guerre avec l'étranger. »

2. *App.* 10.

comme spécimen un factum intitulé : *le Cri de guerre d'un vieux Normand* et signé : Un vieux commandant de la garde nationale de Vire. Il semble que l'auteur ne voie dans la guerre que le viol des femmes et des filles. Aussi leur dit-il qu'il est pour elles d'autres armes que le sabre, la lance ou le fusil, et il leur conseille de s'armer de petites boules d'acide prussique, « dont une seule goutte, entre les lèvres, sur la langue, surtout dans les yeux, tue à l'instant » :

Ces boules en verre pilé ou autre composition fragile, vous les écraserez avec vos doigts, entre les lèvres, dans les yeux ou dans la bouche de ceux qui couvriront la vôtre de leurs infâmes baisers, ET VOUS LES TUEREZ A L'INSTANT COMME SI LA FOUDRE LES FRAPPAIT[1].

Entendez-vous bien ? VOUS LES TUEREZ A L'INSTANT MÊME.

Ces petites boules *seront la sauvegarde de votre honneur, de votre vertu.*

Au moment du danger, *mettez-les et gardez-les dans votre bouche,* et si vos mains sont enchaînées, brisez-les avec le bout de vos lèvres entre celles des infâmes qui vous auront renversées sous leurs étreintes.....

— A la préfecture : décret impérial rétablissant la garde nationale sédentaire ; elle comprendra les hommes de 30 à 40 ans. La garde nationale de Paris défendra Paris. Un projet de loi sera présenté pour incorporer dans la garde mobile les citoyens âgés de moins de 30 ans qui n'en font pas actuellement partie.

— Les séances du Corps législatif ont commencé hier. Le ministère a croulé ; Palikao est chargé d'en former un

---

1. Disposition typographique de l'original.

nouveau. Le choix de Palikao est interprété comme une menace aux Parisiens.

Le Corps législatif a voté une loi qui appelle sous les drapeaux, pendant la durée de la guerre, tous les citoyens non mariés ou veufs sans enfants, ayant 25 ans accomplis et moins de 35 ans, qui ont satisfait à la loi du recrutement et ne figurent pas sur les contrôles de la garde mobile.

La classe de 1870 tirera au sort le 29 août.

De vives récriminations accueillent la lecture de ces dispositions : « Comment! s'écrient certaines gens, cette canaille (l'empereur!) s'imagine-t-elle que nous allons nous faire tuer pour elle et son galopin? Ah! mais non, plutôt les Prussiens! » Voilà où dix-huit années d'empire ont amené le fier esprit gaulois. En fait, la cause de l'empereur et celle du pays sont pour le moment inséparables; il s'agit d'abord de chasser l'ennemi, les comptes intérieurs pourront se régler plus tard. Mais la masse est aveugle, elle ne comprend pas. Quand ils seront à Paris, pourrons-nous leur interdire l'annexion de l'Alsace à l'Allemagne?

Jeudi, 11 août.

Résultat des élections municipales de samedi et dimanche :

Électeurs inscrits, 4,703; votants, 1,909; majorité absolue, 955; quart des électeurs inscrits, 1,176.

Ont été nommés : 14 catholiques, 2 protestants et 1 israélite.

Trois listes étaient en présence, celle de la mairie, comprenant tous les anciens conseillers, sauf 3; celle de la cure, énergiquement soutenue par les vignerons;

enfin celle du parti libéral. Noms communs aux 2 listes libérale et cléricale : De Peyerimhoff, Rencker, Fleischhauer, Ostermeyer, Dʳ Lévy, Widerkehr, Richert Máthias, Scheuch, Fleurent, Belin, juge, Sandherr, Martin, notaire.

Le surplus de la liste libérale comprenait 9 catholiques et 6 protestants, celui de la cléricale 12 catholiques, 2 protestants et 1 israélite.

Ce qui rendait cette dernière liste assez ridicule, c'est que, dirigée contre les francs-maçons, elle en renfermait pourtant un, K.... Edmond. Pareille mésaventure était arrivée au *Volksbote* lors des dernières élections d'arrondissement : M. Sick, ancien conseiller, était combattu comme franc-maçon par ce journal, au profit de M. Stehelin Émile, fabricant et franc-maçon. Les Thannois ont bien ri de cette méprise.

Le manifeste clérical était ainsi conçu (en allemand) :

Électeurs,

La guerre a éclaté. Tous les yeux et tous les cœurs sont fixés sur les champs de bataille où les invincibles soldats de la France abattront l'outrecuidance prussienne. Cependant les esprits ne doivent pas s'absorber dans les choses de la guerre au point d'oublier les élections communales et d'en méconnaître l'importance.

La guerre, espérons-le, finira cette année encore.

Mais le résultat des élections municipales subsistera cinq ans. Pendant que nos soldats luttent pour l'honneur de la France, assurons une bonne administration à la commune.

Nous ne voulons aucunement faire des élections une affaire de religion. Nous ne voulons que donner à chacun ce qui lui revient, de façon à ce que les intérêts de tous trouvent leur équitable représentation.

C'est pour cela que *nous, catholiques,* nous voulons être représentés dans le conseil municipal en proportion de la population catholique. — Nous ne voulons point pour conseillers municipaux d'hommes insignifiants et sans caractère, pas plus de ceux qui disent à toute chose *oui* que de ceux qui à toute chose disent *non*.

Surtout nous ne voulons ni francs-maçons, ni ligueurs de l'enseignement, ni ennemis de la religion, qui toujours nous mènent par le bout du nez, veulent nous imposer des écoles obligatoires avec un enseignement païen et qui, par leur ruse, ne cessent de nuire aux intérêts catholiques. — Ces gens-là, nous n'en voulons à aucun prix.

Nous voulons des hommes capables, sachant exprimer leur opinion, qui comprennent les intérêts de leurs électeurs et sachent les défendre.

Électeurs catholiques, que nul de vous ne reste indifférent chez lui. Il ne s'agit pas seulement, au conseil municipal, de l'arrosage des rues et du ramonage des cheminées; il s'y présente encore de hautes questions, dont nous ne saurions nous désintéresser.

Restez fermes et unis. Ne vous laissez diviser ni par de vains bavardages ni par de mesquines jalousies.

Marchons la main dans la main et la victoire nous appartiendra.

Colmar, le 4 août 1870.

Un Électeur.
(*Imprimerie Hoffmann.*)

— Sur les réclamations du public et par arrêté préfectoral, les élections, qui devaient se continuer samedi et dimanche prochain, ont été, pour tout le département, indéfiniment ajournées.

— Hier soir, j'ai fait mon premier tour de garde au poste Widerkehr. Y étaient également MM. Malval, conseiller à la Cour, Roman, ingénieur, Kiener, etc. Nous avons fait des patrouilles toute la nuit. Pas d'incident. Rentré au point du jour.

Vendredi, 12 août.

— Mort de M. Charles Kestner, ancien représentant du peuple à Thann. C'est une grande perte pour le parti libéral.

M. Charles Kestner était né en 1804. Chef d'une importante fabrique de produits chimiques qu'il avait fondée à Thann, il était à la fois connu pour la constance de ses principes libéraux et pour les sympathies qu'il a su de tout temps inspirer à ses nombreux ouvriers. En 1848, cinquante-un mille suffrages l'envoyèrent à l'Assemblée constituante, le troisième sur les onze représentants du Haut-Rhin. Plus tard ils le réélurent à la Législative. Il a également fait partie, de 1849 à 1851, de la chambre de commerce de Mulhouse.

L'empire l'eut toujours pour adversaire. Au 2 décembre, il adhéra à la déchéance prononcée par les chefs de la gauche contre le président parjure. Incarcéré, puis banni, il rentra toutefois au bout de quelques mois : sa maison, ses ouvriers le réclamaient. Lorsqu'il se présenta à la frontière, un ordre supérieur lui en barra d'abord le passage. « Très bien, fit-il; prévenez votre maître que s'il ne retire pas ses instructions, je ferme mes usines. » La menace n'était pas de celles qu'affronte un courtisan de socialisme : Charles Kestner revint et passa sans difficulté.

Deux des gendres de M. Kestner, M. le colonel Charras, député du Puy-de-Dôme, et M. Victor Chauffour, député du Bas-Rhin et professeur de droit à la Faculté de Strasbourg [1], ont payé d'un exil qui n'a plus cessé pour le premier, — il est mort à Bâle le 23 janvier 1865, — et qui

---

1. Aujourd'hui conseiller d'État.

dure encore pour le second, leur refus de prêter serment
au régime du coup d'État. Ses autres gendres sont M. Charles Floquet, du barreau de Paris, l'un des accusés dans
le fameux procès des Treize[1], M. Auguste Scheurer-Kestner[2] et M. Camille Risler-Kestner[3], de Mulhouse.

La probité n'était pas moins absolue chez M. Kestner
que la fermeté des convictions politiques. Il réhabilita la
mémoire commerciale de son père en payant jusqu'au
dernier centime de ses dettes, fait rare dans l'histoire de
nos tribunaux. On raconte à ce sujet le trait suivant. Un
créancier du père de M. Kestner était allé chercher fortune en Amérique, mais n'y fut point heureux et, un beau
jour, débarqua au Havre, plus pauvre qu'auparavant. Quelle
ne fut pas sa joie en apprenant qu'une somme considérable, le solde de sa créance, l'attendait à la caisse des
dépôts et consignations ! — Il est bon de savoir que dans
les réhabilitations de cette sorte, les sommes non réclamées
doivent être déposées à la caisse des dépôts et consignations et qu'il est procédé à une enquête minutieuse pour
rechercher si le négociant n'a pas obtenu de quittances au
rabais.

Notons en passant que Charles Kestner était petit-fils
de cette poétique Charlotte Buff, immortalisée par Gœthe
dans son roman de *Werther*.

Industriel, il a rendu d'inestimables services à toutes

---

1. En ce moment vice-président de la Chambre des députés, après avoir,
comme préfet de la Seine, présidé à l'inauguration du nouvel Hôtel de
Ville.

2. Sénateur et directeur politique de la *République française*.

3. Décédé. Était le beau-père de M. Jules Ferry, président du Conseil
des ministres. Son fils, M. Charles Risler, maire du 7e arrondissement de
Paris, a publié avec M. Gaston Laurent-Atthalin : *Neuf-Brisach, souvenirs
du siège et de la captivité* (1 vol., Paris, Berger-Levrault et Cie).

les branches de la fabrication. C'est à lui que sont dues la découverte de l'acide paratartrique, dénommé d'abord acide *thannique*, et l'application industrielle de divers produits tinctoriaux, notamment du beau vert Guignet à base de chrome. Récompensé d'une médaille d'honneur à l'exposition universelle de 1855, — il l'avait déjà été d'une médaille d'or à celle de 1849, — il en fit frapper un grand nombre d'exemplaires qu'il distribua à ses ouvriers, la déclarant gagnée non par lui, mais par eux, et voulant que chacun en eût sa part. Il refusa la croix de la Légion d'honneur qui lui fut décernée en même temps, faute de pouvoir, dit-il, la partager aussi avec ceux qui la lui avaient méritée.

Mais là ne s'arrêtèrent point ses sentiments d'affection pour ses ouvriers. La maison Kestner fut la première qui institua une caisse de secours mutuels pour ses contre-maîtres et ouvriers malades et leur accorda une part dans les bénéfices de l'établissement.

Sa caisse de secours se distingue, d'après M. Moss-mann, des autres associations de ce genre créées depuis, en ce que chaque ouvrier est tenu d'assurer l'assistance médicale à sa femme et à ses enfants comme à lui-même (il paie pour cela, tous les quinze jours, en sus de sa cotisation personnelle, 20 centimes pour sa femme et 10 centimes par enfant). La Maison verse une cotisation double de celle qu'acquitte l'ouvrier. Outre les soins et l'indemnité que le sociétaire reçoit pendant sa maladie (1 fr. 50 c. par jour), la caisse subvient, s'il meurt, aux frais de son enterrement.

La participation aux bénéfices s'effectue de la manière suivante : Une prime annuelle, prélevée sur les bénéfices de l'établissement, est répartie au marc le franc du montant des salaires, et proportionnellement aux années de collaboration. Pendant les cinq premières années, l'ouvrier reçoit 3 p. 100; pendant les cinq suivantes, 4 p. 100, et ainsi de suite, pour chaque période de cinq années révolues. Les primes sont capitalisées au crédit des ouvriers et leur rapportent 5 p. 100 d'intérêts.

L'ouvrier qui a su être économe et qui veut devenir propriétaire, obtient de la Maison, sans intérêt et jusqu'à concurrence de mille francs, un prêt égal à la somme dont il dispose personnellement. Le nombre des ouvriers ainsi devenus propriétaires s'élève à près de la moitié de l'effectif.

Ce n'est pas tout. Charles Kestner accordait encore à ses ouvriers des pensions viagères de retraite variant, selon l'âge et les états de service, de 240 à 540 fr. par an, et pour leurs veuves, de 60 à 180 fr. [1].

Il a contribué récemment, pour une somme très importante, à la création d'un orphelinat pour le canton de Thann.

De son côté, Mme Kestner [2] a fondé à l'hospice communal une salle de maternité, en souvenir d'une de ses filles, Mme Chauffour-Kestner, morte en couches.

---

1. Ces diverses fondations ont été continuées par la Société anonyme qui, après le décès de M. Kestner et l'annexion de l'Alsace, a pris la suite de la fabrique de Thann et à laquelle les héritiers de M. Kestner ont versé, selon ses instructions, une somme de 140,000 fr. formant la dotation de la caisse de retraite et de secours aux ouvriers et aux veuves et enfants d'ouvriers.

M. Scheurer-Kestner, l'un des chefs actuels de l'établissement, y avait ajouté, dès 1865, une société de consommation qui, d'abord soutenue par la Maison, n'a pas tardé à se suffire et est aujourd'hui indépendante.

2. Fille du général Rigau, proscrit après les Cent-Jours et mort au Champ-d'Asile.

Voilà ces fabricants, ces *Brodherren,* contre lesquels le *Volksbote* et ses pareils s'efforcent d'ameuter l'ouvrier sous couleur de religion.

— Le tribunal de commerce a suspendu ses audiences.

La classe de 1869, appelée sous les drapeaux, remplit la ville de ses chants et de ses cris. L'intendance est, paraît-il, revenue de ses frayeurs, car le drapeau de l'Internationale a cessé de flotter à l'hôpital.

Rien de nouveau ; les dépêches sont insignifiantes. Par contre, on commente avec colère les récits que font les journaux de la bataille de Forbach.

— Le bruit court que la cure enrôle ou s'efforce d'enrôler des jeunes gens pour la milice pontificale.

Je n'ai pu en vérifier le fondement.

— Une proclamation du général Uhrich et du baron Pron aux habitants de Strasbourg, en date du 10 août, proteste contre les bruits répandus sur l'état de la place. « Les remparts, y est-il dit, sont armés de 400 canons ; la garnison est composée de 11,000 hommes, sans compter la garde nationale sédentaire [1]. »

Voilà les Prussiens renseignés.

Dimanche, 14 août.

Je viens de voir M. Wouters, revenu à pied de Strasbourg. La ville est investie, les Strasbourgeois sont tris-

---

1. Le 9 août, le général marquis de Chargère, commandant de Belfort, répondait à une demande de M. Ed. Eudeline, capitaine des francs-tireurs de Colmar : « *Je ne puis vous envoyer ni armes, ni munitions, j'en manque ici.* » (Ed. Eudeline, *les Francs-Tireurs de Colmar,* 1871.)

tes ; ils sont complètement privés de relations extérieures. Les Prussiens sont à Erstein. Ils ont frappé Haguenau d'une contribution de guerre de 150,000 fr., Saverne, de 100,000 fr., le canton de Geispolsheim, de 3,000 fr. par jour. Ce dernier est traité plus durement, à raison de faits de résistance.

Il paraît que les trains circulent sans relâche entre Haguenau et Berlin. Les Prussiens auraient déjà planté dans le Bas-Rhin leurs poteaux blanc et noir et installé des fonctionnaires civils.

A Forbach, la bataille a été sanglante. Grandes pertes de part et d'autre. A Wœrth, 26 paysans fanatisés auraient maltraité des blessés allemands. Conduits au camp prussien, ils auraient été fusillés, leur curé en tête.

— Circulaire préfectorale :

GARDES NATIONALES ET CORPS DE VOLONTAIRES

Colmar, le 13 août 1870.

Le Préfet du Haut-Rhin à MM. les Sous-Préfets et Maires
du département.

Messieurs,

En présence du danger de la patrie, un admirable élan de patriotisme répond d'un bout de la France à l'autre à l'appel du Gouvernement.

Dans la situation spéciale où se trouve notre département, un double devoir s'impose aux représentants de l'autorité, à tous les bons citoyens :

1° Organisation d'une garde sédentaire dans les communes, pour veiller au maintien de l'ordre — L'engagement est obligatoire de 30 à 40 ans ; il est facultatif de 40 à 50 ans. Les propositions pour la nomination des chefs me seront adressées sans retard.

2° Organisation de compagnies de volontaires et de francs-tireurs résolus à aller rejoindre l'armée pour contribuer à la défense commune.

Ces compagnies de volontaires ne doivent pas comprendre les gardes mobiles ou les hommes tombant sous l'application des lois nouvelles qui sont dès aujourd'hui promulguées. Elles pourront provisoirement désigner leurs officiers, à la condition de se placer sous l'autorité militaire.

A l'œuvre donc, mes chers concitoyens ! Que sans retard et sans hésitation, chacun de vous se fasse inscrire à sa mairie, soit pour la garde communale, soit pour le corps de volontaires.

Les volontaires recevront la solde des troupes de campagne.

Le nombre des inscrits sera transmis quotidiennement à la préfecture.

Une fois les cadres formés, l'autorité militaire fera connaître les lieux où les volontaires devront se rendre et procédera aux armements.

Que les populations se rassurent ! Point de défaillance ! Union et courage !

L'ordre garanti dans les communes par la garde sédentaire, les volontaires réunis sur les points indiqués par l'autorité militaire, telle est l'organisation immédiate que commande la gravité des circonstances.

Comptez sur mon concours énergique et dévoué.

Recevez, Messieurs, l'assurance de ma considération très distinguée.

Le Préfet du Haut-Rhin,

I. SALLES.

Pour copie conforme :
Le Secrétaire général,
LEMERCIER.

— Le comité de secours de Guebwiller a cessé d'exister, le parti religieux-catholique refusant d'accepter M. Grosjean comme président.

Lundi, 15 août.

Triste, le 15 août. De rares fonctionnaires se glissent timidement à la préfecture. Ils ne semblent pas fiers, cette année, de leurs uniformes brodés.

Sans la dépêche de ce matin, qui annonce que les Prussiens ont été refoulés près de Metz, pas un de ces serviteurs du Gouvernement ne se fût montré en public. Ce sont eux pourtant qui, il n'y a guère plus de trois mois, poussaient les populations au scrutin, *avec une activité dévorante*.

— M. H... est parti à pied pour avoir des nouvelles de son fils, qui s'est battu à Wissembourg. Le pauvre père faisait pitié à voir. Il errait dans les rues comme une âme en peine, s'arrêtait à soupirer et à pleurer. Il a déclaré en partant qu'il marcherait tant que ses jambes le porteraient. Des jambes de 60 ans! — Charles est son fils unique; on le dit vivant, mais blessé et prisonnier.

— Hier matin nos francs-tireurs sont partis pour Belfort. Ils ont passé la semaine dans les Vosges, à la suite de la fausse alerte du 7 au soir.

Point de détails sur le combat des Prussiens et de notre armée. Par contre, une longue dépêche à propos d'une émeute pour rire qui aurait eu lieu à la Villette. On prend soin de nous dire qu'un sergent de ville a été tué. Nous eussions préféré connaître le chiffre de nos pertes à Wissembourg, Frœschwiller et Forbach.

La première dépêche (de Longeville) est datée de 10 heures du soir; la seconde de 11 heures.

Le courrier de Paris n'est arrivé ni hier ni aujourd'hui.

Dans l'*Industriel*, qui rend compte des débats de la Chambre, un mot puissant de Gambetta : « La seule attitude qui convienne à la majorité, c'est le silence et le remords. » C'est un soufflet de toute la largeur de la main sur toute la largeur de la joue.

Mardi, 16 août.

Point de courrier de Paris. Pourtant l'*Industriel* a reçu ses journaux. Aurait-on supprimé les feuilles démocratiques ou serions-nous en quarantaine?

4 h. — Les trains montants ne vont plus au delà de Colmar. Le brigadier-facteur me dit que les Prussiens sont à 3 kilomètres de Schlestadt. Ce serait donc à notre tour demain ou jeudi.

A Neuf-Brisach, la mobile commence à faire assez bonne figure, mais tous les hommes ne sont pas habillés. Le 6 et le 7 au matin, ils n'avaient point encore de fusils.

Voilà ce que le Gouvernement appelle armer la nation. Y en a-t-il seulement, des fusils?

Brisach est pour longtemps approvisionné de bétail, de foin, de farine, etc. Y a-t-il aussi des munitions?

Mercredi, 17 août.

Nægelen me raconte qu'un pasteur de Strasbourg vient d'arriver à Colmar. Il a quitté la place dans une voiture munie du drapeau de l'Internationale et se rend à Paris pour y chercher du sulfate de quinine, dont on manque à Strasbourg. Il a eu quelque peine à traverser les postes prussiens, mais enfin il est passé.

Dans l'opinion de mon voisin, c'est un très mauvais symptôme que ce manque de quinine. Évidemment, dit-il, il y a énormément de fièvres, si les droguistes, qui ont dû faire des provisions considérables, se trouvent déjà les mains vides.

Trois bombes ont été, paraît-il, lancées dans Strasbourg. L'une, tombée au faubourg de Saverne, aurait blessé une petite fille ; les deux autres auraient éclaté rue du Vieux-Marché-aux-Vins et place Kléber, sans faire de mal à personne.

8 h. — Nouveau tour de garde comme constable. Mes compagnons, autres que la semaine dernière, me nomment chef de poste.

Nous trouvons, rue des Fermes, un individu couché ivre-mort sur la voie publique. Impossible de le faire lever ; c'est une masse de plomb. On lui jette de l'eau au visage : il mugit, mais ne bouge. L'agent qui nous accompagne s'avise alors d'un de ces procédés qui semblent n'être connus que des malfaiteurs et de la police. Il tire l'une de ses bottes, l'emplit d'eau à la rigole, puis ouvre le pantalon de l'ivrogne et la lui vide brusquement sur l'abdomen. L'homme aussitôt se dresse, comme poussé par un ressort. Il grogne, crie, résiste ; l'agent lui dit qu'il pleut (*Ach! wiä kenn's dann a so rääye!*) et on l'emmène au violon.

— On parle d'un fait d'armes de la mobile de Schlestadt, qui aurait tué des Bado-Bavarois à Châtenois et ramené des prisonniers.

Jeudi, 18 août.

Enfin voilà, Dieu merci, de bonnes dépêches. Nous avons, sinon battu, du moins sérieusement arrêté l'ennemi. Le maréchal Bazaine a, pendant toute la journée du 16, livré bataille entre Doncourt et Vionville. Les Prussiens ont été repoussés et ont dû céder leurs positions. Il y avait environ 120,000 hommes engagés.

Ces nouvelles, succédant à tant de tristes dépêches, ramènent un peu de gaîté sur les visages.

On se réjouit partout de la prouesse des gens de Châtenois et des moblots de Schlestadt. Voici le fait. Les dragons badois et bavarois qui, depuis plusieurs jours, mettaient à contribution les communes du Bas-Rhin (en suivant la ligne Strasbourg-Bâle), s'étaient présentés hier à Châtenois, demandant plusieurs milliers de francs comme rançon de guerre. Les Châtenois n'ont pas la réputation de bons enfants. Ils se fâchent, mais les femmes tout d'abord. Empoignant leurs couteaux de cuisine, elles les ficellent au bout de perches et se mettent à larder nos maraudeurs. Les hommes entrent en scène à leur tour, munis de fourches et de pioches, pendant qu'un jeune homme court ventre à terre chercher du secours à Schlestadt. 50 mobiles arrivent sous la conduite du capitaine Stouvenot, tombent sur les Badois, qui avaient déjà perdu 3 hommes, leur en tuent 17 autres et en prennent 4, qu'ils emmènent à Schlestadt.

On a dû rire chez nos voisins, si j'en juge par la bonne gaîté qu'on a éprouvée ici. Les gens de Châtenois et les mobiles de Schlestadt resteront célèbres dans nos parages. De fait, ils ont rendu un grand service, les villageois, en secouant cette torpeur qui engourdissait nos populations et, ces jours derniers, livrait Nancy à 4 Prussiens; les mobiles, en remportant un petit succès qui fortifiera le cœur des autres, leur inspirera de l'émulation et fera de ces corps annexes une institution chère à la nation. Car enfin c'est le premier succès *pur* que nous ayons obtenu depuis le début de la campagne. Un seul mobile a été blessé, ainsi qu'un habitant. De tué, point. Les chevaux pris aux Badois ont été donnés en gratification à nos mobiles, qui les vendront à leur profit.

— Le pasteur venu de Strasbourg est M. Schillinger[1], l'un des rédacteurs du *Progrès religieux*. Il doit revenir de Paris demain. Plus de 30 personnes ont remis chez L. et G. Umbdenstock, où il descendra, des lettres à destination de Strasbourg.

— Les excitations religieuses ne discontinuent pas. A Sigolsheim, dit-on, C... M..., meunier, a eu toutes ses vitres brisées à coups de pierres. Trois jours après, le maire et les adjoints, qui ne s'étaient pas dérangés lors du désordre, n'avaient encore pris aucune mesure pour découvrir les coupables.

É... S..., suspect de franc-maçonnerie (bien à tort), a eu sa maison plaquée d'ordures.

Au sieur M..., à Kaysersberg, on a enlevé le toit de la sienne; à K..., de la même commune, on a lancé des injures, en lui promettant de lui ouvrir le ventre (K... est protestant). La calomnie a si bien fait son chemin que, même aux yeux de certains représentants ou dépositaires de l'autorité, protestant et prussien sont deux termes synonymes.

— Les ouvriers sans travail affluent à la mairie de Colmar, qui se voit forcée d'instituer une sorte d'atelier national. On répartira ces malheureux dans le service

----

1. Il était, en effet, envoyé à Paris pour rapporter une caisse de médicaments à l'intendance.

rural et l'on créera tout d'abord un chemin voiturable direct du cimetière à la Maison-Rouge.

De Guebwiller et des alentours, les ouvriers arrivent par groupes nombreux (jusqu'à 30 à la fois) pour s'engager.

A Elsenheim, à Grussenheim, à Marckolsheim, il n'y a plus guère de jeunes gens. Tous se sont sauvés, emmenant leurs chevaux, et se sont engagés comme soldats pour ne pas tomber aux mains des Prussiens, qui emploient, dit-on, la population valide à creuser un canal de détournement des eaux de l'Ill.

A Benfeld, les Prusso-Bavarois sont apparus lundi matin. Ils ont placé des sentinelles à chaque issue de la ville, menaçant de mort quiconque oserait en sortir, et se sont occupés à lever une contribution. Sept jeunes gens qui se sont échappés par les jardins, sont venus raconter le fait à Colmar, où ils se sont enrôlés.

Le val de Villé et celui de Sainte-Marie seraient en plein soulèvement contre l'ennemi. Ah! si nous avions des fusils!

— Le bureau de recrutement est transféré à Belfort.

Vendredi, 19 août.

Le Conseil est, pour ainsi dire, en permanence. Dans sa séance d'hier, il a constitué la commission de recensement de la garde nationale sédentaire, d'après la loi du 13 juin 1851. Cette commission a dû entrer immédiatement en fonctions pour la formation des cadres.

— J..., de Ribeauvillé, raconte que le général Douay aurait réuni quelques prêtres et leur aurait déclaré que s'ils s'avisaient encore de prêcher guerre du haut de la chaire, il les ferait fusiller

— Dépêche arrivée ce matin :

Paris, 18 août. — Dans l'affaire du 16, le corps du général Ladmirault formait l'extrême droite de l'armée. — Un bataillon du 7ᵉ de ligne a détruit un régiment de lanciers prussiens et lui a enlevé son étendard. Il y a eu plusieurs charges de cavalerie très brillantes ; dans l'une d'elles, le général Legrand a été tué en chargeant à la tête de sa division. — Le général Montaigu a disparu. — Les généraux prussiens Dœrnig et Wedel ont été tués, les généraux Grueter et von Rauch ont été blessés. — Le prince Albert de Prusse aurait été tué.

A la chute du jour, nous étions maîtres des positions précédemment occupées par l'ennemi. — Le lendemain, il y a eu près de Gravelotte quelques combats d'arrière-garde. — On peut estimer approximativement à 150,000 hommes les forces que l'ennemi avait engagées contre nous dans la journée du 16. — Nous n'avons pas encore l'état de nos pertes d'une manière exacte.

10 h. — Rencontré devant la mairie W..., conseiller municipal, qui m'informe que le général Beyer vient d'envoyer une proclamation aux Colmariens. Le chef du secrétariat, à qui je monte en demander communication, me présente deux papiers portant la même proclamation, l'un en français, l'autre en allemand. Le maire étant venu prendre le premier pour en donner connaissance au préfet, je n'ai pu copier que le texte allemand, le voici :

Ein Mahnruf
und ein Warnungsruf an die Bewohner des Elsasses [1].

Ich muss ein ernstes Wort an Euch richten.
Wir sind Nachbarn. Wir haben in friedlichen Zeiten traulich

---

1.   *Avertissement et exhortation aux habitants de l'Alsace.*
J'ai à vous parler sérieusement.
Nous sommes voisins. Nous avons entretenu dans les temps de paix des

mit einander verkehrt. Wir sprechen dieselbe Sprache. Ich rufe Euch an. Lasst die Sprache des Herzens, die Stimme der Menschlichkeit in Euch zu Worte kommen.

Deutschland ist im Kriege mit Frankreich, in einem von Deutschland nicht gewollten Kriege.

Wir mussten in Euer Land eindringen.

Aber jedes Menschenleben, jedes Eigenthum, das geschont werden kann, betrachten wir als einen Gewinn, den die Religion, die menschliche Gesittung segnet.

Wir stehen im Kriege. Bewaffnete kämpfen mit Bewaffneten in ehrlicher offener Feldschlacht.

Den unbewaffneten Bürger, den Bewohner der Städte und Dörfer wollen wir schonen.

Wir haben strenge Manneszucht.

Dafür aber müssen wir erwarten — und ich fordere es hiermit strengstens, — dass die Einwohner dieses Landes sich jeder offenen und geheimen Feindseligkeit enthalten.

Zu unserm tiefsten Schmerze, haben Aufreizungen, Grausamkeiten und Rohheiten uns genöthigt strenge Sühne eintreten zu lassen.

Ich erwarte daher, dass die Ortsvorsteher, die Geistlichen, die

---

relations cordiales. Nous parlons la même langue. Je m'adresse à vous en vous disant : Laissez parler en vous la voix du cœur et de l'humanité.

L'Allemagne est en guerre avec la France, guerre que l'Allemagne n'a pas voulue.

Nous avons dû pénétrer dans votre pays.

Mais toute vie humaine, toute propriété que nous pouvons épargner, nous la considérons comme un gain béni de la religion et de la civilisation.

Nous sommes en guerre. Des hommes armés se battent avec des hommes armés, dans de loyaux combats, sur les champs de bataille.

Le citoyen sans armes, l'habitant des villes et des villages nous voulons l'épargner.

Notre discipline est rigoureuse.

Mais, en revanche, nous attendons des habitants de ce pays, — et je vous en requiers ici de la façon la plus sévère, — qu'ils s'abstiennent de tout acte d'hostilité, ouverte ou cachée.

A notre profond chagrin, des excitations, des faits de barbarie et des brutalités nous ont obligés à sévir.

J'attends donc des autorités locales, des ecclésiastiques et des instituteurs

Lehrer ihre Gemeinden, die Familienhäupter ihre Angehörigen und Untergebenen dazu anhalten, dass keinerlei Feindseligkeit gegen meine Soldaten geübt werde.

Jedes Elend, das vermieden werden kann, ist eine Gutthat vor dem Auge des höchsten Richters, der über alle Menschen wacht.

Ich ermahne Euch. Ich warne Euch. Seid dessen eingedenk.

Der kommandirende
Grossherzoglich Badischer Division Generallieutenant,
Von Beyer.

Nachschrift. — Ich befehle, dass diese Mahnung an die Rath-häuser aller Städte und Dörfer angeheftet werde, und es wird wohlgethan sein, wenn Ihr dieselbe auch in die Nachbargebiete schicket.

Ochsner, ouvrier typographe et traducteur du *Courrier du Haut-Rhin,* me dit que cette proclamation, tant en allemand qu'en français, est arrivée à la préfecture dès avant-hier et, de là, envoyée pour être reproduite en affiche à l'imprimerie Hoffmann, sous la seule réserve d'attendre jusqu'après les nouvelles de la bataille livrée aux environs de Metz. Est-il possible que le premier magistrat du département soit à ce point saisi de frayeur, que d'ob-

---

qu'ils insistent auprès des communes, et des chefs de famille, auprès de tous les leurs et de leurs subordonnés, pour qu'aucun acte d'hostilité ne soit exercé envers mes soldats.

Toute misère qui peut être évitée est une bonne action aux yeux du Juge suprême qui veille sur tous les hommes.

Je vous avertis. Je vous exhorte. Songez-y.

Le Lieutenant-général
commandant la division du grand duché de Bade.
Von Beyer.

P.-S. — Je vous ordonne d'afficher cet avertissement aux maisons communes de toutes les villes et de tous les villages, et vous ferez bien de l'envoyer aussi dans les territoires voisins.

tempérer sans résistance aux injonctions d'un général badois !

— Plusieurs habitants de Châtenois seraient accourus, tout effarés, à Colmar. Un régiment prussien, suivi d'une mitrailleuse, serait arrivé dans le village pour fusiller un certain nombre de paysans. L'horrible chose que les lois du sabre ! Quoi ! parce qu'on aura défendu ses foyers, son territoire, sans être affublé d'un vêtement de convention, l'on sera traité en brigand ! Jamais les malheureuses victimes de ces décrets de la force ne seront autre chose pour nous que des martyrs.

— Protestation du *Courrier du Haut-Rhin :*

En ce moment notre Alsace est inondée de proclamations de généraux étrangers qui font appel à une vaine similitude de race et de langage, et affectent dès à présent d'administrer le Bas-Rhin comme s'il était une terre allemande. Cette fantasmagorie ne saurait tromper personne et n'éveille dans nos cœurs qu'un sentiment, celui de protester de notre indestructible patriotisme. Quelle étrange illusion, du reste, que de s'imaginer que la terre d'où s'est élancée la *Marseillaise* puisse jamais cesser d'être française !

C'est la glorieuse révolution de 89 qui a fondé la grande unité démocratique à laquelle nous sommes fiers d'appartenir ; c'est en rentrant dans la voie révolutionnaire que la France triomphera.

Et l'Alsace veut d'autant plus rester française que les événements en train de s'accomplir portent en eux le germe d'une régénération éclatante.

La Rédaction
du *Courrier du Haut-Rhin.*

Protestation du *Volksbote :*

L'école du malheur est l'école des forts. Les malheureux mais glorieux combats du 6 août ont eu un résultat qui sera notre salut.

A la nouvelle que l'ennemi avait foulé le sol français, toute la nation s'est levée et a crié aux armes.

C'est à nous, Alsaciens, d'élever maintenant la voix aussi longtemps qu'elle pourra s'élever librement. Nous devons protester contre la Prusse.

Nous protestons, parce que Bismarck a profondément blessé nos cœurs en déclarant que nous, Alsaciens, soupirions après le joug prussien.

Nous protestons, parce que le sol alsacien a tout d'abord été foulé par les Prussiens.

Nous protestons, à cause du sang, du sang héroïque que la France a répandu pour nous à Wissembourg et à Reichshoffen.

Nous protestons, parce que le sang des martyrs de Gunstett crie vers nous. De ce sang innocent, ô Prussien, tu auras à rendre compte.

Nous protestons, parce que nous sommes et voulons rester pour la France des Alsaciens et pour l'Europe, des Français.

Nous protestons avec nos soldats, si nombreux sous les drapeaux de la France.

Nous protestons avec la foule de nos volontaires et avec tous ceux qui, dans les derniers jours, ont été appelés aux armes.

Nous protestons avec le vaillant général Uhrich, de Strasbourg.

Nous protestons de toute notre conviction, de toute notre force, de toute notre résolution.

La dernière parole libre du *Volksbote* sera : Dieu et la patrie.

Le Volksbote.

— L'*Industriel alsacien* reproduit le texte français de la proclamation de Beyer. Le maire était fort perplexe ce matin, ne sachant s'il avait ou non l'obligation de le publier.

Par mesure de prudence, avant d'insérer moi-même ce document dans le *Courrier du Haut-Rhin* (nous sommes en état de siège !) je me rends à la préfecture pour demander si l'on voyait de l'inconvénient à cette reproduction.

Impossible de me faire recevoir, trop de monde chez le préfet, MM. de Bussierre, de Pourtalès, de Heeckeren, etc.

Au moment où je me dispose à me retirer, sort du cabinet M. de Peyerimhoff; je lui dis ce qui m'amène. « Ah ! attendez-moi, je vais aller demander. » — Il entre chez le préfet et, au bout d'un instant, ressort : « M. le préfet n'est pas d'avis de publier la pièce, cela pourrait effrayer les populations et ce que vous pourriez dire à l'encontre ne suffirait pas à les rassurer. Ç'a d'ailleurs été mon opinion dès le premier instant. — Fort bien, Monsieur le Maire, ai-je répondu, je laisserai la chose de côté, je n'y tiens guère ; seulement je crois que M. le préfet se trompe en la tenant cachée ; c'est le sûr et seul moyen de lui donner de l'importance. »

— Pour la première fois ce soir, depuis samedi dernier, nous avons eu des journaux de Paris. *Des* journaux, non, mais un journal, le *Temps*, plus l'*Indépendant rémois* de mardi. La *Cloche*, que nous recevions, est suspendue par l'autorité militaire ; le *Réveil* aussi. Et le *Rappel*. L'*Avenir national* n'est pas venu. Par contre le petit *Moniteur* n'a pas manqué. Jusqu'à son dernier râle, le gouvernement impérial aura poursuivi la pensée.

— On raconte un épisode assez curieux de la bataille de Wissembourg. Le matin de l'engagement, dont personne ne soupçonnait l'imminence, M. Weiss, conservateur des hypothèques, avait offert, ainsi que la plupart des habitants de la ville, un déjeuner à quelques-uns de nos braves soldats. C'étaient des turcos. Pour lui témoigner leur satisfaction, les Africains lui demandèrent la permission de faire à son fils Édouard, âgé de treize ans, les honneurs de leur camp, et ils l'emmenèrent.

A peine avaient-ils dépassé les portes de la ville, que celles-ci se fermaient derrière eux et que le feu commençait de toutes parts. Le jeune Weiss, livré à lui-même au milieu des combattants, chercha successivement un refuge dans un fossé, puis, quand la fusillade l'en eut délogé, dans la ferme du Schafbusch, où l'on avait transporté le corps du général Douay, tué tout près de lui. Enfin, vers cinq heures du soir, la bataille ayant pris fin, l'enfant s'en revint sain et sauf chez ses parents, dont on se figure les mortelles inquiétudes [1].

— Le pasteur Schillinger n'est pas de retour. D'après ce que me dit G. Umbdenstock, chez qui il était descendu, Strasbourg ne serait ni abattu, ni découragé, ni affamé. On ne rit pas, cela se conçoit, mais on est bien éloigné de pleurer.

— Toujours pas de fusils à Colmar. De poudre, pas davantage. Et pourtant l'invasion du Haut-Rhin paraît imminente, après la circulaire Beyer.

— On lit dans l'*Industriel* (correspondance About) qu'à Saverne, comme ici, c'est la gendarmerie qui a donné l'exemple de la panique et de la débandade.

Les Prussiens n'ont pas mis Saverne au pillage, il est convenu que cette coutume barbare est indigne d'une nation civilisée, mais voici leurs réquisitions dans cette ville de 5,331 habitants :

    10,000 pains de 3 kilogr.
      60 bœufs de 250 kilogr., tués.
    8,000 kilogr. de riz.

---

1. Le héros de cette aventure n'y a pas perdu le goût des armes : il est aujourd'hui lieutenant au 5e chasseurs à pied.

1,250 kilogr. de café grillé.
  750 — de sel.
  500 — de tabac ou 180,000 cigares pour les soldats.
75,000 cigares fins pour les officiers.
15,000 litres de vin, savoir : 10,000 litres pour les soldats, 3,000 litres de vin supérieur rouge pour les officiers, 2,000 de bourgogne.
  200 bouteilles de champagne.
  100 kilogr. de sucre pour les ambulances.
   25 — de tablettes de bouillon ou d'extrait de viande.
60,000 kilogr. d'avoine.
25,000 — de foin.
25,000 — de paille.

Edmond About, qui raconte dans le *Soir* l'occupation de Saverne, dit que la commune a été de plus requise de mettre à la disposition de l'armée prussienne un magasin pour y déposer les articles détaillés ci-dessus.

La livraison a dû commencer tout de suite, de telle sorte que la première moitié des quantités prescrites fût livrée jusqu'à 4 heures de l'après-midi, la deuxième jusqu'au lendemain à 6 heures au plus tard.

Et outre ces réquisitions, des hommes pour les distribuer (20 à peu près), des bascules pour le pesage et des voitures pour le transport.

Et au cas de non-exécution de la réquisition, la valeur d'icelle en argent, augmentée de 25 p. 100 [1].

---

1. On me saura gré de reproduire ici les extraits suivants d'une lettre que j'ai reçue plus tard d'un de mes amis, M. N. Reblaub, directeur de l'école communale israélite de Forbach :

« Enfin nous respirons un peu, j'en profite pour vous donner signe de vie, sans savoir d'ailleurs où ni comment ces lignes vous parviendront, ni

Samedi, 20 août.

Les nombreux gardes forestiers réunis à Colmar par ordre du ministre de la guerre ont dû être renvoyés chez eux, faute de fusils pour les armer.

Le maire, à qui je disais hier que la circulaire Beyer pouvait bien être le prélude de l'invasion du Haut-Rhin et qu'il y avait par conséquent urgence à constituer en force régulière tout ce qui possède une arme, m'a répondu : « Nous n'avons pas une cartouche. »

— Un des nôtres, Louis-Philippe Million, capitaine au 2ᵉ zouaves, est mort d'une balle reçue dans le ventre au combat de Wœrth. Transporté chez le curé de ce village,

---

même si vous les recevrez..... Nos angoisses sont grandes : dès à présent les Prussiens traitent notre Alsace comme leur appartenant. Nous ployons sous le faix des réquisitions. Nos maisons se vident au profit de l'armée envahissante. Ces jours derniers nous avons dû livrer 5,000 couvertures, puis 3,000 pioches et pelles (pour le siège de Metz). Tabac, cigares, pain, viande, nous en avons fourni déjà, nous continuons à en fournir des quantités énormes et ne savons plus où en prendre. A la suite des corps ennemis arrivent les *Marketender* ou cantiniers, espèce de chacals dont l'avidité industrieuse ramasse tout ce que ces corps ont pu laisser.

« Et cependant, comme ils se sont bien battus, nos pauvres, bons et chers soldats, à Spickeren et à Styring-Wendel! Ils étaient un contre cinq et ont disputé le terrain pied à pied jusqu'à cinq heures du soir. Que dire de nos pauvres chasseurs (du 8ᵉ)? Ils se sont fait tuer comme des héros, debout et le fusil à la main. C'est dans cette posture que j'en ai trouvé trois, le lendemain, sous un pont qui relie le village de Styring à l'usine de Wendel, entourés d'une dizaine de Prussiens morts sous leurs coups. Si Forbach a été préservée, c'est à la vaillance de quelques pontonniers et d'une centaine d'hommes du 40ᵉ de ligne qu'elle en est redevable. Le corps d'armée du général Steinmetz se tenait caché dans les forêts sur la route de Rosselle, prêt à envahir la ville le soir même, lorsque cette poignée de vrais braves, abritée par le talus du chemin de fer, a brûlé ses dernières cartouches dans une fusillade si nourrie que le corps ennemi s'est arrêté, croyant avoir devant lui toute une division de notre armée.

« Avant-hier, un brave homme d'ici s'est vu sur le point d'être fusillé : sa voiture avait été réquisitionnée et chargée de cigares, puis avait disil a expiré peu d'heures après. C'est notre voisin Antoine Reech fils, médecin-major, qui lui a donné les premiers et derniers soins.

— La mobile de Brisach a fait hier, dit-on, sa première sortie. On demandait 17 volontaires par compagnie, il s'en est présenté 40, — 5 ou 6 officiers de bonne volonté, tous se sont proposés. On n'a pris qu'un lieutenant (Fritz Hanser) et un sous-lieutenant (Ganier, l'avocat).

Dimanche, 21 août.

D'après le *Temps*, le bombardement de Strasbourg aurait commencé avant-hier. On n'en sait rien ici.

— Emprunt de 750 millions. Puisse-t-il être couvert !

— La proclamation du général Trochu et sa réponse à la question posée par Nefftzer sont accueillies avec enthou-

---

paru pendant la nuit. Arrêté aussitôt par un détachement de soldats et conduit à l'état-major établi à la ferme de Rimsing, à 2 kilomètres de Forbach, le malheureux allait être passé par les armes, quand un officier d'ordonnance vint annoncer qu'il avait vu la voiture sur la route de Saint-Avold entre les mains d'un *Marketender*, qui l'avait apparemment volée.

« Moi-même j'ai failli passer un mauvais quart d'heure. Nos soldats ayant démoli, avant leur départ, leurs fours de campagne établis près de la gare, l'intendant prussien vint nous ordonner de les faire reconstruire dans les 48 heures. Membre de la commission permanente, je me trouvais à la mairie au moment de cette nouvelle réquisition, j'objectai l'impossibilité de trouver les bras nécessaires. Pour toute réponse, on me fit monter dans la voiture de l'intendant pour m'emmener à Sarrebrück, et ce n'est que grâce aux instantes démarches du maire que je fus remis en liberté.

« Les plus sombres tragédies ont souvent des intermèdes comiques ; celle qui se déroulait sous nos yeux consternés en eut également. Un fou inoffensif des environs de Forbach se montre un matin, armé d'une hachette, « pour tuer tous les Prussiens ». En un clin d'œil, toute la garnison se trouve sur pied, criant : « Sauve qui peut ! Garibaldi est arrivé ! »

« Un jeune homme, résolu, comme tant d'autres Forbachois, à rejoindre l'armée française pour s'y enrôler, ne voulut pas quitter sa ville natale sans avoir joué un tour aux Prussiens. Il enivra le factionnaire de garde à la mairie, et l'ayant désarmé, partit avec son fusil. »

siasme. On est heureux de rencontrer encore un *caractère* et d'entendre le langage franc d'un homme d'honneur. Quel bon président de république ! s'écrie-t-on[1].

— On m'envoie de Lons-le-Saulnier une pétition adressée au Corps législatif et demandant que le peuple français tout entier soit d'urgence et solennellement déclaré solidaire des désastres subis par les départements envahis. Rien de plus juste, mais la spontanéité de cette proposition en double le mérite.

Lundi, 22 août.

Dépêche annonçant que le plan du maréchal Bazaine n'a encore pu aboutir, autrement dit, euphémisme à part, que le mouvement de retraite de l'armée de Metz sur Châlons a été empêché par les Prussiens. C'est donc sous les murs de Paris que se décideront les destinées de la France.

On est bien triste, mais non découragé. Espérons que Paris nous sauvera.

11 h. — M. Frédéric Hartmann, consterné, vient de nous dire : « J'ai toujours pensé que nous étions compro-

---

1. Cette proclamation contenait la phrase suivante : « Je fais appel à tous « les hommes de tous les partis ; .... je leur demande de contenir par « l'autorité morale les ardents qui ne sauraient se contenir eux-mêmes, « et de faire justice par leurs propres mains de ces hommes qui n'aper- « çoivent dans les malheurs publics que l'occasion de satisfaire des appé- « tits détestables. »
Le rédacteur en chef du *Temps*, ayant cru voir dans ce passage une sorte d'invitation à cette justice sommaire du peuple, souvent irréfléchie, presque toujours cruelle, le général lui répondit qu'il n'avait entendu faire appel qu'à la force morale, la *vraie* force, dont est seul en possession le gouvernement impersonnel, ... « qui n'agit que dans l'intérêt de la nation, jamais dans le sien propre, qui est loyal, sincère, ardent pour le bien public et professeur d'honnêteté publique ».

mis, mais je ne croyais pas que l'effondrement serait aussi complet. Voilà ce que coûte un Napoléon ! »

— Ce matin aussi, Guillaume Molly m'a demandé quelques journaux pour notre ami et condisciple Rohmer, notaire à Mutzig. Depuis 15 jours on est, dans cette ville, sans nouvelles de Paris, de Strasbourg, de l'Europe et du monde entier. Les Mutzigois ont envoyé un exprès qui a traversé les lignes allemandes et leur rapportera, s'il plaît à Dieu, quelques numéros du *Courrier du Haut-Rhin*, de l'*Électeur souverain*, de l'*Industriel* et de l'*Indépendant*.

— Le bombardement de Strasbourg est confirmé. Il a commencé vendredi.

Un décret du 19 août prescrit la création d'une compagnie de génie de la garde nationale mobile dans le département du Haut-Rhin. Cette compagnie, recrutée parmi les gardes nationaux mobiles du département, sera spécialement affectée aux travaux et à la défense de la place de Belfort.

Y sont nommés : capitaine en 1er, M. Bornèque, sous-lieutenant au 5e bataillon de la mobile du Haut-Rhin ;

Capitaine en 2e, M. Kœchlin, lieutenant au 4e bataillon de la mobile ;

Lieutenant en 1er, M. Paynard, lieutenant au 4e bataillon de la mobile ;

Lieutenant en 2e, M. Belin (Auguste).

Mardi, 23 août.

En allant à la gare, je rencontre une vieille, vieille femme, tortue, bossue, portant un paquet noué sur le dos : « *Ach !* me dit-elle sans préambule, *wiä sén éhr doch so glécklig, ass 'r kè Volk hänn wiä mér! — Wohár sén'r dänn?* lui dis-je. — *Vo Dambach bi Schletschtatt, éwerall sén d'Praïsse dert on é'd'r Omgèyed. — Vo wäye was sén'r dänn g'flécht?* — *I bén nét g'flécht, i bén of d'r Wallfart g'séh*[1].

8 h. et demie. — Arrivée du train de Mulhouse : pas un journal. — On apprend que la ligne de Paris-Mulhouse est coupée à Chalindrey. Nous serons donc absolument privés de nouvelles.

— M. H..... est de retour. Il a trouvé son fils à Soultz-sous-Forêts, blessé à la figure : une balle lui a fracassé la pommette gauche et est ressortie au-dessous de l'oreille droite. Le malheureux était resté pendant trois jours abandonné sur le champ de bataille de Frœschwiller. Il sera guéri dans deux mois, mais est prisonnier.

Prisonnier également Xavier Rebel, du 99ᵉ. Il a reçu une balle dans la poitrine.

M. H..... trouve les ambulances prussiennes incomparablement mieux organisées que les nôtres. Même supériorité dans les autres branches de l'intendance militaire.

Mercredi, 24 août.

Un paysan de Wolxheim est arrivé à pied ici pour chercher des nouvelles et quelques journaux.

— Une dépêche annonce que dans la seule journée d'hier, il a été souscrit à l'emprunt 622 millions sur 750.

---

1. Que vous êtes donc heureux de n'avoir pas de troupes comme nous!
— D'où êtes-vous donc?
— De Dambach, près Schlestadt ; c'est plein de Prussiens là-bas et aux environs.
— Mais pourquoi vous êtes-vous sauvée?
— Je ne me suis pas sauvée, j'ai été en pèlerinage.

Cette nouvelle porte la joie dans les cœurs. Un pays qui sait donner son argent dans de pareils moments n'est pas un pays perdu. Bon avertissement à la Prusse, qui ne parvient pas à couvrir son emprunt de 70 millions de thalers.

— Une dépêche publiée hier par l'*Industriel* indique que le Parlement italien se prépare à formuler ses prétentions sur Rome. Justes ou injustes, elles peuvent devenir une complication.

— On a brûlé hier à Schlestadt la gare et les bâtiments voisins, aussi bien que tous ceux compris dans la zone des fortifications. A 2 kilomètres de rayon autour de la ville, le pays est à présent nu comme la main. On a dû faire sauter la nuit dernière le charmant petit château en pierre de taille bâti, il y a deux ou trois ans, le long de la voie ferrée. La promenade est rasée, les arbres des champs aussi, les vignes sont couchées par terre. L'autel est donc apprêté, fasse le ciel qu'il n'y ait point de victimes !

Il y a eu hier marché à Schlestadt, comme tous les mardis. Prix du froment : 18 à 26 fr. l'hectolitre.

— Journaux arrivés aujourd'hui : le *Figaro* et l'*Industriel*.

— M. de Bussierre fils est parti pour Rastatt, où son père, le député, est retenu comme otage par les Prussiens.

— Benfeld a été imposé, dit-on, à 30,000 fr., et le canton, à 200,000 fr. Le maire de Benfeld ayant voulu réclamer : « N'êtes-vous pas, lui aurait répondu le Prussien, un de ces maires qui ont fait voter par pression administrative ? Vous ne méritez donc aucuns égards. »

Fort bien, mais eussent-ils autrement agi, si le maire avait été libéral ?

Les Prussiens ont pris à Benfeld pour 3 millions de tabacs de l'État et les ont revendus un million à un négociant de Mannheim.

Jeudi, 25 août.

Point de nouvelles positives, mais il règne une certaine confiance. On est gai. On parle d'une grande victoire que nous aurions remportée. Peut-être cet état d'esprit ne tient-il qu'au rapide succès de l'emprunt, couvert en moins de 48 heures. (Colmar a souscrit pour plus de 71,000 fr. de rente, moitié plus que Mulhouse, dit-on.)

— Le bruit court que le préfet plie bagages, par suite d'un changement de gouvernement à Paris. M. Hartmann aussi en a entendu parler et a demandé au préfet si, oui ou non, il avait des nouvelles gouvernementales. Le préfet a répondu négativement, « mais il avait, dit M. Hartmann, la mine bien défaite ».

— Point d'autres journaux que l'*Industriel*.

Vendredi, 26 août.

Le train de 8 heures nous apporte le *Figaro* des 23 et 24 août, et *Paris-Journal* des mêmes jours. A 10 heures, le *Temps*, l'*Indépendant rémois* et le *National*, des mêmes dates, ainsi que la *Cloche* du 16.

Au sortir de la gare, on voit filer sur la ville des voitures chargées de caisses longues, étroites et hautes de 70 centimètres. « Ce sont des fusils, pense-t-on, les fusils de la garde nationale. Enfin ! » Renseignements pris, ces caisses ne contiennent que du lard, à destination de Neuf-Brisach. Il paraît que le commandant de place aurait télégraphié à l'intendance qu'on lui expédie tout de suite, aujourd'hui même, tout ce qui est en gare à son adresse, vu que demain il peut être trop tard.

— Le conseil de recensement de la garde nationale a terminé ou à peu près son travail. 1,000 à 1,200 noms ont été relevés. Il sera formé deux bataillons de cinq compagnies chacun. Les officiers seront élus. L'uniforme adopté par le conseil est celui de la mobile : pantalon bleu pâle, tunique sans taille bleu foncé, képi à visière droite avec olive ; seulement la bande rouge du pantalon sera remplacée par un passepoil de même couleur ; les manches n'auront point de parements rouges, le col sera de même drap que la tunique et rabattu.

Il ne manque plus à présent que les fusils ; les aura-t-on jamais ?

— Une avant-garde badoise a fait son entrée hier à Marckolsheim et a requis la municipalité de préparer logis et coucher pour 6,000 hommes.

— Le *Courrier du Haut-Rhin* cesse de paraître ; le numéro du 28 sera le dernier.

— Toujours beaucoup d'ouvriers sans travail. La ville en occupe environ 120 à la construction de divers ouvrages.

Elle a fait aussi des approvisionnements en blés et farines, graisses et légumes secs, pour distributions aux pauvres. Dans le même but, on a construit 4 fourneaux à l'ancien abattoir et à l'ancien hôtel de ville (*Kaufhaus*). Cette cuisine économique est placée sous l'administration de M. Alexandre Mesnard, juge consulaire, et de quelques autres personnes charitables ; elle vendra des portions de soupe, de viande, de légumes, à des prix minimes.

Plus d'une dépense de luxe, telle que la subvention

théâtrale, etc., sera supprimée. Il est même très possible
que l'École de musique ne voie pas rouvrir ses cours à la
rentrée.

— *Paris-Journal* contenait avant-hier un article pénible
sur l'envahissement si facile de l'Alsace, qu'il impute aux
protestants de Strasbourg et à Saint-Thomas. Signature :
Émile Daclin[1]. Cette fondation de Saint-Thomas a déjà été
cause de bien des dissensions. Notre-Dame de Strasbourg
n'a-t-elle donc pas la sienne ?

Samedi, 27 août.

Dans la cour de la gare, nombre de jeunes gens du Bas-
Rhin, de l'âge de 16 à 19 ans, qui ont fui devant les
Prussiens. Ils vont s'engager.

Le train amène une compagnie de francs-tireurs. Ils
sont environ 45. Tournure martiale. Ils ont l'air d'anciens
soldats et le sont la plupart. Quelques-uns décorés. Leur
arme est le chassepot. D'où viennent-ils ? De Mirecourt.
Pour où aller ? Sans doute à Villé. Ce n'est toutefois
qu'une conjecture, car ils ne veulent rien dire.

— Un fonctionnaire m'assure que le préfet, tout apeuré
qu'il est, fait sa police comme aux beaux jours de 1851.
Des mouchards de bonne et de mauvaise compagnie note-
raient ce qui se dit contre l'empereur. On m'affirme également que c'est le préfet qui s'oppose à l'armement de la
garde nationale et des corps francs. Je n'en crois rien, par
la bonne raison que les fusils manquent.

3 h. — On apprend avec consternation que les Prussiens sont à Châlons, à Sézanne et probablement à Troyes.

8 h. et demie. — On entend des coups de canon dans

____

1. *App.* 11.

la direction de Schlestadt. Le gardien de la tour signale deux incendies au delà de cette ville, sur deux points opposés.

Dimanche, 28 août, 8 h. et demie.

Pas de journaux. — Les coups de canon qu'on a entendus hier soir étaient tirés à Strasbourg. M. Perboyre, de Horbourg, et son neveu Obrecht ont vu de leur observatoire la lueur des projectiles et, à l'intervalle entre l'éclair et la détonation, se sont assurés que c'était bien à Strasbourg et non à Schlestadt que le canon tonnait.

11 h. et demie. — K....., le maréchal des logis de gendarmerie, est de retour momentanément. Il a été à Marckolsheim, où les troupes annoncées ne se sont pas montrées. Toutefois les murs y sont couverts de la proclamation Beyer. Un détachement de douaniers, envoyé de Brisach, a voulu les arracher ; le maire de la commune s'y est vivement opposé et a fait très mauvais accueil à ces militaires, qui sont repartis furieux. Où est, hélas ! cette activité dévorante d'il y a 4 mois ?

— Tout à l'heure, à la grille de la préfecture, le préfet a dit à la foule qu'il avait reçu de bonnes nouvelles, mais ne pouvait les donner pour certaines.

— Dans son numéro d'hier, le *Volksbote* racontait, sans affirmer le fait, que les Prussiens auraient placé un balai dans les mains d'une statue de la Vierge à Marienthal.

Le même fait est signalé par un correspondant alsacien de l'*Univers*, avec les circonstances suivantes :

Un long cri d'horreur s'élève en ce moment de toute notre pauvre Alsace, tant éprouvée par la guerre. Notre magnifique église de Marienthal (dans laquelle vous avez sans doute déjà prié) n'existe plus. Les Prussiens y ont mis le feu, après avoir profané la statue miraculeuse, vénérée depuis six siècles à Marienthal. On dit que les Prussiens ont couvert la statue de boue, après lui avoir mis un chapeau de paille sur la tête et un balai à la main. Ils ont tiré sur la statue comme sur une cible et l'ont mise en pièces.

— La réunion générale des congréganistes de l'Alsace, qui devait avoir lieu à Colmar le dimanche 11 septembre, soit dans 15 jours, a été contremandée à raison des événements.

Ces réunions, qui se tiennent chaque année dans une ville différente, comprennent parfois 4 à 5,000 congréganistes. Celle de l'année dernière a eu lieu à Strasbourg. Il en était venu des députations de tous les points de l'Alsace, du duché de Bade, de la Bavière, de la Westphalie, etc. On y prie, on y psalmodie, on y banquette de compagnie. Sans doute aussi l'on y prend langue sur mainte matière ; cela expliquerait l'uniformité d'action du parti dans toute l'Europe et l'ubiquité des propos qui se débitent contre les libres penseurs, les protestants et les francs-maçons.

Lundi, 29 août.

On raconte que la journée du 18, sur laquelle ni Bazaine ni le Gouvernement n'ont donné d'informations, aurait été pour nous un éclatant succès. Bazaine aurait débusqué le corps de Steinmetz en incendiant les bois qui l'abritaient et, par d'habiles dispositions, serait parvenu à le jeter dans les carrières de Jaumont. Là il aurait sommé les Prussiens de se rendre et, sur leur refus, les aurait mitraillés au point que 2,000 hommes à peine, sur 50,000 (d'autres disent 80,000), seraient parvenus à s'échapper.

Mais d'un autre côté, malheureusement, l'on raconte aussi que le général Uhrich aurait, la semaine dernière, envoyé un douanier déguisé au général Douay, qu'il croyait encore à Belfort, pour l'informer que Strasbourg affamé ne pouvait plus tenir et qu'on vînt promptement à son secours.

Quelques personnes répondent à cela que la canonnade d'hier soir aurait eu précisément pour but de protéger l'entrée à Strasbourg de 3 bataillons convoyant des vivres, et que par conséquent Strasbourg ravitaillé se trouvait en mesure de résister avec une nouvelle énergie. Dieu le veuille, bien que ce soit fort invraisemblable. Car si l'ennemi s'empare de Strasbourg ou de Metz, il est à prévoir que la guerre ne finira plus cette année.

— Ni nouvelles ni journaux de Paris ce soir.

8 h. — Service de constable à la mairie. Un homme de garde a illustré de l'effusion suivante la feuille du rapport réglementaire :

Pour la vie elle aura nos cœurs sans retour,
La patrie que nous avons reçu le jour ;
Ces riches campagnes, ces belles montagnes
Font tous notre amour.

Ah ! qu'ils viennent, les Prussiens, pour l'envahir,
Et que les Français viennent tous accourir,
Du haut des montagnes,
Du fond des campagnes,
Pour vaincre ou mourir.

(Signature illisible.)

Le poste Widerkehr est dédoublé en deux postes, qui

se tiendront l'un à la préfecture et l'autre à la maisonnette d'octroi du magasin à fourrages.

— Affiche blanche :

Le Maire de Colmar a l'honneur d'informer ses concitoyens qu'en exécution des lois du 12 août 1870 et du 13 juin 1851, le Conseil de recensement a procédé à l'organisation des contrôles de la garde nationale sédentaire de Colmar, en opérant l'inscription de tous les citoyens âgés de 21 à 55 ans qui se trouvent dans les conditions prévues par la loi.

La garde nationale de Colmar a été divisée en deux bataillons comportant chacun 6 compagnies d'un effectif moyen de 100 hommes, y compris les deux compagnies de sapeurs-pompiers.

Ces compagnies, formées autant que possible des habitants d'un même quartier, se répartissent comme suit :

1ᵉʳ BATAILLON.

1ʳᵉ Compagnie : Rues des Clefs (nᵒˢ 1 à 50), Grenouillère, de l'Ange, de l'Orme, de l'Eau, Étroite, quai de la Sinn, rue des Bains.

2ᵉ Compagnie : Rues de Rouffach, Bruat, des Blés, du Lycée, Pfeffel et des Juifs.

3ᵉ Compagnie : Rues du Nord, de Brisach, du Chantier, du Ladhof et de Schlestadt.

4ᵉ Compagnie : Rues Vauban, de l'Est, du Chasseur, de la Cigogne, des Laboureurs, Grande-Rue de l'Ours, rue Corneille, Petite-Rue Wickramm.

Dans ce bataillon sont comprises les deux compagnies de sapeurs-pompiers existantes.

2ᵉ BATAILLON.

1ʳᵉ Compagnie : Rues des Clefs (nᵒˢ 53 à 110), des Boulangers, des Juifs (nᵒˢ 1 à 19), Corberon, de la Vieille-Poste, du Boulevard, Weinemmer et Kléber.

2e Compagnie : Grand'Rue (n°s 41 à 86), rue du Canard, des Marchands, place de l'École, place d'Armes, rue des Augustins.

3e Compagnie : Rues de Strasbourg, des Vosges, des Moulins, du Magasin-à-Fourrages, du Logelbach, de Munster, de la Gare, quartier de la Harth.

4e Compagnie : Rue Turenne, Grande-Rue Wickramm, rue de la Poissonnerie, Grande-Rue des Tanneurs, rues de Bâle, Saint-Guidon, du Manège, de la Herse, Saint-Jean.

5e Compagnie : Place Neuve, place Saint-Martin, rues des Serruriers, Saint-Nicolas, Rapp, de la Halle, des Cloches, de la Sinn, du Rempart.

6e Compagnie : Grand'Rue (n°s 1 à 39), rues du Mouton, du Fromage, place du Marché-au-Petit-Bétail, rue de l'Église, place de la Cour-Impériale, Petite-Rue des Tanneurs, rue du Cavalier, rue Basque.

Les registres matricules de chaque compagnie sont déposés à la Mairie (bureau militaire), où chaque citoyen a le droit de venir en prendre connaissance et où sont reçues les demandes d'inscription des volontaires.

Le modèle de l'uniforme est également déposé à la Mairie.

ÉLECTION AUX GRADES.

Le Maire a l'honneur d'informer les gardes nationaux qu'ils sont convoqués pour dimanche prochain 4 septembre, à l'effet de procéder à l'élection des officiers et sous-officiers de chaque compagnie.

Les officiers doivent être choisis parmi les anciens militaires.

Il sera adressé à chaque garde national une convocation individuelle, indiquant l'heure et le lieu de la réunion, suivant le quartier auquel il appartient, ainsi que le nombre d'officiers et de sous-officiers à élire.

Colmar, le 29 août 1870.

Le Maire : H. DE PEYERIMHOFF.

Mercredi, 31 août.

Le train de 3 heures apporte, avec l'*Industriel*, les journaux parisiens de la veille.

L'*Industriel* contient de nombreux détails sur le bombardement de Strasbourg. La cathédrale a été le point de mire des modernes Barbares. La bibliothèque, la riche bibliothèque de Strasbourg, cette métropole savante du vieux monde allemand et du nouveau monde français, est consumée, sans que de ses 100,000 volumes, de ses milliers d'incunables, de ses manuscrits précieux l'on ait pu sauver un feuillet. Des rues entières, des quartiers tout entiers ont été détruits ; par contre les remparts sont intacts, car c'est de sang-froid et avec préméditation que la furie des assiégeants s'est tournée contre la population civile.

La nef et la toiture de la cathédrale sont brûlées ; quel est le nom du moderne Omar, du nouvel Érostrate ?

Le correspondant qui donne à l'*Industriel* tous ces renseignements est, je crois, M. Adolphe Le Reboullet, docteur en médecine, qui est venu me voir avec M. Jean Macé l'hiver dernier, au moment de lancer la souscription publique en faveur de l'instruction obligatoire et gratuite.

— Je viens de raconter à Joseph Hoffmann, président des vignerons, ces détails sur Strasbourg. Il a répondu d'un ton concentré : « Jusqu'à présent c'étaient des ennemis, mais des hommes ; maintenant ce sont des bêtes féroces. »

C'est avec douleur et consternation qu'on se dit la perte du chef-d'œuvre de Schwilgué, des musées, des hospices, des beaux quartiers de Strasbourg. S'il y a eu des prusso=philes en Alsace, il n'en reste guère à présent.

6 h. — Convocation de ma compagnie à une réunion préparatoire pour le choix des officiers: 9 heures, brasserie Schmutz, avenue du boulevard et rue des Juifs.

Les fusils sont arrivés; c'en sont d'anciens, dits à piston.

Jeudi, 1er septembre.

10 h. — Le bruit court que l'ennemi est à Artzenheim et à proximité de Ribeauvillé.

Hier les Badois ont tenté de passer le Rhin au-dessus de Brisach, en face de l'Ochsenfeld. La garde mobile, immédiatement, s'est montrée sur les remparts, a pointé ses canons et l'ennemi s'est retiré.

11 h. et demie. — Nos francs-tireurs colmariens ont franchi le Rhin hier soir devant Bellingen, en face de Mulhouse, coupé le télégraphe badois, coulé quelques bateaux destinés à jeter un pont et en ont ramené 5 autres. Au moment où ils se rembarquaient, ils virent arriver à toute vitesse un train badois; mais comme ils avaient eu l'heureuse inspiration de tourner le disque, le mécanicien a renversé la vapeur, croyant la voie non libre. Nos braves volontaires ont donc pu revenir sains et saufs. Ils étaient 50, avec 10 douaniers [1].

12 h. et demie. — Le tambour de ville annonce qu'à 1 heure il sera procédé, dans la cour de la mairie, à la distribution des fusils à la garde nationale. J'y vais et prends le mien. Des cartouches on n'en a pas donné. De gibernes et de ceinturons, pas davantage; les fusils sont sans bretelle. Ce sont des pistons.

---

1. Voir, pour les détails de cette expédition, *App.* 12.

M. Mathieu, adjoint, déclare que les cartouches seront distribuées à domicile.

Ce soir, à 8 heures et demie, réunion dans la grande salle du Cercle du commerce, pour le choix des officiers de la 2ᵉ du 1ᵉʳ, dont je fais partie.

Nous avons reçu des cocardes, vieux matériel républicain de 1848.

2 h. et demie. — Le directeur de la poste, M. Joxé, m'informe que l'ennemi a paru à Ostheim et que le facteur a dû rebrousser chemin.

Vaillants citoyens, nous avons des fusils tirant un coup toutes les cinq minutes,.... si l'on a soin d'y mettre des cartouches et des capsules, et nous ne possédons ni des unes, ni des autres! Gloire à notre prudente administration et surtout honneur à notre patriotique gouvernement, qui nous a précipités dans l'abîme et ne nous donne de vieux fusils qu'alors qu'il est trop tard, même pour apprendre la charge !

5 h. — Publication à son de caisse : la garde nationale est invitée à se réunir par compagnie, dans une heure, place Bruat, pour procéder à l'élection des officiers et sous-officiers.

6 h. — L'appel se fait par M. Wahl, ancien sous-officier. Le maire vient prier qu'on se réunisse demain matin, à 9 heures, dans les locaux désignés sur des affiches *ad hoc*. — Après appel des anciens militaires de la 2ᶜ du 1ᵉʳ, l'on s'ajourne à demain, 9 heures, sous le kiosque du Champ-de-Mars.

— A la gare : les registres de la Compagnie sont empaquetés par ballots, pour être expédiés vers Mulhouse.

Environ 80 employés du chemin de fer, la plupart

anciens soldats, sont allés dans un convoi spécial faire une reconnaissance vers Ostheim. Au moment où la locomotive approchait du pont-viaduc, celui-ci a sauté. 150 Badois et un escadron de cavalerie, accompagnés de pionniers, s'étaient rendus là pour accomplir cette œuvre de destruction. — Le maire d'Ostheim est venu prier les employés de ne pas se lancer à la poursuite des ennemis (ceux-ci s'étaient repliés sur Ribeauvillé), de crainte qu'ils ne revinssent la nuit mettre le feu au village.

Les employés avaient reçu, au moment de leur départ de Colmar, fusils, gibernes et 3 paquets de cartouches.

7 h. — Katzenthal est venu réclamer des armes. Sur l'autorisation du préfet, on leur a délivré 80 fusils.

— Aujourd'hui est partie pour le Bas-Rhin l'une des ambulances colmariennes. Elle a traversé la ville, en tenant déployé le drapeau de l'Internationale. Elle se compose de **MM.** Basler, professeur de gymnastique, Ochsner, ouvrier typographe, et le Dr Hummel. Elle emporte force linge et charpie.

Vendredi, 2 septembre.

Quatre cavaliers ennemis ont traversé hier Grussenheim au grand galop. Un fort détachement stationnait au Riedfeld. Ils ont demandé en passant ce que c'était que ce grand bâtiment, l'ancienne fabrique attenante à la cour latérale du Schlösslé, et s'il était occupé.

Quatre gars de Riedwihr les ont poursuivis par fanfaronnade, avec de vieux fusils. Saisis plus morts que vifs, ils ont été menés à Elsenheim, où le maire de Grussenheim, Simler, a dû se rendre incontinent, sous peine d'incendie du village. Il y est allé, a été obligé d'attendre jusqu'à 9 heures le retour du chef, alors à Guémar, enfin a obtenu grâce.

Elsenheim et Marckolsheim ont été rançonnés.

L'ennemi a demandé s'il y avait des troupes à Colmar. — « 20,000 hommes, ont répondu les paysans. — *Ach! es ist zu spät für heute, wir gehen morgen nach Colmar* [1]. » Et ils ont rebroussé chemin vers Elsenheim.

— La garde mobile de Brisach a fait une sortie hier. M. Guisse a eu la main traversée par une balle. M. Hartmann, de Munster, a eu la manche trouée et le bras légèrement blessé. Un mobile a été tué.

Toute la population badoise mâle est armée.

Midi. — Les élections de ma compagnie viennent d'avoir lieu dans la grande salle du Cercle. En voici les résultats : *capitaine,* Schmutz ; — *lieutenant,* Wahl ; — *sous-lieutenant,* Dietz ; — *sergent-major,* Moll ; — *fourrier,* Ludwig ; — *sergents :* Elminger, Hartmann, boulanger, Thomann et Poulet.

7 h. — Une dépêche affichée à la préfecture et signée des ministres annonce que 40,000 de nos soldats ont été faits prisonniers, que le général Wimpffen, qui a remplacé Mac-Mahon grièvement blessé, a signé une capitulation et que l'empereur a été fait prisonnier dans la lutte.

La consternation est générale, on est découragé. Notre armée, dit-on, n'existe plus ; pour que 40,000 hommes se soient rendus, il faut qu'ils soient les derniers survivants.

---

1. Ah! il est trop tard pour aujourd'hui ; nous irons à Colmar demain.

Ce n'est, hélas! que trop vraisemblable. D'autre part, on raconte que l'empereur aurait demandé, le 30, à Mac-Mahon, qui les aurait refusés, 30,000 hommes pour garder le prince impérial; que sur ce refus, il se serait adressé à Palikao, lequel aurait répondu favorablement; qu'alors peut-être, exaspérés de se voir sacrifier à des intérêts purement dynastiques, les soldats auraient mieux aimé se livrer que de couvrir plus longtemps celui qui a perdu la France.

Je m'obstine à espérer; Trochu nous reste. Nous souffrirons, soit, mais nous ne serons pas conquis. Moins que jamais c'est le moment de gémir; tenons-nous prêts; demain, ce soir encore peut-être, nous pouvons être appelés.

Mais que nos sacrifices et nos douleurs nous soient allégés par le châtiment de ceux qui nous ont précipités dans la guerre, qui ont détourné les millions destinés à l'armement et aux approvisionnements, qui ont refusé l'urgence à une demande de secours à l'héroïque ville de Strasbourg, de ceux aussi qui ont félicité l'empereur d'avoir déclaré la guerre et n'ont jamais eu d'autre courage que de se ruer en servitude.

11 h. — Une dépêche prussienne apportée de Bâle dit que l'empereur s'est rendu VOLONTAIREMENT. Voilà donc la fin du héros de décembre!

Les bruits qui ont couru hier sur le désastre de Mac-Mahon courent aujourd'hui sur Bazaine. Puissent-ils ne pas recevoir une si terrible confirmation!

12 h. — Nous n'avons toujours pas de cartouches. Et pourtant il en serait arrivé, dit-on, 100,000.

Il est également venu ce matin 2,000 fusils. Les vignerons de Colmar ne sont pas encore armés, les artisans pas davantage. On fait les délicats, on en est encore à choisir entre ceux qui voudraient marcher au secours de la patrie. On craint, je ne l'ignore pas, un soulèvement des ouvriers et une émeute de vignerons fanatisés, mais ces terreurs, même fondées, peuvent-elles entrer en balance avec l'immensité du désastre et l'imminence de l'invasion ?

— Arrivée de 150 francs-tireurs lyonnais. Ils sont casernés à la caserne d'infanterie. Leur costume consiste en une vareuse de flanelle noire à ganse rouge, un képi de drap noir à passepoil rouge et un pantalon noir, brun ou ocre, avec une bande rouge large d'un doigt.

Il passe des chasseurs venant de Brisach : on les envoie dans le midi, à Tarascon. Pourquoi faire, grand Dieu ?

— Il doit passer, dit-on, 30,000 hommes pour aller au secours de Strasbourg.

— L'ennemi a brusquement évacué Marckolsheim et Müttersholz, en emportant de fortes sommes d'argent et tout ce qu'il a trouvé en fait de vivres, même les œufs. Strehlé, de Marckolsheim, gémit sur la perte de son plus beau cheval, emmené par les Badois.

On dit Strasbourg ouvert et le siège interrompu.

6 h. — Le préfet a informé le Conseil municipal que la place de Schlestadt a été formellement sommée de se rendre. Brisach ne tarderait pas à l'être également. M. Salles a prononcé un discours fort ému, dans lequel il a dit au Conseil : « Je viendrai me réfugier au milieu de vous. »

— A Schlestadt, de grandes affiches engagent les propriétaires à démolir les toitures de leurs immeubles et à les remplacer par des couches de fumier. Des poutres et de longues planches sont dressées contre les maisons, pour atténuer les effets d'un bombardement que l'on considère comme imminent. L'autorité conseille aussi aux habitants de faire sortir les femmes et les enfants.

On s'y occupe d'enlever les barreaux des ouvertures des caves pour prévenir des accidents survenus à Strasbourg, où, des écroulements s'étant produits aux soupiraux, les personnes réfugiées dans les caves ont péri ou failli périr d'asphyxie ou d'inanition.

Les deux omnibus arrivés de Schlestadt ce soir étaient remplis de fugitifs.

Il est passé aussi des voitures pleines de jeunes gens du Bas-Rhin et des cantons limitrophes du Haut-Rhin, fuyant pour se soustraire aux réquisitions badoises.

Le bombardement de Strasbourg a été effroyable pendant les nuits du 26 et du 27. Contrairement à la nouvelle donnée hier par un journal, l'évêque n'est pas mort.

— D'après le *Temps*, Jules Favre aurait, à la Chambre, déclaré le gouvernement impérial déchu. C'est le mot de la situation. Tout le monde reconnaît que la République, c'est-à-dire le gouvernement impersonnel, peut seule nous tirer de l'abîme où nous a plongés Bonaparte.

— Adressé la pétition suivante au Conseil municipal :

Messieurs, notre bibliothèque possède un certain nombre d'incunables et d'ouvrages plus ou moins rares en exemplaires doubles, dont vous avez autorisé l'aliénation par voie d'échange ou à prix d'argent. Cette aliénation n'ayant pas encore eu lieu, j'ai l'honneur de soumettre à vos délibérations la proposition suivante :

« Que tous les volumes pouvant être aliénés et compris dans le catalogue dressé à cet effet soient offerts en témoignage de confraternité alsacienne et de reconnaissance nationale à l'héroïque

ville de Strasbourg, pour aider à la reconstitution de sa bibliothèque incendiée par les Barbares d'outre-Rhin [1].

11 h. et demie. — Ce soir, vers 10 heures, je me
distrayais à lire, lorsque la domestique arrive tout en
émoi : « Monsieur, dit-elle, on crie, des messieurs crient :
Vive la République; on chante des chants de toute sorte,
il y a foule devant la mairie. »

Je m'habille à la hâte et cours rue des Clefs ; grande
animation devant l'hôtel de ville ; on cause, on gesticule.
Je m'approche. Un bataillon de francs-tireurs parisiens
est là, qui vient d'arriver. L'un d'eux m'apprend que la
République est proclamée. Je cours à la préfecture, où je
lis la dépêche suivante :

Paris, 4 septembre.

RÉPUBLIQUE FRANÇAISE

MINISTÈRE DE L'INTÉRIEUR

La déchéance a été proclamée au Corps législatif, la République
a été proclamée à l'Hôtel de ville.

Un gouvernement de défense nationale, composé de onze mem-

---

1. Cette proposition, reprise par M. Ign. Chauffour, a été votée dans la
séance du 9 mars 1872 :

« M. I. Chauffour fait part au Conseil de la résolution prise par la ville de
Strasbourg de reconstituer une bibliothèque municipale indépendante de
celle de l'Université. Il croit le moment venu d'offrir à des voisins si cruellement éprouvés les doubles des incunables que la ville avait résolu
d'aliéner, mais dont la vente ou l'échange a été spontanément suspendu
à la nouvelle de l'incendie à jamais regrettable de la bibliothèque de
Strasbourg. Il rappelle aussi un désastre de même nature qui a frappé la
ville de Saintes, dont la municipalité fait également appel à la générosité

bres, tous députés de Paris, a été constitué et ratifié par l'acclamation populaire.

Les noms sont : Arago, Favre, Crémieux, Ferry, Gambetta, Garnier-Pagès, Glais-Bizoin, Pelletan, Rochefort, Picard, J. Simon.

Le général Trochu est à la fois maintenu dans ses pouvoirs de gouverneur de Paris et nommé ministre de la guerre.

Le Ministre de l'intérieur,

LÉON GAMBETTA.

Les brasseries sont pleines de monde ; on se félicite, on se serre les mains ; des anciens de 48, qu'on ne voyait plus depuis des années dans les lieux publics, comme le père Nicolaï, sont assis à rire et à trinquer à une heure où d'ordinaire ils sont couchés. Bien des hommes ont les larmes aux yeux. Mais chez un grand nombre se discerne, à travers un enthousiasme guindé, la peur du lendemain. Tout le monde est néanmoins unanime à reconnaître que la situation est dégagée, que la France actuellement se battra bien, puisque ce sera pour elle-même qu'elle se battra. « Nous savons à présent, disent beaucoup de jeunes gens, pour qui et pour quoi nous allons nous faire tuer. » J'entends faire cette réflexion à plusieurs des francs-tireurs groupés devant la mairie.

— Lorsqu'est arrivée ce soir la nouvelle de la Républi-

---

de celle de Colmar, pour en obtenir le don de quelques livres qui lui aideraient à reconstituer le fonds qu'elle a perdu.

M. Chauffour propose en conséquence de voter l'abandon gratuit des doubles de la bibliothèque, dont le catalogue a été publié et distribué ; de renvoyer à la commission de la bibliothèque la question de savoir si parmi les doubles postérieurs à 1550, il n'y aurait pas lieu de faire un choix pour la ville de Saintes, et de faire don du surplus à la ville de Strasbourg.

Adopté.

que, un grand nombre de personnes se sont portées devant la préfecture. Le concierge se montre : « Faites venir le préfet, dites au préfet de descendre. » Après quelques difficultés, le concierge monte aux appartements préfectoraux et revient, annonçant M. Salles. Celui-ci, le visage calme, se présente à la foule et lui donne lecture de la dépêche. On crie : Vive la République !

« Messieurs, dit le préfet, respectez au moins le gouvernement qui tombe et que vous acclamiez hier encore (*Murmures*). Quant à moi, croyez que si je reste à mon poste après la chute de celui qui m'y a élevé, c'est parce qu'en ce moment il y a du danger et que ma présence peut être utile. Je vous prie, je vous adjure de faire tous vos efforts pour maintenir l'ordre, etc. »

Quelle journée, grand Dieu ! Elle comptera dans l'histoire, la journée du 4 septembre 1870 ! — Maintenant commence la grande lutte, à l'intérieur comme à l'extérieur ; les questions politiques vont se compliquer de questions sociales et peut-être de questions religieuses. 92 revient, mais peut nous ramener 93. Fasse le ciel que la nation trouve dans son cœur la force d'âme et l'énergie nécessaires pour traverser la tourmente qui se prépare !

Lundi, 5 septembre.

C'est la brasserie Molly qui la première a proclamé la République. Personne n'osait y croire. Elle a arboré les couleurs nationales, voilées de crêpe, à raison des circonstances, et surmontées d'un coq à la place de l'aigle. Ce coq n'était autre chose que la plaque d'un shako de 1848 ; on n'en avait pas trouvé d'autre. Mme X..., passementière, a failli tomber en syncope, lorsque Guillaume lui a demandé un coq pour garnir la hampe d'un drapeau républicain.

Hier soir aussi, un de nos voisins traversant la rue des Juifs, crie *Vive la République!* Un volet s'entr'ouvre et donne passage à une tête, qui répond : *M.... pour la canaille !* Et le volet de se refermer. Voilà vraisemblablement, jusqu'à plus ample informé, le mot de la République de 1870 : on a peur de la canaille.

11 h. — Les tambours de ville, suivis de quatre membres du Conseil municipal et du maire, vont par la ville proclamer la République. Une grande foule marche derrière eux, chantant la *Marseillaise* et les *Girondins*.

Le préfet, les officiers de gendarmerie, etc., sont allés à Neuf-Brisach procéder aux opérations du conseil de révision.

Point de tirage au sort ; toute la classe est appelée.

1 h. — Les employés du chemin de fer ont reçu l'invitation de se tenir prêts à se replier sur Mulhouse.

La population, elle, semble avoir oublié les Prussiens.

— Dépêche : Trochu, président du comité de défense nationale et ministre de la guerre ; Jules Simon, ministre de l'instruction publique ; Crémieux, de la justice ; Kératry, préfet de police, et Arago (Ét.), maire de Paris.

— Hier soir, une douzaine de jeunes gens ont parcouru la ville en criant *Vive la République !* et en chantant la *Marseillaise.* Devant le collège libre, ils ont crié : République française, séparation de l'État et du clergé.

L'édifice est demeuré silencieux.

6 h. — Cette après-midi, 600 à 800 Badois, la plupart paysans, ont passé le Rhin à Kembs. Les communes

de Kembs, Rixheim, etc., ont aussitôt sonné le tocsin. Paysans, bourgeois, ouvriers se précipitent, armés de fourches, de haches et de pioches ; trois trains successifs amènent de Mulhouse d'autres ouvriers, de la garde nationale, quelques francs-tireurs. Tout ce monde, au nombre de 3,000 hommes, tombe sur les pillards, en tue quelques-uns, le reste s'enfuit et repasse le fleuve. Plusieurs gardes nationaux et forestiers de Colmar s'étaient déjà rendus à la gare pour courir à Kembs : en présence des bonnes nouvelles apportées par le train de 5 heures et demie, ils ont, je crois, rebroussé chemin.

— Demain matin, à 7 heures, nouvelle distribution de fusils.

— Il y a eu aujourd'hui réunion de la Société des vignerons. Siégeaient au bureau MM. Ign. Chauffour, Ign. Ernst, Joseph Hoffmann et, si je ne me trompe, Mathias Richert, charron. L'objet de la convocation, c'était naturellement la proclamation de la République et l'attitude qu'il convenait d'adopter en présence de cet événement. M. Ernst a parlé de lois à faire, M. Chauffour a dit qu'il fallait prendre du nouveau régime ce qu'il avait de bon et en laisser le mauvais, etc. Il jouit des sympathies de l'association et sa parole est écoutée avec une haute déférence.

9 h. — Les constables volontaires sont remplacés par la garde nationale.

Le poste de la préfecture est renforcé ce soir par une trentaine de vignerons, qui circulent incognito, à l'insu même de la garde nationale. On leur avait fait croire qu'il y aurait du trouble. Plus d'un a sa serpette sur lui. Trois ou quatre ont tenté de me faire avouer ce qu'ils supposaient se préparer ; je les ai rassurés en me déclarant prêt à passer la nuit avec eux, à faire des rondes derrière Saint-Pierre. Car ils font eux-mêmes la police de leurs cultures. Ce sont de braves gens, mais terriblement prévenus contre tout ce qui ne partage pas leur croyance.

— Le maire de Réguisheim a été à la préfecture demander des fusils pour sa commune. Beaucoup d'habitants de ce village se sont aussi portés sur Kembs au moment de l'irruption des Badois : ils possèdent bien quelques armes, mais point de poudre. C'est surtout de celle-ci qu'ils réclament.

— Les francs-tireurs venus hier de Saint-Denis ou Saint-Aignan ont battu le Kastenwald le long de la route de Brisach, sans doute pour éviter au préfet, qui allait passer le conseil de révision, le désagrément d'être enlevé par les Prussiens. On aurait vu à Dessenheim un groupe de 4 ou 6 cavaliers ennemis. Les francs-tireurs se sont mis à leur poursuite, mais sans résultat.

Mardi, 6 septembre.

Il paraît que, pour la proclamation de la République hier matin, le maire a eu la main quelque peu forcée. Des membres se sont opposés à ce que le conseil municipal reconnût tout de suite le nouveau régime. « Paris, disaient-ils, n'a pas le droit de nous imposer un gouvernement. » Mais comme il y avait devant la mairie une grande foule de peuple, qui aurait toute seule proclamé la République, que déjà un grand gaillard, Émile Waag, s'était muni d'un immense drapeau, le maire s'est résigné à marcher et à proclamer le nouveau régime.

— Ce matin, en allant chez mon ami H..., je rencontre au débouché de la ruelle, près du poste de police, le grand P...., qui s'arrête devant moi d'un air pénétré : « Vous savez, le préfet, le nouveau préfet est nommé. Un très bon choix, un homme de grand mérite..... — Mais qui ? — M. Grosjean. — De Guebwiller ? — Oui, très bon choix. »

Maître P... avait été, l'an dernier, un zélé propagandiste des candidatures officielles et, récemment, un des plus ardents apôtres du plébiscite.

Déjà dimanche soir, une heure après l'arrivée de la dépêche républicaine, j'avais croisé un chef de division de la préfecture, plein d'enthousiasme pour la révolution et criant avec effusion : « Et mon cher vieux condisciple Jules Ferry qui est du gouvernement ! » Il y a vingt-quatre heures, il ne l'aurait pas seulement regardé.

— L'affaire de Kembs, qui a fait hier un si grand bruit, est en réalité fort ridicule. D'abord elle ne s'est point passée à Kembs, mais à Chalampé. Trois paysans badois ont fait mine de franchir le Rhin : là-dessus, tocsin, cris d'alarme, et contre ce trio de « Badenser » (*liederlich Kleeblatt*), il accourt 3,000 hommes (les gardes nationales et la population de 12 communes). Personne n'a passé le fleuve ni de part ni d'autre ; on s'est fusillé des deux rives et eux nous ont tué deux hommes et blessé mortellement un troisième. On croit généralement, du reste, que cette manifestation badoise est une réplique au coup de main de nos francs-tireurs, en sorte qu'on n'a plus eu assez de blâme pour nos joyeux camarades. Fureur de la peur.

— Ce soir, à 5 heures, ont eu lieu les premiers exercices de ma compagnie. Ce qu'il y aura de plus difficile dans tout cela, c'est qu'on se prenne au sérieux. Nous avons fait *tête droite, tête gauche, trois pas en avant, trois pas en arrière* et *fixe*.

Mercredi, 7 septembre.

Ce soir, à 8 heures, il y a eu réunion publique au Cercle du commerce, à l'effet d'arrêter les termes d'une adresse au comité de défense nationale. Siégaient au bureau MM. Gérard, président, Yves, Nicolaï père, Küss, Ad. Ernst, Pompée Gallet et Kampmann fils.

Deux projets ont été soumis à l'assemblée, mais comme tous deux prêtaient à la critique, à raison d'affirmations trop exclusives y contenues, une commission de trois membres a été chargée de fondre les deux projets et de présenter une rédaction définitive, qui sera déposée demain à 9 heures du matin, dans la grande salle du Cercle, où chacun pourra venir y apposer sa signature.

Le ministre de l'intérieur est avisé par un télégramme des adhésions qu'on recueille pour lui donner l'autorité de la sanction nationale.

M. Gérard a lu, pendant la même séance, le manifeste adressé par Jules Favre aux puissances étrangères. De fréquents et chaleureux applaudissements ont interrompu la lecture de ce document.

— Des doreurs ont été chargés, cette après-midi, de décrocher le portrait en pied de Napoléon III suspendu dans le grand salon de l'hôtel de ville et de le rouler pour être déposé, plus tard, au musée. *Sic transit gloria...*

— On dit que M. Grosjean n'accepte pas le poste qui lui est offert.

— Voici les noms des officiers de la garde nationale sédentaire de Colmar :

1er BATAILLON

Commandant : M. Kæppelin ; *Porte-drapeau :* M. Paul Scheurer.

	CAPITAINES.	LIEUTENANTS.	SOUS-LIEUTENANTS.
1re *Compagnie :*	Sitter (Mathias).	Friess (Ernest).	Hild (Joseph).
2e —	Bon Meyer de Schauensée.	Ernst (Ad.).	Clément.
3e . —	Richard.	Schelbaum.	Gaudemar.
4e —	Dreyfus (Émile).	Prud'homme.	Kress.
5e et 6e (Sapeurs-pompiers)	Kæppelin. Jouy, cap^{ne} en 2e.	Heylandt. Zipélius.	Claude, Schmitt. Weck.

2e BATAILLON

	CAPITAINES.	LIEUTENANTS.	SOUS-LIEUTENANTS.
1re *Compagnie :*	Schmutz.	Wahl.	Dietz (Ch.).
2e —	Leclaire (Th.)	Binder (Fréd.).	Nadelhoffer.
3e —	Kiener (Jean).	Reeb (Victor).	Siffermann.
4e —	Verlynde.	Spæth (Gustave).	Wertz (J.-B.).
5e —	Feist.	Krafft (Edmond).	Dinago.
6e —	Kopff (Jean).	Sieg (Constant).	Ollivier.

Tous ces choix se sont faits sans le plus léger symptôme d'intolérance politique ou religieuse ; on s'est uniquement préoccupé, surtout pour l'élection des sous-officiers et caporaux, d'avoir d'anciens militaires, capables d'instruire promptement et convenablement la garde nationale improvisée.

— L'impératrice a fui de Paris dans la nuit du 4 au 5 septembre. Elle s'est réfugiée en Belgique. Il ne reste donc plus de l'empire que la dette grossie, la banqueroute menaçante, les deuils innombrables et l'invasion. Nous n'en triompherons pas moins.

Jeudi, 8 septembre.

Voici le texte définitif de l'adresse au comité de défense nationale :

Au Gouvernement de la Défense nationale, à l'Hôtel de ville
de Paris.

CITOYENS,

Le peuple de Paris a proclamé la République. La France entière, nous en avons la certitude, éclairée par les malheurs dont la monarchie impériale l'a frappée, ratifiera la République.

L'Alsace vous envoie, par l'organe des citoyens de Colmar soussignés, son adhésion sans réserve pour la grande tâche de la défense nationale que vous avez eu le courage d'assumer à l'heure de nos désastres.

Invinciblement française par le cœur, l'Alsace tient plus que jamais à le rester aujourd'hui que la France entière rentre en possession de ses droits. En face de l'ennemi, nos cœurs tressaillent à une même pensée : chasser l'étranger du sol de la patrie, le chasser par la liberté. Aucun sacrifice ne nous coûtera pour conserver notre nationalité et pour terminer l'œuvre de la Révolution.

L'Alsace ne forme qu'un vœu pour elle-même : la délivrance de Strasbourg et du Bas-Rhin ; qu'un vœu pour la patrie délivrée d'un gouvernement traître et criminel : qu'elle soit affranchie de l'oppression étrangère, libre et maîtresse d'elle-même.

Elle compte sur vous, citoyens gouvernants, pour diriger son élan patriotique.

Vive la République !

Salut et fraternité.

Colmar, 7 septembre 1870.

— Arrivée successive de plusieurs compagnies de francs-tireurs volontaires[1], de tenues variées. Les uns me paraissent Vosgiens, les autres (le plus grand nombre) sont de Paris. Les compagnies parisiennes se répartissent par quartier, par rue. Les uniformes sont différents pour chacune d'elles.

— Départ d'une seconde ambulance colmarienne, sous la conduite du Dr Émile Neumann, assisté d'un pharmacien (M. Schmitt) et de 6 ambulanciers volontaires (MM. Birmelé, Paul Bott, Hœcher, Théophile Léonhardt, Sylvain Lévy et Ortlieb).

Elle se dirige sur Paris, pour se mettre à la disposition du Comité central de la Société de secours aux blessés[2].

— M. Grosjean a accepté les fonctions de préfet. Il arrivera de Paris après-demain.

M. Schmidt, instituteur, rédacteur, en 1848, de la *Volksrepublik* (République du peuple), vient de ressusciter son journal sous le même titre.

— On se tourmente beaucoup des moyens d'expulser les Prussiens et l'on doute que le Gouvernement provisoire réussisse à les chasser. Espérons néanmoins. La

---

1. A propos de francs-tireurs, voici une carte de visite reçue de l'un d'eux par M. Aug. Bartholdi :

LE CITOYEN ÉMILE DE BOISLUISANT

Agent général pour le centre de la France, des États-Unis d'Amérique
et des Républiques du Sud,
Président du Club des patineurs de Clermont-Ferrand,
Organisateur de fêtes publiques au profit des pauvres,
Initiateur des Associations alimentaires ouvrières
et des Fédérations des travailleurs,
Organisateur des Francs-tireurs d'Auvergne,
Membre de l'Internationale de Londres,
Compositeur de chants patriotiques.

2. *App.* 13.

République a besoin de ce succès pour obtenir la sanction nationale et gagner de la solidité. De toute manière, le problème est moins ardu que les questions intérieures, telles que la séparation de l'Église et de l'État, le rétablissement du divorce, l'instruction laïque, obligatoire et gratuite, l'enseignement supérieur et la réforme de la magistrature. Et ces difficultés, à leur tour, semblent aisées en présence des questions sociales, qui réclameront une solution d'autant plus prompte que c'est surtout de la classe laborieuse que viendra le salut du pays.

— On raconte une dispute qui a eu lieu hier entre un inspecteur des lignes télégraphiques et l'employé Sauvageot. Ce dernier avait reçu l'ordre de prescrire par voie télégraphique à tous les bureaux l'obéissance aux réquisitions éventuelles de l'ennemi. Indigné, il exprima hautement son refus et sa façon de penser. Son chef lui ayant donné un soufflet, il le saisit au col et au ventre, le jeta par terre et lui rendit violences pour violences. Destitué, M. Sauvageot informa aussitôt le Gouvernement provisoire de ce qui venait de lui arrriver. Le soir, l'inspecteur reçut un télégramme ainsi conçu : Gouvernement de la Défense nationale à M. X..., inspecteur, etc. Employé Sauvageot maintenu.

Vendredi, 9 septembre.

Vers 8 heures et demie du matin, le tocsin de la tour annonce un incendie. Deux toitures sont en flammes, rue de Strasbourg, au coin de la rue des Fermes. Ce sont les maisons de Fidèle..., forgeron et maréchal-ferrant, et de..... Malgré le vent qui souffle alors très violemment,

les pompiers et les francs-tireurs parisiens se sont rendus
maîtres du feu, avant seulement que la partie inférieure
du grenier fût brûlée. Ces francs-tireurs parisiens, lestes
comme des singes, alertes comme des chats, ont grimpé
sur les toits, dans les chambres, et fait le déménagement
des appartements menacés, ce qui ne les a pas empêchés
de rendre un juste hommage à la vaillance de nos pompiers.

La garde nationale est accourue spontanément pour
veiller au maintien de l'ordre et à la sûreté des objets
mobiliers transportés sur la voie publique.

Fidèle..... a été arrêté. Prussien d'origine et invité à
quitter le territoire, il aurait déclaré qu'avant de partir,
si on l'y contraignait, il incendierait la maison.

— Cette après-midi, le maire a fait publier à son de
caisse l'appel sous les drapeaux des célibataires et des
veufs sans enfants âgés de moins de 35 ans.

Samedi, 10 septembre.

11 h. — Des ouvriers maçons travaillent à desceller
l'aigle de pierre qui surmonte le fronton de la préfecture.
Vers midi, la besogne est terminée, l'aigle a disparu.

Le nouveau préfet est arrivé hier après-midi par le
train. Il s'est rendu à pied à la préfecture. On lui a fait
bon accueil et l'on a crié : Vive le Préfet ! vive la République !

Une proclamation qu'il vient de faire afficher pour notifier son entrée en fonctions produit un très bon effet
dans le public.

Pas encore trace de réaction ici. Les impérialistes d'hier

sont aujourd'hui républicains fougueux. Mais à Lapoutroie on est plus franc ; le clergé aurait prêché contre la République. De même à Hattstatt.

— Parmi les francs-tireurs en blouse et en pantalon gris se trouve une femme portant le même costume que les hommes de la compagnie. C'est, dit-on, la femme du capitaine. Elle a les cheveux coupés court, absolument comme un homme (elle est fort jolie), mais se reconnaît facilement à l'ampleur de sa croupe, accusée plutôt que voilée par les plis de la blouse. A son bras et sur son chapeau, l'insigne de l'Internationale.

— Monté la garde à la mairie comme garde national.

Dimanche, 11 septembre.

Défilé des fonctionnaires, magistrats, chefs de service chez le préfet. Parmi eux **M.** l'abbé **Meyblum** et trois autres vicaires de la cure.

8 h. — Les francs-tireurs parisiens partis hier soir, ceux-là mêmes qu'on a vus hier à l'incendie (blouse ou vareuse de laine bleue, pantalon de velours noir à bande rouge, feutre mou à plumes de coq), ont été capturés dans le Bas-Rhin. Deux d'entre eux, les seuls qui aient réussi à s'échapper, sont venus le dire ici. Les Vosgiens se sont immédiatement appelés à coups de sifflet, rassemblés route de Rouffach et dirigés vers Barr.

— Ces jours derniers, un garde des prés de Grussenheim, Kirschberger, faisait sa tournée le fusil en bandoulière ; un uhlan l'aperçoit et, sans questions, le prenant pour un franc-tireur, le tue raide.

— Le conseil municipal a dû se réunir aujourd'hui

pour le choix d'une commission qui siégera en permanence.

Lundi, 12 septembre.

La garde mobile de Neuf-Brisach a reçu l'ordre de se tenir prête à marcher au premier signe. Ce qui veut dire probablement qu'elle sera prochainement remplacée par la garde nationale sédentaire.

— Quelques-uns seulement des francs-tireurs parisiens auraient été cernés ; la plupart auraient même réussi à s'échapper ; le reste de la colonne, loin de subir le même sort, aurait tué une vingtaine de Badois à Barr ou à Châtenois. Toujours est-il qu'ils sont revenus ce soir à Colmar, ramenant deux prisonniers, coiffés de la casquette plate, sans visière. Une foule innombrable s'est portée à la rencontre du détachement. J'aurais aimé des démonstrations plus sobres: nous avons plus de 100,000 de nos soldats aux mains des Prussiens. — Les deux Badois, eux, paraissaient fort enchantés de se savoir hors de péril (*us'm Stoïb*, disent nos *Seppi*).

Mardi, 2 h.

Les Bado-Prussiens sont revenus à Grussenheim et à Iebsheim, et ont poussé jusqu'à Muntzenheim. Beaucoup de paysans effarés amènent en grande hâte leurs chevaux et leur bétail. — Une compagnie de francs-tireurs (Saint-Denis) se porte vers les points envahis. A leur tête marche un garde forestier, sans doute pour leur servir de guide.

7 h. — L'invasion du Haut-Rhin se confirme. L'en-

nemi a paru dans un grand nombre de villages autour de Brisach; on parle de 3 bataillons de 800 hommes en marche sur Colmar. A Marckolsheim il y aurait 5,000 hommes avec artillerie, pour faire le siège de Schlestadt.

Quoi qu'il en soit, les Souabes ont été accueillis chaudement à Biesheim. On leur a pris cinq dragons badois, qui ont fait leur entrée à Brisach, au milieu de manifestations non moins déplacées que celles de Colmar. L'un des prisonniers aurait même été blessé d'un coup de pierre à la figure. Que diriez-vous, sottes gens, si vous appreniez que nos soldats, en Allemagne, reçoivent des cailloux au visage? Il est pénible de nous voir si peu de tact et de mesure.

— Notre Conseil municipal a envoyé au Gouvernement provisoire l'adresse suivante :

Le Conseil municipal de Colmar, pénétré des sentiments d'humanité et de patriotisme si noblement exprimés dans le manifeste du ministre des relations extérieures et dans les autres actes du Gouvernement,

Et plein de respect pour le droit compétant exclusivement à la nation, déjà convoquée en ses comices, de doter le pays de sa constitution,

Offre son concours dévoué au Gouvernement provisoire pour toutes les mesures qu'il jugera utile de prendre pour le maintien de l'ordre, le rétablissement de la paix et la défense de l'intégrité du territoire national.

M. le Maire est prié de transmettre immédiatement cette adhésion à MM. les Membres du Gouvernement provisoire.

A la même séance, le Conseil a voté à l'unanimité au Conseil fédéral suisse une adresse de remerciements ainsi conçue :

Chers et bons voisins,

Vous venez, par un acte de généreuse compassion, de ranimer l'antique et toujours vivante confraternité qui a uni les deux peuples de Suisse et d'Alsace dans les luttes de votre indépendance. En appelant sur le sol hospitalier de la Suisse nos infortunés frères de Strasbourg, vous nous enseignez noblement ce que l'humanité peut attendre d'un peuple qui a fondé sa liberté par le courage, la dignité des mœurs, le sentiment du devoir et la confiance en Dieu. L'heure est venue où nous allons essayer de conquérir les bienfaits dont vous jouissez, en prenant exemple sur vos mâles vertus.

La France entière dirige son admiration et l'effusion de sa reconnaissance vers le peuple magnanime qui ouvre ses bras aux victimes d'une guerre que nous abhorrons. Dans cette grande émotion, l'Alsace a le droit de faire plus : elle bénit la noble nation suisse pour l'assistance fraternelle qu'elle offre à notre Strasbourg bien-aimé dans ces jours de cruelle détresse.

Honneur au peuple helvétique, et que le ciel lui rende en paix et en prospérités ce qu'il consacre au soulagement de nos malheurs ! Nous ne faisons point de vœux pour sa gloire. La plus belle de toutes les gloires, la Suisse la possède, puisqu'elle est libre et qu'elle peut donner au monde la grande leçon humaine qui le console des horreurs d'une guerre si contraire aux aspirations d'une époque civilisée.

Le Conseil municipal de Colmar prie le Conseil Fédéral d'agréer l'hommage de sa cordiale sympathie et de sa haute estime.

Colmar, le 12 septembre 1870.

11 h. — Il vient de se tenir au *Café de Paris* une réunion semi-politique d'une vingtaine de personnes, en vue de la conduite à suivre dans les circonstances que nous traversons. On a commencé par dresser une liste de personnes devant être invitées à participer aux réunions,

lesquelles auront lieu tous les soirs. On s'est attaché à décider si l'on s'adresserait à des républicains purs, l'ayant été toujours, ou à des hommes qui, sans être connus pour tels, auraient néanmoins donné des preuves d'un libéralisme sincère et constant.

Là-dessus la discussion s'est embourbée dans des phrases interminables, chacun s'efforçant de parler et l'un couvrant la voix de l'autre. Ayant réclamé un moment de silence, un des auditeurs a exposé que de nous arrêter à des personnalités ou à des qualifications, ne nous laissait pas d'issue, que ce qu'il fallait quant à présent, c'était de nous mettre d'accord sur les principes généraux, les réformes les plus urgentes, puis de rechercher *comment* la République subsistera, quels ennemis elle aura à combattre et quels amis pour la soutenir ; discerner quel sera l'objet réel de la lutte, et alors seulement déterminer en connaissance de cause la portée des concessions possibles. Qu'il ne suffisait pas de déclarer qu'on voulait la séparation de l'Église et de l'État, l'interdiction pour le clergé d'acquérir le sol (quelle contradiction dans les deux termes de cette motion !), qu'il fallait prévoir une résistance acharnée de la part du clergé ; or, où trouver le contrepoids nécessaire, si ce n'est dans la classe ouvrière? Mais alors étudions les questions sociales et préparons-en la solution, car cela seul peut conserver à la bourgeoisie un dernier reste d'influence politique, etc.

Les véritables termes de la question, malheureusement, nos politiciens ne les voient pas, n'ont pas l'air de les soupçonner. Ils ne se doutent guère qu'entre ces forces redoutables qui s'appellent l'Église et la classe ouvrière, ils seront, eux bourgeois, discoureurs à belles phrases, aplatis comme une chevrotine entre enclume et marteau.

— Il se peut que demain matin, cette nuit même, l'ennemi soit en ville. Nous n'avons pas encore une cartouche et l'on ne nous a pas encore enseigné même à charger notre arme.

Mercredi, 14 septembre.

8 h. — Sifflements d'appel des francs-tireurs dans toutes les rues et dans toutes les directions. Les Prussiens sont à Horbourg, crie-t-on. Femmes, enfants, garçons, filles, ouvriers s'agitent, encombrent les rues ; voitures et chevaux galopent, paysans accourent, crient, gesticulent.

Les francs-tireurs s'élancent vers la route de Horbourg. Des gardes nationaux vont à la mairie chercher des cartouches, on les adresse au quartier de cavalerie, où le concierge Rosenstiehl déclare n'avoir point les clefs de la poudrière. L'employé Lang arrive enfin, délivre à chacun deux paquets. Plusieurs (moi du nombre) apprennent à la hâte à charger leur arme. On est environ 70, dont le lieutenant Schelbaum.

Au moment où nous nous formons en colonne, accourt le maire, haletant, qui nous supplie de rentrer chez nous, de ne pas tenter une résistance qui ne saurait qu'attirer des malheurs sur la ville. On ne l'écoute pas.

Nous sortons du quartier et prenons par la rue de la Cavalerie.

A hauteur de la fabrique Weisgerber, le capitaine Richard[1], qui est là devant nous, en civil et la canne à la main, nous fait signe d'arrêter. Puis nous avançons encore

---

1. *App.* 14.

de quelques centaines de pas, pour faire halte de nouveau. J'aperçois alors les francs-tireurs (de Saint-Denis) un par un, aux deux côtés de la route, abrités derrière les platanes et les buissons et tenant leur fusil en joue. Sur le pont, rien encore. Une foule énorme de curieux nous suit, nous presse, femmes riant et jacassant, ouvriers et *Rábseppi* qui vocifèrent furieux de n'avoir point d'armes. Une carriole qui vient de dépasser notre tête, s'arrête sur un mot du capitaine Richard, qui dit sans doute au conducteur de lui faire signe lorsqu'il apercevra quelque chose. Au bout de quelques mètres, elle s'arrête, rebrousse chemin. Au même instant, la fusillade éclate, un caporal des francs-tireurs tombe, un enfant est blessé à la cuisse, on nous commande de nous disperser vers la Lüss, ce qui a lieu sans ordre ni discipline. « Venez-vous ? me dit au bout de quelques instants Auguste B... ; moi, je rentre. — Je vous accompagne, lui répondis-je. » Dans les terrains contigus à la route, que nous avons eu la précaution d'abandonner, car du haut du pont elle peut être balayée, j'aperçois le fils du premier président, **M.** de Bigorie de Laschamps, également le fusil en main et le képi en tête. La rencontre était inattendue, nous l'avons d'autant plus appréciée. Nous sommes revenus à l'entrée du faubourg de Brisach, lorsqu'une détonation formidable imprime à tout le monde une violente secousse. « C'est le canon, ce sont des mitrailleuses ! » Et chacun de fuir. « Peut-être n'est-ce que le canon de Brisach », disent **MM. Z...** et **N...**, postés au coin de la fabrique Karcher. On n'en fuit pas moins.

Devant la mairie, se tiennent perplexes les officiers de la garde nationale.

Les Francs-tireurs de Saint-Denis devant Horbourg (14 septembre 1870).

Croquis de M. Aug. Bartholdi, dessin de M. Ém. Perboyre.

Je ne suis pas plus tôt remonté dans ma chambre que j'entends de la cavalerie passer sous nos fenêtres ; c'est un détachement ennemi, entré sans doute par la porte de Rouffach. Il est suivi d'infanterie. Entre deux rangs marchent prisonniers Nicolas K..., vigneron, Tourniaire, luthier, X..., charcutier, deux autres de nos hommes en blouse bleue et un franc-tireur.

Nota. — J'ai cru longtemps que la résistance faite au pont de Horbourg était un coup de tête de quelques gardes nationaux répondant à une témérité des francs-tireurs. Il n'en a pas été ainsi : on en jugera par les pièces officielles suivantes, que je dois à l'obligeance de notre illustre compatriote, M. Auguste Bartholdi.

Rapport au Commandant de la garde nationale.

Mon Commandant,

Conformément à vos ordres, le 13 au soir, lorsque vous m'avez fait savoir que vous étiez malade et alité, je me suis rendu à la préfecture, faire part à M. Grosjean de votre situation. Je fus appelé au conseil tenu par M. le préfet; il y avait là MM. Zaepffel, Lemercier, Koch, Chauffour et le capitaine Richard. On avait eu avis d'un mouvement des Prussiens sur Iebsheim et sur Colmar. On délibéra sur les mesures à prendre, je fus consulté sur l'état de notre garde nationale qui n'avait reçu ses fusils que ces jours passés ; il fut décidé qu'il fallait organiser une résistance pour sauver l'honneur, tout en tâchant d'éviter des malheurs dans la ville même. Bref, il fut décidé que l'on défendrait le pont de Horbourg, que l'on emploierait les francs-tireurs présents à Colmar et qu'au lieu de faire battre le rappel, on ferait chercher à domicile les gardes nationaux que l'on saurait avoir quelque expérience militaire.

Je reçus à cet effet des instructions formelles et des ordres écrits, qui mettaient les francs-tireurs provisoirement sous mes ordres, traçaient le plan à suivre et m'autorisaient à prendre des cartouches où je les trouverais pour les gardes nationaux de service.

Sans tarder je transmis les ordres aux deux compagnies de francs-tireurs de Lyon et de Saint-Denis, je les engageai à prendre position; je fis chercher et réunir à la mairie les gardes nationaux anciens militaires par leurs capitaines; je fis prévenir M. X...., qui s'était chargé de nous fournir un service d'éclaireurs au moyen de paysans à cheval et j'en envoyai sur les routes du Ladhoff, d'Iebsheim et de Sundhoffen.

A 2 heures et demie du matin, je plaçai des piquets de gardes nationaux à la préfecture, au télégraphe, à la mairie; je passai le reste de la nuit à la mairie en communication avec la préfecture.

Vers 6 heures, je me dirigeai vers le pont de Horbourg; rien ne confirmait encore l'approche des Prussiens. Le commandant Teinturier me demanda à se retirer, disant : « Ce n'est pas pour aujourd'hui, mes hommes sont éreintés, moi aussi. » Je l'engageai à attendre le retour des éclaireurs d'Iebsheim, lui déclarant que je ne l'autorisais pas à quitter, que je n'étais pas en situation de pouvoir le forcer à rester, mais que son devoir était de se rendre de suite à la préfecture, pour en référer à M. Grosjean. Il promit de s'y rendre.

A 6 heures et demie, j'avais fait relever les postes et commandé la 5ᵉ compagnie du 2ᵉ bataillon pour le service du jour.

A 7 heures arriva un éclaireur, qui annonça que les Prussiens étaient en marche entre Iebsheim et Wihr; j'envoyai à la recherche de M. Teinturier, mais on ne le retrouva plus.

L'engagement a été soutenu au pont de Horbourg par les francs-tireurs de Saint-Denis, qui y tinrent peu de temps, mais de la manière la plus honorable. Il y en eut un de tué à l'entrée du pont et plusieurs blessés; ils se retirèrent d'arbre en arbre jusqu'à la grande briqueterie où étaient leur noyau et les gardes nationaux qui les avaient rejoints. De cette briqueterie on soutint le feu

quelque temps contre les Allemands, qui faisaient passer deux
pièces de canon et les mirent en batterie derrière la pépinière;
le mouvement de leurs troupes passant par le pont de Sundhoffen
pour envelopper les nôtres rendit toute prolongation de la résistance inutile. En ville, les gardes nationaux qui ignoraient les
mesures prises avaient été très agités comme toute la population
par les nouvelles qui s'étaient répandues dès le matin ; il en était
accouru un grand nombre sur la route de Horbourg avec un empressement des plus honorables.

Quand on entendit la fusillade et les obus, l'émotion devint
tumultueuse, il se fit un mouvement vers les casernes pour s'emparer des cartouches ; le désordre qui se produisit et qui fut difficile à contenir justifiait les mesures qui avaient été décidées et
prises la veille.

C'est à ce moment, mon commandant, que tout malade que
vous étiez, vous êtes arrivé à la mairie, où j'avais convoqué
les officiers ; vous avez repris le commandement et pourvu à
toutes les mesures d'ordre qui ont suivi.

Tel est le résumé succinct des faits sur lesquels vous m'avez
demandé un rapport. Je vous suis bien reconnaissant, mon commandant, des paroles bienveillantes que vous avez bien voulu
m'adresser à cette occasion ; la responsabilité a été imprévue pour
moi et lourde pour mon peu d'expérience ; je me suis efforcé de
faire bien, sans pouvoir faire grand'chose par moi-même. Aussi
permettez-moi de ne pas terminer ce rapport sans rappeler combien les capitaines Verlynde, Leclaire, Kopf ont apporté de dévouement et d'intelligence dans ces circonstances difficiles, de
rappeler aussi les services du capitaine Richard qui, indépendamment de son rôle de commandant de place, s'est multiplié,
est allé au pont de Horbourg et a rendu de grands services par
ses conseils et son énergie.

Veuillez agréer, mon Commandant, etc.

Le Capitaine adjudant-major,

Signé : Aug. BARTHOLDI.

DÉPARTEMENT
DU
HAUT-RHIN
———

Colmar, le 13 septembre 1870.

Le préfet du Haut-Rhin charge M. le capitaine Bartholdi de donner l'ordre à M. le commandant de la compagnie des francs-tireurs de Saint-Denis de prendre les armes à 3 heures du matin demain, *sans bruit et sans donner l'éveil à la population,* et de se porter sur la route de Horbourg à un kilomètre environ de la ville.

La compagnie de Saint-Denis attendra, en choisissant de bonnes positions, les ordres ultérieurs de la préfecture, à moins que la présence ou le voisinage de forces ennemies supérieures ne soit signalé, auquel cas la compagnie se repliera rapidement sur la ville et en bon ordre.

Signé : J. GROSJEAN.

DÉPARTEMENT
DU
HAUT-RHIN
———

Colmar, le   18   .

M. le capitaine Bartholdi est autorisé à prendre où il les trouvera les cartouches dont il pourra avoir besoin.

Colmar, le 13 septembre 1870.

Le Préfet du Haut-Rhin,

Signé : J. GROSJEAN.

De son côté, notre ancien adjudant de place m'adresse les communications suivantes :

Le 13 septembre, à 8 heures du soir, le commandant de place Richard, qui m'avait attaché comme adjudant de place à sa personne, vint me trouver à la mairie et me demanda, l'ennemi étant signalé dans les environs, d'aller en reconnaissance avec la compagnie du capitaine Teinturier (Lyon) au delà de Horbourg. La plus grande réserve étant nécessaire, la compagnie se réunit à 9 heures et demie du soir à l'hôtel de ville ; nous nous dirigeâmes d'abord vers la gare pour détourner les soupçons, nous fîmes halte pendant une demi-heure pour nous mettre en route par Saint-Pierre, la Semm et la Lüss ; nous traversâmes Horbourg et nous nous dirigeâmes vers Wihr pour revenir sur nos pas et nous établir à la croisière des routes de Wihr et d'Andolsheim, à la tuilerie et auberge des Quatre-Vents. Les postes furent placés, et bien en avant de ces deux directions. — Six individus passant dans le cours de la nuit furent arrêtés, interrogés et gardés à vue ; ils se donnaient pour des paysans, mais leur chaussure dénonçait leur origine : il fallait les empêcher de rebrousser chemin, car nous risquions, à tout moment, d'être cernés et tournés. De notre côté, on faisait prendre des renseignements et nous apprîmes la présence de la brigade ennemie à Iebsheim. — A 5 heures du matin, nous fûmes avertis de la marche en avant ; à 6 heures, il fut décidé que l'on se replierait sur la ville. Nous y rentrâmes à 6 h. 40, au moment où la compagnie Blanchard (Suresnes) se formait pour venir nous rejoindre. — Je fis mon rapport au commandant de place, qui partit pour Horbourg, pour s'édifier sur la situation.

Sur ces entrefaites se réunirent à la mairie les signataires de la pièce A, ci-jointe.

On apposait les signatures quand on entendit le canon. M. Richard survint et confirma le passage du pont de Horbourg ; je réunis les contrôles de la garde nationale et le procès-verbal, on cacha le drapeau, je courus mettre ces pièces en sûreté et ôter mon uniforme, puis revins à la mairie assister au douloureux défilé.

Le poste de la préfecture, commandé par un sergent dont je regrette d'avoir oublié le nom, resta à son poste jusqu'à l'arrivée de l'ennemi à la porte de Rouffach.

Le dernier train français quitta la station au moment de l'entrée de l'ennemi dans la gare. — Une copie de la pièce B a été affichée à la gare pour instruire les chefs de détachements volontaires de la conduite à tenir et mettre un terme aux nombreux et regrettables abus qui avaient eu lieu les jours précédents.

Pièce A.

Le 14 septembre 1870, au moment de l'approche de l'ennemi, la Municipalité, les officiers de la garde nationale ayant été convoqués pour délibérer sur la question de savoir quelle est la ligne de conduite à tenir, ont décidé :

Attendu qu'il résulte des informations les plus précises que les troupes ennemies se présentent en forces considérables et pourvues d'artillerie ; attendu que la garde nationale, à peine formée, nullement instruite et pourvue d'un armement entièrement insuffisant, ne saurait résister d'une manière efficace ; attendu que les francs-tireurs, accompagnés d'un fort détachement de volontaires, ont déjà repoussé l'avant-garde, que cette avant-garde est suivie d'un petit corps d'armée ; que dès lors la résistance prolongée ne peut avoir d'autre résultat qu'un désastre pour la ville ; attendu que les mesures prises pour résister aux attaques de détachements ou de maraudeurs ne peuvent plus suffire ; attendu que la garde nationale, dans les conditions où elle se trouve, ne pourrait faire davantage,

Il a été décidé qu'il n'y avait pas lieu de tenter la prolongation de la défense.

SIGNATURES :

Le 1er Adjoint, *Le Maire,* *Le 2e Adjoint,*
J. MATHIEU. DE PEYERIMHOFF. A. STŒCKLIN.

Le Capitaine *Le Chef de b^on comman-* *L'Adjudant de place,*
adjudant-major, *dant la garde nationale,* Constant SCHELBAUM.
A. BARTHOLDI. A. GUISSE.

1er B^on, 1re Cie : M. SITTER, capitaine ; ERNEST FRIES, lieutenant ; J. HILD, sous-lieutenant.

— 2e — : Bon MEYER, capitaine ; ERNST AD., lieutenant.

Affaire du pont de Horbourg (14 septembre 1870). — Croquis de M. Aug. Bartholdi, dessin de M. Ém. Perboyre

1er B^{on}, 3e Cie : RICHARD, capitaine ; V^{or} SCHELBAUM, lieutenant ;
                       GAUDEMAR, sous-lieutenant.
       — 4e — : EM. DREYFUS, capitaine ; PRUDHOMME, lieute-
                       nant ; E^{le} KRESS, sous-lieutenant.

2e B^{on}, 1re Cie : E^{le} SCHMUTZ, capitaine ; G. WAHL, lieutenant.
       — 2e — : M. LECLAIRE, capitaine.
       — 3e — : KIENER, capitaine.
       — 4e — : VERLYNDE, capitaine ; G^{ve} SPAETH, lieutenant.
       — 5e — : FEIST, capitaine.
       — 6e — : KOPF, capitaine.

Reçu du commandant de place Richard, le 14 septembre 1870,
à 9 h. 20 m. du matin.

Signé : C. SCHELBAUM.

PIÈCE B.

RÉPUBLIQUE FRANÇAISE

—

DÉPARTEMENT   PLACE DE COLMAR
     du
HAUT-RHIN

ORDRE DE LA PLACE, N° 1.

Messieurs les chefs de détachements de toutes armes, compagnies de francs-tireurs ou volontaires, qui entreront dans la place
de Colmar devront se présenter immédiatement après leur arrivée
et avant la distribution des billets de logement, chez le commandant de la place, pour lui présenter leur feuille de route, leur

situation numérique par grade de leur troupe et recevoir les instructions des autorités de la ville.

Le bureau est établi à l'hôtel de la mairie.

Colmar, le 12 septembre 1870.

RICHARD.

Vu et approuvé :
P^r le Préfet du Haut-Rhin,
Le Conseiller de préfecture,
(Signature illisible.)
(Sceau de la Préfecture.)

Vu et certifié :
Le Maire de Colmar,
DE PEYERIMHOFF.

(Sceau de la ville.)

Pour expédition :
L'Adjudant de place,
C. SCHELBAUM.

11 h. — L'ennemi est entré en ville par les portes de Brisach, de Bâle, des Morts, deux à deux, l'un tourné d'un côté de la rue, l'autre de l'autre. Rue Vauban, ils ont crié : *Läden auf* (ouvrez les volets)! et envoyé des balles dans les volets clos.

Des patrouilles de cavalerie parcourent les rues.

Devant la mairie se tient aligné sur deux rangs un fort détachement d'infanterie, formant un seul front depuis la brasserie du *Lion rouge* jusqu'à la rue Rapp. — *Schöne Kaserne,* fait en regardant la caserne un soldat qui a des boutons de cuivre passés dans les oreilles.

Du bas de la rue des Clefs remonte l'alignement d'un corps de même force.

Les gardes nationaux se promènent désarmés.

Les Badois se sont emparés du drapeau tricolore suspendu à la façade de la mairie. Trois officiers l'ont enlevé. Au moment où ils l'ont détaché, ils ont crié *hurrah !* et la troupe aussi. Mince trophée !

Peu d'instants auparavant un vieillard, M. Pabst, voisin de l'hôtel de ville, y rapportait son fusil de sédentaire, sans avoir quitté sa robe de chambre. Aperçu par une patrouille, il est cerné; trois soldats croisent la baïonnette et un officier lève son sabre sur lui. Mais tout s'explique et s'arrange sans accident.

Rue Rapp, une femme sanglote et crie aux soldats : *O lére, galte, 'r mache n'iss nix.* — *Halt's Maul, du Alte,* répond un casque à pointe, *keineswegs werden wir dir was zu Leide thun.* (Jésus! n'est-ce pas? vous ne nous ferez rien. — Tais-toi donc, la vieille, certainement que nous ne te ferons pas de mal.)

Des uhlans défilent rue Kléber. Ils s'arrêtent devant l'hôpital militaire, où flotte le drapeau de l'Internationale. Un infirmier répond poliment, képi bas, aux questions qui lui sont faites. Ses camarades sont restés couverts.

De la cavalerie et de l'artillerie se sont dirigées, me dit-on, par la Grand'Rue vers la Krutenau.

A tout coin de rue se tient une sentinelle; de distance en distance, un peloton destiné sans doute à prévenir toute surprise; place Neuve, un détachement d'environ 100 hommes.

12 h. 45. — Un détachement d'infanterie descend la rue des Têtes, précédé d'un grand drapeau de soie rouge et or; ce sont les couleurs de Bade.

1 h. et demie. — Un homme de l'atelier de charité vient chercher mon fusil et mon fourniment. Nous revoilà pékins.

2 h. — Une commission municipale réunie dans la salle des mariages reçoit communication des diverses réquisitions et les fait exécuter.

La loge du concierge et tout le péristyle sont occupés par l'infanterie.

A la porte, comme d'ailleurs en maint endroit de la ville, est affichée une proclamation signée Frédéric-Guillaume, prince royal de Prusse, et mentionnant avec les dispositions comminatoires du droit de la guerre, le menu dû par l'habitant à chacun des soldats logés chez lui[1].

---

1. En voici le texte :

Nous, Général commandant la 3e armée allemande,

Vu la proclamation de Sa Majesté le Roi de Prusse, qui autorise les généraux commandant en chef les différents corps de l'armée allemande à établir des dispositions spéciales relativement aux mesures à prendre contre les personnes et les communes qui se mettraient en contradiction avec les usages de la guerre, relativement aux réquisitions qui seront jugées nécessaires pour les besoins des troupes et de fixer la différence du cours entre les valeurs allemande et française, avons arrêté et arrêtons les dispositions suivantes, que nous portons à la connaissance du public.

1º La juridiction militaire est établie par la présente. Elle sera appliquée, dans toute l'étendue du territoire français occupé par les troupes allemandes, à toute action tendant à compromettre la sécurité de ces troupes, à leur causer des dommages ou à prêter assistance à l'ennemi. La juridiction militaire sera réputée en vigueur et proclamée pour toute l'étendue d'un canton, aussitôt qu'elle sera affichée dans une des localités qui en font partie.

2º Toutes les personnes qui ne font pas partie de l'armée française et n'établiront pas leur qualité de soldat par des signes extérieurs et qui

a) serviront l'ennemi en qualité d'espions,

b) égareront les troupes allemandes quand elles seront chargées de leur servir de guides,

c) tueront, blesseront ou pilleront des personnes appartenant aux troupes allemandes ou faisant partie de leur suite,

d) détruiront des ponts ou des canaux, endommageront les lignes télégraphiques ou les chemins de fer, rendront les routes impraticables, incendieront des munitions, des provisions de guerre ou les quartiers des troupes,

e) prendront les armes contre les troupes allemandes,
seront punies de mort.

Dans chaque cas, l'officier ordonnant la procédure instituera un conseil de guerre chargé d'instruire l'affaire et de prononcer le jugement. Les conseils de guerre ne pourront condamner à une autre peine qu'à la peine de mort. Leurs jugements seront exécutés immédiatement.

3º Les communes auxquelles les coupables appartiendront, ainsi que celles dont le territoire aura servi à l'action incriminée, seront passibles

Dans la cour de la mairie, à gauche, sont apportés successivement les armes délivrées aux gardes nationaux (ordre de les réintégrer avant 5 heures, sous peine d'incendie !) et les fusils de chasse, pistolets, armes de luxe, etc. A droite, au bureau des passeports, foule de paysans, de cultivateurs, demandant des sauf-conduits soit pour rentrer chez eux, soit pour aller travailler aux champs.

---

dans chaque cas d'une amende égale au montant annuel de leur impôt foncier.

4° Les habitants auront à fournir ce qui est nécessaire pour l'entretien des troupes. Chaque soldat recevra par jour :

          750 grammes de pain,
          500   —   de viande,
          250   —   de lard,
           30   —   de café,
           60   —   de tabac ou 5 cigares,
          1/2 litre de vin ou 1 litre de bière ou 1/10 d'eau-de-vie.

La ration à livrer pour chaque cheval sera de :

            6 kilogrammes d'avoine,
            2   —   de foin,
          1 1/2   —   de paille.

Pour les cas où les habitants préféreront une indemnité en argent à l'entretien en nature, l'indemnité est fixée à deux francs par jour pour chaque soldat.

5° Tous les commandants des corps détachés auront le droit d'ordonner la réquisition des fournitures nécessaires à l'entretien de leurs troupes. La réquisition d'autres fournitures jugées indispensables dans l'intérêt de l'armée ne pourra être ordonnée que par les généraux et les officiers faisant fonctions de généraux.

Sous tous les rapports, il ne sera exigé des habitants que ce qui est nécessaire pour l'entretien des troupes, et il sera délivré des reçus officiels pour toutes les fournitures.

Nous espérons, en conséquence, que les habitants ne feront aucune difficulté de satisfaire aux réquisitions qui seront jugées indispensables.

6° A l'égard des transactions individuelles entre les troupes et les habitants, nous arrêtons que 8 silbergros ou 28 kreutzer équivalent à un franc.

Le Général commandant en chef la 3e armée allemande,

FRÉDÉRIC GUILLAUME,

prince royal de Prusse.

L'exemplaire de cette affiche apposé à la mairie sort d'un atelier de Sarrebourg. L'imprimerie Decker a été réquisitionnée de le reproduire.

Les sauf-conduits sont imprimés ; ils portent en tête l'écusson de la ville et sont libellés comme suit :

VILLE DE COLMAR

——

SAUF-CONDUIT

Laissez passer le S^r..

demeurant à...

se rendant à ....

pour ....

Colmar, le.................... **187** .

P^r LE MAIRE.

Le nombre des troupes, toutes badoises, arrivées aujourd'hui est évalué à 5,000 hommes. On parle de l'arrivée prochaine d'un corps de 20,000 hommes et d'un général.

La rue des Clefs est encombrée de curieux ; beaucoup de filles, la plupart ouvrières de fabrique, font les aimables avec les soldats.

Les propriétaires d'une partie des rues des Clefs, Saint-Nicolas, de la place Neuve, du faubourg de Brisach et de la rue Vauban ont eu à fournir des logements militaires. La maison M...., place Neuve, a reçu 23 hommes, dont 4 officiers et le porte-drapeau. Ceux-ci se sont emparés des plus belles chambres du premier étage. L'un d'eux s'est approché de Mme M.... et lui montrant le drapeau rouge et or placé dans un coin de la pièce, lui a dit : « Madame, si vous avez le malheur de toucher à cela,

Affaire du pont de Horbourg (14 septembre 1870). — Les tirailleurs badois s'avançant vers le pont. — Dessin de M. Ém. Perboyre.

je vous tue. » — La maison curiale a 45 Badois à héberger, M. Birckel, président du tribunal de commerce, 200.

— Pendant la sortie de ce matin, un garde national a été tué. D'après les uns, il s'appelle Grüninger, d'après les autres, Voulminot. Les Badois ont rapporté comme trophée son fusil, dont la baïonnette était tachée de sang.

Au pont Félix, le tuyau de conduite des eaux de la maison du teinturier porte un trou rond, large de 2 centimètres. Deux engagés volontaires, munis de leurs papiers qu'ils portaient, comme d'usage, dans un étui de fer-blanc suspendu à une bandoulière rouge, avaient été faits prisonniers et conduits devant la caserne d'infanterie. Ayant eu la malheureuse pensée de s'enfuir, ils furent poursuivis. Trois Badois déchargèrent deux fois leurs armes sans atteindre que le tuyau, mais l'un de ces pauvres garçons ayant trébuché près de la gendarmerie, reçut dans le dos un coup de baïonnette qui le tua net. L'autre, blessé, fut repris.

L'usine à gaz a reçu ce matin plusieurs décharges d'artillerie et de mitraille. L'une des cloches a été criblée et est hors d'usage. Dans les ateliers de fabrication, deux toitures sont fortement endommagées. Pendant plus d'un quart d'heure, ç'a été dans la cour une véritable pluie de fer. M. Kaeppelin a ramassé et jeté à l'eau un obus qui n'avait pas fait explosion. C'est un vrai miracle que personne de la maison n'ait été atteint, le sol de la cour est jonché d'éclats de bois et de débris de tuiles provenant des toitures.

Dans le *Gutleutenweg*, à l'extrémité des bâtiments, se tiennent deux sentinelles pour surveiller l'usine, où l'on

suppose que les francs-tireurs ont trouvé un refuge.
M. Kaeppelin s'attend à une visite domiciliaire.

Au faubourg de Brisach sont rangés un grand nombre
de chariots, chargés de sacs de froment, d'avoine et de
pommes de terre, ainsi que de tonneaux pour la plupart
neufs et bien fabriqués. Beaucoup d'habitants reçoivent
l'ordre de cuisiner pour les soldats.

Le maire était rue des Clefs, devant la mairie, lorsqu'un officier est venu lui notifier que le général Keller
l'attendait aux Deux-Clefs. Il a répondu : « Dites à votre
général que ma place est à la municipalité et que s'il a à
me parler, il vienne m'y trouver. » Tout le monde a su
gré à **M.** de Peyerimhoff de cette attitude digne et le
général est venu.

10 h. — A la brasserie, ce soir, il a été question
d'une dépêche que l'Amérique aurait adressée à la Prusse
et portant que si, dans les cinq jours, celle-ci n'avait pas
évacué le sol de la République française, l'Amérique
lui déclarerait la guerre. Nouvelle trop bonne pour être
vraie.

Jeudi, 15 septembre.

Point de marché ; ni paysans ni voitures, la halle est
close. Sur la place Neuve, il n'y a guère que 3 ou 4 au-
vents.

Groupes nombreux et tristes, dans la plupart des
rues. Les Badois circulent par 2 ou 3 hommes, souvent
isolés.

Un poste garde la préfecture. **M.** Zaepffel, conseiller,
loge 30 hommes ; **M.** Méquillet, en face, un nombre plus
ou moins considérable.

10 h. 50. — Le franc-tireur pris à Horbourg n'a pas été fusillé, comme on le prétendait, mais dirigé avec Nicolas K.... et deux autres gardes nationaux sur Rastatt, où sont envoyés également nos fusils. Ils sont partis il y a une demi-heure. Beaucoup de vignerons sont allés remettre de petites sommes d'argent à Nicolas.

Outre Voulminot, de l'*Hommelet rouge,* deux autres gardes nationaux ont été tués hier, Wagner et Linck, tous deux cultivateurs.

1 h. — Plus un Badois en ville. Ils ont disparu comme par enchantement, sans qu'on sache même au juste où ils se sont portés. Quelques personnes déclarent en avoir vu monter une grande partie vers Sainte-Croix-en-Plaine. Plusieurs milliers d'hommes, avec 18 canons, auraient marché sur Meyenheim, sans traverser Colmar. Beaucoup de versions, pas une certaine. On parle d'un corps de 60,000 Français marchant à la rencontre de l'ennemi et traversant les bois de la Hardt. Nous serions donc délivrés. La physionomie de la ville est toute changée, on rit de nouveau et l'on ne craint plus de se regarder.

— Monté à la tour. La plate-forme est déjà pleine de monde. Vers Mulhouse ou plutôt Lutterbach, on aperçoit des colonnes de fumée, mais rien n'indique que ce soit autre chose que la fumée des fabriques. Quelques détonations se font entendre, mais le bruit et le grand vent ne permettent pas de discerner d'où elles viennent. De troupes on n'en voit point, les routes étant masquées par les bouquets d'arbres et les forêts. De temps à autre il semble qu'un rideau blanc se dessine au ras du sol, mais il n'est pas assez persistant pour faire croire à un combat, du moins à ciel ouvert.

4 h. — Deux voiturées de fusils viennent d'arriver, me dit-on ; les mobiles de Brisach auraient fait une sortie, repris et renvoyé nos armes et délivré les prisónniers. Nicolas K.... serait de retour ; toutefois son beau-père R.... ne l'a pas encore revu.

Trois dragons badois viennent de traverser la ville au galop. Rue des Clefs, un coup de feu a été tiré sur eux, sans les atteindre.

Sur l'une des voitures a été rapporté le cadavre de Voulminot, retrouvé à la Lüss.

6 h. — On annonce pour demain l'arrivée de 7,000 Badois.

Les détonations qu'on a entendues venaient bien de Sainte-Croix : l'artillerie badoise avait tiré dans les bois pour en débusquer les francs-tireurs qu'elle y présumait cachés.

Vendredi, 16 septembre.

11 h. — Enterrement de Wagner. Plus de 500 personnes suivent le convoi. Je remarque dans le nombre des magistrats, le secrétaire général, un conseiller de préfecture, plusieurs chefs de service, des citoyens de tout rang.

Demain matin, à 10 heures, obsèques de Voulminot.

Wagner et Voulminot étaient proches voisins. Le premier était âgé de 38 ans et exerçait la profession de tonnelier. Il n'était pas marié.

Émile Lévy, rue Vauban, qui était également sorti avant-hier matin, a reçu une balle dans le bras droit.

— Nicolas n'est point de retour. On l'a vu passer, toujours captif, à Grussenheim, et dirigé sur Rhinau. Les fusils qui ont passé hier sont ceux des communes voisines, requises de les livrer.

M..... raconte que les Badois arrivés avant-hier voyaient le feu pour la première fois. Ils étaient demeurés jusqu'alors à 4 ou 5 lieues de Strasbourg, constamment occupés à faire des fascines et des gabions. Ces détails lui ont été communiqués par les Badois logés chez lui.

Il y aurait donc eu de part et d'autre baptême du feu.

Il rapporte aussi le détail suivant : Un feldwebel se présente chez lui et, la main à la casquette, demande à parler aux soldats. X... le fait monter dans la chambre où se trouvaient ces derniers, puis, sur l'invitation du sous-officier, se retire. Dans l'escalier, il entend sa voix criarde s'adressant aux hommes : « *Ich komme im Namen des Generals von Keller, Euch seinen innigsten Dank auszusprechen für die Tapferkeit, die Ihr gezeigt habet bei der Einnahme der Stadt Colmar*, je viens au nom du général de Keller vous exprimer ses plus profonds remercîments pour la bravoure que vous avez montrée à la prise de la ville de Colmar. »

Il y a de quoi, en effet.

— Pendant l'occupation de la préfecture, le secrétaire général, M. Lemercier, a été retenu prisonnier sur parole dans l'hôtel même. En évacuant l'hôtel, l'officier supérieur qui commandait le détachement, lui a rendu sa parole.

Samedi, 17 septembre.

L'enterrement de Voulminot qui vient d'avoir lieu, a été une véritable manifestation civique et patriotique. Plus de 1,500 personnes y ont assisté, et parmi elles, les magistrats de la Cour et du tribunal, les juges consulaires, les conseillers municipaux et de préfecture, etc.

Il paraîtrait qu'on a retrouvé le corps de Linck. Une quinzaine de personnes manquent encore. On les suppose parties avec les francs-tireurs.

— Le caporal des francs-tireurs tué à Horbourg a été indignement traité par les Badois. Tombé la face contre terre, il a reçu dans le dos deux décharges successives, puis a été piétiné, et au moment de l'inhumation, c'est à coups de pied qu'ils l'auraient poussé dans la fosse.

Dans la maison d'un nommé Bader, cultivateur, située sur le chemin qui précède celui de la tuilerie Laïs (en venant de la ville), ils ont tué à coups de pistolet un pauvre vannier ambulant, qui montait l'escalier alors qu'ils redescendaient après une perquisition sans résultat. Le cadavre, ils l'ont jeté dans la maisonnette et ont mis le feu à ses vêtements.

Bader, dans sa propre chambre, a été frappé au bras de deux coups de fusil. Toutefois ses blessures ne sont pas graves[1].

Mme Laïs, qui demeure à cent pas de là, a par sa présence d'esprit sauvé la vie à deux gardes nationaux réfugiés chez elle, ainsi qu'à deux francs-tireurs également cachés dans la tuilerie, mais à son insu. Au moment où les Badois entraient, elle leur a dit fort naturellement que personne n'était venu dans sa maison, et sans leur laisser le temps de répondre, leur a offert à boire et à manger, ce qu'ils n'ont pas manqué d'accepter avec empressement.

---

1. Il en est mort.

Les autres, pendant ce temps, ont pu changer d'habits et, de la pièce voisine, aller se cacher au grenier.

— C'est avec 6 pièces de canon, placées de dix en dix mètres au bas du talus de droite à la descente du pont de Horbourg, que les Badois ont tiré sur la ville. S'ils avaient dirigé leur feu sur la route au lieu de viser droit devant eux, ils nous auraient certainement tué 400 à 500 personnes. Heureusement la route s'incurve à l'issue du pont et les acacias qui la bordent à cet endroit ferment la vue sur la suite du chemin [1].

— Communication de M. X.... :

Après la retraite des francs-tireurs et des gardes nationaux embusqués derrière la briqueterie et les accidents de terrain à proximité de la route de Horbourg, une partie des forces badoises se déploya, pour les cerner, depuis le pont de la Lauch jusque vers la route de Bâle. Presque toutes les propriétés situées de ce côté de la ville furent envahies. Arrivés à celle de M. Baer, les tirailleurs ne s'avancèrent plus qu'à petits pas, avec de grandes précautions, en se dissimulant derrière les vignes et ne quittant un feuillage que pour se couvrir par un autre. La maison alors habitée par M. Victor Schœpf et sa famille fut entourée aussi et une quinzaine d'hommes, sous les ordres d'un sergent, y pénétrèrent : « *Haben Sie keine Freischützen hier* », cria le chef ? Quelques gardes nationaux armés de fusils de chasse, entre autres Antoine Daul, avaient en effet traversé le jardin quelques minutes auparavant. Malgré la réponse négative de M. Schœpf, ils visitèrent toutes les pièces, s'emparèrent d'un fusil Lefaucheux et d'un revolver. Un des soldats demanda à boire, M. Schœpf lui présenta un verre d'eau. *Trinken Sie zuerst*, lui dit le Badois, qui craignait sans doute d'être empoisonné. Un autre demanda du vin, mais le sergent défendit expressément de lui en chercher, et

---

1. Aussi a-t-elle été rectifiée depuis.

le soldat ayant insisté, le sous-officier le prit par le collet en lui enjoignant de sortir.

A ce moment, un sous-lieutenant qui était resté dehors, donna le signal du ralliement en frappant quelques coups avec la pointe de son sabre sur les carreaux d'une fenêtre : aussitôt la maison fut évacuée et le détachement alla rejoindre le reste de la compagnie, qui avait débouché par la ruelle qui sépare la propriété de la fabrique Grollemund.

— Les estafettes ennemies continuent de traverser Colmar. Un ou deux habitants les escortent le plus souvent jusqu'aux limites de la banlieue, pour prévenir un coup de main qui retomberait sur la population.

Les Badois sont revenus aux environs de notre ville, mais à l'heure qu'il est (7 heures du soir) ne se sont pas encore montrés. Il est vraisemblable que le Haut-Rhin va être occupé.

Mardi, 20 septembre.

De garde à la mairie comme garde national constable, c'est-à-dire sans armes, puisque les Prussiens nous ont pris nos fusils.

S..., de Ribeauvillé, qui vient me voir au poste, me dit que chez eux tout est resté tranquille. Toutefois l'incursion badoise aurait eu pour effet de ramener à sa véritable expression un de ces caractères haut-parleurs qui sont malheureusement trop communs. X..., jusqu'à ce jour, ne cessait de pérorer de levée en masse, d'organisation volontaire, de balayer les hordes ennemies, etc. Quand il a su que ces hordes étaient à Colmar, il a insisté pour faire envoyer les fusils de Ribeauvillé à Sainte-Marie-aux-Mines.

Kaysersberg aurait refusé de rendre ses armes. Honneur à Kaysersberg, si cela est vrai.

4 h. du soir. — Retour d'une partie des francs-tireurs de Saint-Denis qui ont tenu tête aux envahisseurs mercredi dernier. Ils sont environ 35 et viennent de Belfort. Un corps français assez considérable, d'après eux, s'avancerait de Belfort sur Colmar.

La municipalité, qui ne voit avec raison dans la présence de ces francs-tireurs qu'un danger gratuit pour la ville, les fait transporter le soir même à Munster.

— L'*Industriel alsacien* arrivé ce soir (les trains sont rétablis depuis ce matin entre Colmar et Mulhouse) contient quelques passages assez énigmatiques relatifs à des torts imputables non pas à Mulhouse, mais à Belfort, etc. Renseignements pris, plusieurs milliers de nos soldats se seraient enfuis en désordre à la seule approche de l'ennemi ; beaucoup auraient jeté leurs armes et les caissons même auraient été abandonnés. — La délibération du Comité républicain de Mulhouse demandant nomination d'un autre commandant en chef à Belfort, semble malheureusement confirmer ce peu croyable épisode. Quelle chute pour l'armée française, si ces faits étaient vrais, et surtout quelle expiation du 2 décembre !

11 h. — Ce soir a eu lieu une 3ᵉ réunion consacrée à l'élaboration d'une liste de conseillers municipaux. Chacun de nous doit inviter pour demain soir 5 ou 6 de ses voisins ou amis ; cela fera près de 160 électeurs, qui arrêteront définitivement la composition de la liste.

— Point de journaux de Paris, que du 17.

Le *Français* de cette date contient une magnifique lettre de Mᵍʳ Dupanloup ; en voici quelques extraits :

... Oui, je pleure de toutes mes larmes l'humiliation et les douleurs de la France.

... La patrie! On ne sait combien on l'aime que dans les jours comme ceux-ci. Tout l'amour qu'on a pour soi-même, pour sa famille, pour ses amis, est renfermé dans ce grand amour. La patrie, c'est la société des choses divines et humaines, c'est-à-dire les foyers, les autels, les tombeaux de nos pères, la justice, les biens, l'honneur et la sûreté de la vie. On l'a dit et il est vrai : la patrie est une mère. Aimons plus que jamais notre mère en deuil ; que la France nous soit plus chère à mesure qu'elle est plus malheureuse, et que notre amour pour elle nous ouvre les yeux et nous aide à voir d'où viennent ses malheurs.

Dieu partage les temps entre sa justice et sa miséricorde. C'est maintenant le jour de la justice et de l'expiation. Acceptons-les avec une humble magnanimité..... Si certaines fautes n'étaient jamais châtiées, c'est qu'il n'y aurait pas de Dieu.....

... J'ai entendu en rougissant récriminer contre la France et exalter la puissance victorieuse. Je ne veux pas ici toucher même de loin à la politique ; j'aurais horreur de blesser les vaincus ou de saluer un vainqueur ; mais tout entier à mon pays, je ne saurais m'accoutumer à entendre dire que nos ennemis ont toutes les vertus et sont un peuple modèle, parce qu'ils ont su faire à grands frais de leur pays un arsenal et un camp. Non, non, comme le disait une reine illustre, la mère du roi actuel de Prusse : « Je crois en Dieu, je ne crois pas à la force ; la justice seule est stable. » Ne nous abusons donc pas sur le triomphe passager de la force et du nombre, sur la victoire de l'inondation et de l'avalanche, du fer et du plomb brutal sur la chair humaine ; il serait inique, il serait lâche de conclure de la force de la poudre à la justice du coup de canon.

. . . .

Nous nous relèverons ; mais il faut le dire et savoir nous éclairer à la sanglante lueur de nos désastres ; nous nous relèverons à deux conditions ; lesquelles? celles qui ont relevé tous les peuples libres : la vérité et la vertu. Laissons les politiques vulgaires signaler les causes prochaines de nos malheurs *et déchirer des voiles*

qu'il ne m'appartient pas de soulever. Nous, creusons plus profondément, là où est le germe du mal et où il faudra porter le re-
mède.....

Nous avions à peu près tous cessé de dire la vérité, et les puis-
sants de la terre ont tant besoin de la connaître! C'est l'éternel
malheur des souverains d'être trompés... On les sert selon leur
désir et des complaisances coupables mettent bientôt les flatteries
déclamatoires à la place des avertissements dévoués et coura-
geux.

Nous avions surtout cessé de pratiquer la vertu ; la vertu avait
été bannie dans presque tous les rangs par le luxe, et arrachée
de presque tous les foyers par l'amour effréné du bien-être et des
plaisirs...

... Si nous déclinons, c'est parce que nous ne sommes plus le
sel de la terre et la lumière du monde. *Justitia elevat gentes, mi-
seros autem facit populos peccatum.*

Dieu n'a pas fait la France pour corrompre le monde, mais
pour l'éclairer et le civiliser...

Mercredi, 21 septembre.

10 h. — On entend très distinctement gronder le canon. Mais le vent, qui souffle assez violemment du sud,
empêche de bien apprécier d'où vient le bruit.

3 h. — Arrivée de francs-tireurs lyonnais, blouse
et pantalon gris, feutre de même couleur. Ils sont près
de 100.

La présence de troupes françaises à Mulhouse est confirmée. Il y aurait un bataillon du 45ᵉ, une batterie d'artillerie et quelques milliers de mobiles.

Le général Chargère est remplacé par le général Cambriels.

11 h. du soir. — Résultat du vote préparatoire qui vient
d'avoir lieu :

MM. Aug. Scheurer	139 voix.		MM. Oberlin, méca-	
Titot	137 —		nicien	113 voix.
Gérard	137 —		Kœnig fils	110 —
Kampmann	131 —		Molly, Guillaume	110 —
Stœcklin	130 —		Dr Ostermeyer	106 —
Lévy, docteur	124 —		Ernst, Ign.	103 —
Ernst, Ad.	122 —		Kiener, André	101 —
Stephan	120 —		Scheuch	100 —
Ign. Chauffour	119 —		Scheurer, Jean.	97 —
Sandherr	118 —		Zipélius	90 —
Fleischhauer	118 —		De Peyerimhoff.	89 —
Rencker	118 —		Koch	84 —
Simottel	118 —		Wertz, J.-B.	87 —
Mathieu - Saint -			Dreyfus, Émile.	82 —
Laurent	117 —			

Cette liste, sans être mauvaise, a le défaut de présenter trop de juristes (il n'y en a pas moins de 10). Les électeurs ont aussi le tort d'avoir éliminé Mathias Richert, homme impartial, de grand sens et entendu aux affaires rurales. Le scrutin de dimanche rectifiera probablement cette erreur.

Après Dreyfus, ceux qui ont obtenu le plus de suffrages sont MM. Heylandt et Bernhard (81 et 80 voix).

— Reçu ce soir d'autres journaux du 17 avec les numéros de l'*Industriel* et de la *Volksrepublik* qui ne nous étaient point parvenus la semaine dernière.

Jeudi.

11 h. — On entend de nouveau le canon. Des gens de Bergheim affirment que c'est le bruit du bombardement de Strasbourg, qui a repris et continué sans interruption depuis plusieurs jours.

3 h. — Arrivée de l'*Électeur libre* et du *Siècle*, des 18 et 19 septembre.

Les voitures de vendanges sillonnent les chemins et les

rues. Le raisin n'est pas mûr, mais on se hâte de le couper, par incertitude du lendemain. Les vendangeurs ne chantent pas comme d'usage, ils sont mornes et silencieux.

Toutes affaires, toutes transactions sont suspendues. Nombre d'ateliers sont fermés, faute d'ouvrage. Pour peu que cela dure, la misère sera terrible.

Mon frère Paul est depuis vendredi au fort Mortier. Il ignorait absolument l'invasion du Haut-Rhin et le combat de Horbourg.

Il y a trois jours, un détachement de garde mobile a surpris nuitamment le poste badois de Muntzenheim, lui a tué quelques hommes et fait prisonniers quelques autres. La pauvre commune a été, pour ce, frappée d'une contribution de 4,000 fr., payable immédiatement, sous peine de pillage et d'incendie. Les notables sont venus demander assistance à Colmar. M. C..... fils leur a prêté la somme.

Le conservatoire communal de musique a été supprimé hier. Les derniers événements, non moins que notre situation financière, commandaient cette résolution, qui dégage les élections municipales d'un élément de discorde.

La suppression du conservatoire a pour corollaire naturel celle de la subvention théâtrale. L'économie sera de plus de 20,000 fr.

Dimanche, 25 septembre.

Dépêche arrivée hier soir :

Tours, 24 septembre 1870, 12 h.

Circulaire :

Gouvernement aux préfets.

Avant l'investissement de Paris, M. Jules Favre, ministre des affaires étrangères, a voulu voir M. de Bismarck pour connaître les dispositions de l'ennemi. La Prusse veut continuer la guerre et réduire la France à l'état de puissance de second ordre. La Prusse veut l'Alsace et la Lorraine jusqu'à Metz par droit de conquête.

La Prusse, pour consentir à un armistice, ose demander la reddition de Strasbourg, de Toul et du Mont-Valérien.

Paris exaspéré s'ensevelira plutôt sous ses ruines. A d'aussi insolentes prétentions, en effet, on ne répond que par la lutte à outrance.

Tours, le 24 septembre 1870.

Vu la proclamation ci-dessus, qui constate la gravité des circonstances, le Gouvernement déclare :

1° Toutes élections municipales et pour l'Assemblée constituante sont suspendues, ajournées.

2° Toute élection municipale qui serait faite est annulée.

3° Les préfets pourvoiront par le maintien des municipalités actuelles ou par la nomination de municipalités provisoires.

Les Membres délégués du Gouvernement,
CRÉMIEUX, GLAIS-BIZOIN, FOURICHON.
Pour copie conforme :
Le Préfet du Haut-Rhin,
J. GROSJEAN.

Malgré la consternation produite par cette dépêche, le découragement est loin d'être aussi prompt qu'on pouvait le craindre. Le plus grand nombre éprouve, au contraire, une sorte de soulagement à se voir en présence d'une situation nette, quoique terrible, et dépouillée de tout mirage pacifique. On voit généralement dans ces nouvelles l'avant-coureur de la levée en masse et l'on se tient moralement prêt, résigné, pourvu cependant qu'on n'assiste pas au maintien ou au renouvellement de certaines exceptions scandaleuses.

Le décret qui ajourne les élections municipales et constituantes cause une sorte de déconvenue, car on s'était préparé dans le camp libéral aussi bien que chez les cléricaux. Cependant on en prend facilement son parti.

— L'*Industriel* du 22 reproduit un article des *Débats* du 17 septembre, relatif à un rapport de M. de Bismarck au roi de Prusse sur son entrevue avec Napoléon III. L'ex-empereur aurait affirmé qu'il n'avait pas désiré la guerre, mais y avait été forcé par la pression de l'opinion publique de la France. C'est un argument pour les besoins de la cause. Les rapports de gendarmerie ont constaté, peu de jours après le plébiscite, que la population ne voulait nullement la guerre. J'en parle à bon escient, car j'ai tenu en main celui de la gendarmerie de Felleringen et deux ou trois autres.

— Depuis jeudi soir, il est arrivé 1,500 mobiles de Lyon et trois compagnies de francs-tireurs. Le tout a été dirigé sur Brisach, où se rassemble une petite armée destinée à porter secours aux Strasbourgeois.

— Proclamation du commandant de la garde nationale, M. A. Guisse : La garde nationale doit être maintenue, mais se discipliner ; « elle a repris son service pour la « sécurité publique, nous reprendrons aussi notre organi-« sation militaire, en faisant l'étude des manœuvres. De « cette manière, nous serons prêts et pourrons être utiles « quand il le faudra... Les gardes nationaux qui manque-« ront à leur service sans excuse valable encourront la « réprimande et un service hors tour; en cas de récidive, « leurs noms seront affichés dans les postes. Si cette « mesure ne suffit pas, ils seront déférés au conseil de « discipline. »

Convoquée hier soir dans la cour du lycée, ma compagnie a élu Zurlinden lieutenant, en remplacement de Wahl, parti, et Lazare, ancien soldat, caporal.

— Avant-hier est arrivé de Gerstheim, près Strasbourg, M. M...., conducteur des travaux du Rhin, gendre de notre voisin H..... Il s'est échappé, non sans peine, à travers les lignes prussiennes, sa femme l'a suivi à 24 heures d'intervalle. D'après lui, ce n'est aucunement au général Uhrich que serait due la belle défense de Strasbourg ; cet officier aurait même oublié de faire couper les arbres du Contades, en sorte que l'ennemi a pu, dès le premier jour, établir ses feux au plus près de la place. Devant la citadelle se trouvait un monceau de terre glaise, appartenant à une tuilerie voisine. Malgré les avertissements de plusieurs habitants, cet amas n'a pas été enlevé. Les Prussiens naturellement, aussitôt qu'ils l'ont vu, y ont abrité une batterie et dès le premier jour, par conséquent, ont pu tirer en plein sur la citadelle.

C'est au général de Barral, entré dans Strasbourg sous un déguisement (en marchand de bestiaux) que reviendrait l'honneur de la défense de notre capitale provinciale. Deux jours plus tard, affirme M..., la ville n'eût pas été bombardée, car l'ennemi s'en serait rendu maître presque sans coup férir.

L'eau diminuerait considérablement dans les fossés, les Prussiens ayant fait dériver dans le Rhin le cours de l'Ill et défendu aux meuniers en amont de lever leurs vannes, sous peine de mort.

Une dépêche affichée ce matin porte que l'ennemi est revenu à Benfeld, au nombre de 8 à 900 hommes, avec deux canons.

— Des gendarmes viennent d'amener 8 prisonniers badois, faits par la garnison de Schlestadt. Une foule curieuse se précipite vers la maison d'arrêt, où ils doivent être déposés.

Le *Bund* annonce la prise de Toul. Si la nouvelle se confirme, la guerre ne finira probablement plus cette année.

— Dans les campagnes et les vallées catholiques, principalement à Massevaux, Saint-Amarin, Guebwiller, le peuple est persuadé que les « rouges » ont vendu la France à l'ennemi, trahi Napoléon. De Sedan il ne veut rien croire, sinon le « malheur » de son souverain ; il maudit la république et redemande Napoléon à grands cris. L'excitation contre les républicains est telle que les menaces et les mauvais traitements éclatent au grand jour. Naegelen, qui s'exprimait là-bas avec la même liberté qu'ici, a été averti de parler moins haut, de peur d'un malheur. Son ancien professeur de dessin, bon vieux garçon apathique et mollasse, s'est vu tirer un coup de pistolet dans sa chambre à coucher et pourtant il n'était que soupçonné de républicanisme.

Un fonctionnaire des chemins vicinaux se livrerait de nouveau à une active propagande pour l'ancien candidat officiel. Un employé du même service aurait dit, en parlant du vote pour la Constituante : « Les honnêtes gens ne vont pas à ce scrutin. »

Mardi, 27.

9 h. matin. — Hier soir la gare de Colmar a été évacuée sur Mulhouse ou Belfort, les Prussiens étant, disait-on, à Chalampé.

10 h. — D'après une dépêche affichée à la préfecture, quelques milliers d'hommes se rassembleraient à Fribourg et à Müllheim, mais aucune troupe n'aurait encore passé le Rhin.

La dépêche qui, hier soir, enjoignait au chef de section de vider *immédiatement* la gare, signalait 30,000 hommes à Chalampé. Trois soldats badois auraient essayé de faire sauter la voie près de l'embranchement de Guebwiller.

— Depuis ce matin, la ville est sillonnée de conscrits endimanchés, qui vont par détachements cantonaux, tam-. bours en tête et avec drapeau. C'est la classe de 1870, qui vient au chef-lieu de l'arrondissement achever de subir la révision, interrompue par l'invasion badoise.

8 h. — Malgré la panique d'hier soir, le train de Mulhouse est arrivé cette après-midi. Il est à présumer que les mouvements de troupes opérés sur la rive badoise ne sont qu'une feinte destinée à occuper notre attention, pendant que se livrerait un nouvel assaut à Strasbourg.

— L'*Industriel* a reproduit samedi (24 septembre) une dépêche arrivée à Tours par ballon et signée Gambetta et Ferry. Cette dépêche, *sans date précise,* contient, entre autres passages, les lignes suivantes :

Tous les partis sont d'accord. Si des dépêches prussiennes disent que des troubles ont éclaté à Paris, démentez-les énergiquement.

Ce soir, je lis dans le même journal une dépêche prussienne, datée de Ferrières 23 septembre, et d'après laquelle on aurait entendu du camp prussien une canonnade et une vive fusillade dans les rues de Paris.

Comment Gambetta a-t-il pu songer le 22 à démentir

une dépêche qui n'a été expédiée de Ferrières que le 23. Il y a certainement eu quelque chose à Paris, mais quoi ?

— Beaucoup de gardes mobiles et de francs-tireurs à Munster et dans les vallées.

Mercredi, 28 septembre.

Dépêche : Des voyageurs racontent qu'un violent assaut a été donné à Strasbourg ces jours derniers.

C'était donc bien une feinte que ces rassemblements sur la rive badoise.

Jeudi, 29.

9 h. — Deux officiers du 3e, venant de Strasbourg, annoncent que la ville s'est rendue avant-hier soir. Ils sont, disent-ils, prisonniers sur parole. Ce n'est pas la population, mais le conseil de défense qui aurait décidé la reddition de la place.

Strasbourg perdu, Schlestadt et Brisach tomberont d'eux-mêmes, et peut-être Metz également.

Place maintenant, fût-ce au drapeau rouge, s'il peut sauver la France !

3 h. — M. Victor Clément, substitut, se rend à Strasbourg. Il est chargé d'offrir à l'autorité compétente le concours de notre société de secours aux blessés pour l'évacuation des blessés militaires sur notre ville. Une ambulance d'une centaine de lits est prête à les recevoir ici.

Vendredi, 30.

Schlestadt aurait capitulé. Des lanciers, me dit-on, sont venus l'annoncer hier soir.

10 h. — Cette nouvelle est, Dieu merci, démentie. Les lanciers venus hier (au nombre de 30) amenaient simplement près de 300 chevaux qui, vu l'absence de casemates à Schlestadt, se trouvaient là dans un danger constant sans utilité pour les assiégés. La place n'est même pas encore investie.

6 h. — On parle de nouveau d'un débarquement de troupes ennemies à Chalampé. Une dépêche reçue et publiée par le préfet confirme ce bruit.

Les *Basler Nachrichten* annoncent, en effet, la concentration d'un corps d'armée à Fribourg. Les pionniers doivent jeter leurs ponts à Neuenburg et à Bellingen. Pendant que ces troupes marcheront sur Mulhouse et de là sur Belfort, un autre détachement s'avancera du Bas-Rhin sur Colmar, de manière à occuper toute la Haute-Alsace. Ce mouvement a pour but de couvrir le flanc des Prussiens pendant qu'ils iront envahir le midi de la France.

— Les deux gardes nationaux Nicolas K..... et V...., emmenés prisonniers par les Badois, sont revenus ce soir. Ils ont été rendus à la liberté en réjouissance de la prise de Strasbourg. Bien que leur destination ait été Rastatt, ils ne sont restés dans cette place que 4 jours ; on les avait de là dirigés plus avant dans le pays, toujours à pied et les mains garrottées derrière le dos au point que les cordes leur entraient dans les chairs. Pour toute nourriture, ils ont reçu du pain et de l'eau, qu'on leur portait littéralement à la bouche. Revenus à pied jusqu'à proximité de Guémar, ils sont tombés là sans plus pouvoir se traîner. Le père K....., averti, est allé les chercher en voiture.

Avec nos deux Colmariens sont revenus un garde national de Dessenheim et un autre de..... Le franc-tireur n'a pas été renvoyé.

— Un décret du gouvernement de la Défense nationale, daté de Tours, 29 septembre, 6 h. 20 du soir, ordonne l'organisation immédiate en compagnies de gardes nationaux mobilisés : 1° de tous les volontaires qui n'appartiennent ni à l'armée régulière ni à la garde nationale mobile ; 2° de tous les Français de 21 à 40 ans non mariés ou veufs sans enfants. Les préfets soumettront immédiatement les gardes mobilisés aux exercices militaires. Les compagnies de mobilisés pourront, leur organisation faite, être mises à la disposition du ministre de la guerre.

— Ce soir sont passés par la ville les francs-tireurs organisés par M. Keller, député. Ils ont fort bonne mine, tenue quasi-militaire, capote grise longue, képi, guêtres, etc.

Nos francs-tireurs colmariens ont fait cette semaine des prouesses aux environs de. Raon-l'Étape. Accompagnés des compagnies de Neuilly et de Lamarche, et d'un détachement de mobiles, ils ont été attaqués par 1,500 à 2,000 Bavarois munis d'artillerie.

Parmi les francs-tireurs, un seul aurait été tué, un jeune homme de Rambervillers, frappé d'un éclat d'obus à la tête.

La compagnie de Lamarche compte parmi ses officiers une Colmarienne, Mlle Antoinette Lix, receveuse des postes à Lamarche. Mlle Antoinette Lix s'est déjà battue en Pologne contre les Russes, en 1863[1].

------

1. *App.* 15.

Dimanche, 2 octobre[1].

3 h. 30. — Le train n'arrive pas. Les Prussiens sont à Mulhouse, au nombre de 10,000 hommes d'infanterie, 1,000 chevaux et du canon.

Reçu le n° 2 du *Républicain de l'Est*, organe de la démocratie radicale publié à Strasbourg pendant le siège. Il porte la date du 26 septembre. Rédacteur en chef : Léon Roger.

Lundi, 3.

De garde à la mairie.

Toujours beaucoup d'ouvriers attroupés, le travail se fait rare et l'estomac n'en réclame pas moins ses droits.

Une dépêche annonce, entre autres nouvelles, l'arrivée à Toul de trois cercueils en plomb, recouverts d'un drap d'or et venant des environs de Paris, lesquels cercueils auraient été reçus par les 3,000 Mecklembourgeois formant la garnison de Toul. Quels peuvent bien être les personnages couchés dans ces cercueils ? C'est ce que chacun se demande avec une ardente curiosité, mais le manque absolu de détails ne permet que des conjectures.

Mardi, 4.

3 h. — Grande foule aux abords de la Préfecture : un monsieur venu de Nancy aurait apporté la nouvelle d'une immense victoire que nous aurions remportée sous Paris. Bismarck tué, le prince de Nassau disparu, 80,000 hommes hors de combat, 30,000 prisonniers, 12,000 Bavarois entrés dans Paris (?) la crosse en l'air, etc. Le monsieur aurait fait sa déclaration à la police, en

en affirmant sur l'honneur la parfaite exactitude et en ajoutant même qu'à l'arrivée de cette nouvelle, Nancy aurait arboré le drapeau tricolore. Qu'y a-t-il de fondé dans tout cela? Il m'est impossible d'obtenir le moindre renseignement sur le personnage même. Quant au public, il témoigne une certaine incrédulité, mêlée toutefois d'espérance. Depuis les fausses joies des communications Palikao, il craint les déceptions, tout en faisant des vœux pour que le récit du Nancéen soit vrai. Détail particulier : beaucoup de personnes, et jusqu'à de simples ouvriers, possèdent copie du bulletin de notre prétendue victoire[1].

5 h. — Le préfet déclare être absolument sans nouvelles de Paris et conséquemment ne rien savoir d'une victoire de Trochu.

— Des troubles ont eu lieu à Mulhouse avant-hier ; la foule s'est portée sur la mairie, hurlant, menaçant, lançant des projectiles. Des coups de revolver même ont été tirés. La garde nationale et les pompiers ont rétabli l'ordre,

---

1. Qu'on ne rie pas trop de cette crédulité, de cette soif de bonnes nouvelles ; la Prusse, je l'ai trouvé depuis, a ressenti les mêmes émotions, les mêmes fluctuations dans l'année d'Auerstædt et d'Iéna. « C'était, dit un « de leurs écrivains, un perpétuel courant de bonnes, mais le plus sou- « vent fausses nouvelles, propagées avec une imprévoyante allégresse. « Chez maint esprit d'ordinaire guidé par la saine logique, le jugement cé- « dait au désir et acceptait pour vérité ce que la froide raison eût dû lui « faire ranger parmi l'impossible. C'est ainsi qu'on disait souvent les Fran- « çais rejetés jusqu'à l'Oder, ils avaient déjà reperdu Stettin et Custrin, « l'empereur Napoléon était prisonnier, des centaines de mille hommes « avaient débarqué à Stralsund, la bande de M. Schill..., devenue armée, « avait coupé toutes les communications de l'ennemi. Les mauvaises nou- « velles ne trouvaient que des incrédules ; on sait les explosions de haine, « libelles, caricatures, voies de fait même, dont le rédacteur du *Télégraphe* « se voyait l'objet, lorsqu'il annonçait les progrès des Français, etc. » (*La Situation et la Conduite de la ville de Berlin pendant la dernière guerre,* dans les *Neue Feuerbrände ;* Amsterdam et Cologne, 1808.)

mais les vivres réquisitionnés pour les Prussiens ont été pillés. Une proclamation de la municipalité menace les perturbateurs de toute la rigueur des lois sur l'état de siège.

L'*Industriel* ne dit rien de précis sur les motifs de l'échauffourée, mais il semblerait que le ferment des grèves d'il y a 3 mois subsiste encore : « Nous avons été, fait-il, cruellement étonnés de l'attitude de la population pendant la journée. Il y a des curiosités qui ne sont pas permises. »

Mercredi, 5 octobre.

Le conseil de discipline de la garde nationale se réunit après-demain pour statuer sur un certain nombre d'infractions aux règlements. Beaucoup de gardes, en effet, refusent de faire leur service ou s'absentent du poste sans avis ni permission.

5 h. — Il y a deux heures, en descendant le boulevard de l'Ouest, je me trouve en présence de deux uhlans qui débouchaient de la rue des Blés. Pendant que je les regarde avec surprise, car l'ennemi n'était nullement signalé, j'en vois arriver deux autres se dirigeant du boulevard du Sud vers la porte de Rouffach. — Leur tenue ressemble fort à celle de nos lanciers, même czapska, lance (plus longue) à flamme noire et blanche, tunique bleu foncé, baudrier blanc.

D'autres uhlans, au même instant, pénétraient dans la ville par les autres entrées et se réunissaient, au nombre de 25 à 30, devant l'hôtel de ville. « Où sont, demandent-ils au maire, les 75 francs-tireurs qui étaient ici dimanche et n'ont pu partir par le train ? — Ils ne sont plus à Colmar, répond M. de Peyerimhoff. — Prenez garde à vos paroles, Monsieur, nous vous rendons responsable de tout en votre qualité de maire. — Cette responsabilité, je l'accepte, réplique le magistrat. » Là-dessus nos uhlans piquent des deux et s'éloignent. Du haut de la tour où je m'étais rendu, j'en ai vu près de 100, postés, dissimulés un peu en deçà du premier pont sur la route de Sainte-Croix. Une cinquantaine de curieux les regardaient. Vers 4 heures, ils sont remontés en selle, en reprenant la direction de ce village. Ils étaient accompagnés, dit-on, de 2 pièces de canon. Ce n'est pas par la route, mais à travers champs qu'ils seraient arrivés (de Niederhergheim ?) à Colmar. Ils étaient à Bollwiller le matin.

Quelques-uns de ceux qui ont traversé la ville étaient haletants de soif ; ils se sont fait donner à boire par MM. Jeannin, rue des Serruriers, Vogt, rue des Clefs, et Held-Balzinger, Grand'Rue. Ils ont dit à M. Vogt : *Habt keine Furcht, Ihr seid jetzt Preussen und wir kommen als Freunde.* (N'ayez pas peur, vous êtes maintenant Prussiens et nous venons en amis.)

— L'*Industriel* d'hier relate une dépêche prussienne d'après laquelle un service divin aurait été célébré par l'ennemi à Saint-Thomas de Strasbourg.

— Il existe à Colmar, comme d'ailleurs dans toute l'Alsace, un certain nombre de personnes qui racontent avec une satisfaction mal dissimulée les succès des Prussiens. A les entendre, la chute de la théocratie romaine jusqu'à ce jour soutenue par la France, amènerait l'avènement des libertés religieuse et politique et en assurerait le développement régulier sous la protection de l'empire d'Allemagne. Pauvres gens, politiques à courte vue, qui ne voient pas que le système piétiste, personnifié en Knack [1], nous promet une tyrannie bien plus intolérable que celle du clergé catholique ; qui ne savent pas, qui ne se rappellent pas que l'empire d'Allemagne n'a jamais été que celui de la force brutale et que la réforme n'a pas pu ne pas lui coûter son existence unitaire. La parole libre de Luther a fait éclater le vieux césarisme germain ; la décroissance continue de la liberté en Europe a seule pu le ramener sur la scène politique. Gardez-vous de chimères, grands enfants, rien n'est changé pour vous, la verge seule est neuve, elle n'en frappera que plus dur.

— Pendant l'incursion des uhlans, nos gendarmes se sont réfugiés dans la maison Eberlin, place de la Halle-aux-Blés. Ils ont envoyé de là demander des vêtements civils pour se déguiser. Le brusque départ des cavaliers ennemis leur a épargné cette peine.

— On raconte que le coup d'État projeté pour le 5 septembre avait ses ramifications dans le Haut-Rhin et que parmi les victimes désignées figuraient en première ligne MM. Herzog et Hartmann. *Meine Wenigkeit* n'eût pas non plus été oubliée. Serait-ce la liste de proscription ou les mandats d'arrêt qu'aurait brûlés M. Salles dans la nuit du 7 au 8 août [2] ?

---

1. Pasteur ultra-orthodoxe de Berlin, qui tenait pour vérité absolue tous les récits de la Bible et se mettait en colère quand on niait devant lui que Josué eût arrêté le soleil.

2. Les *Pièces saisies aux archives de la police politique de Lyon*, publiées par ordre du conseil municipal en 1870-1871, contiennent des « listes de « personnes à arrêter en cas d'événements politiques ». La première, y est-il dit, a été fort endommagée par le feu, quelques noms ont entièrement disparu. Page 49, on lit : « Voici, d'après les papiers saisis dans le

Jeudi, 6 octobre.

Mulhouse serait en ce moment occupé par plus de 12,000 Prussiens. L'ennemi procéderait au remplacement des fonctionnaires civils français par des Allemands. Demain ou après-demain ce serait le tour de Colmar.

— Un fabricant de Mulhouse, M. Engel-Dollfus, si je ne me trompe, a reçu ces jours derniers tout un paquet de lettres tardivement arrivées, et parmi ces dernières, une missive datée de Francfort, lui transmettant une

---

bureau particulier de M. de Laire, les mesures à prendre en cas d'arrestations :

« Convoquer tous les commissaires de police à mon cabinet par lettres « dans l'armoire ; mettre un plantou à la porte.

« Les faire accompagner par un capitaine, ou un adjudant, ou un briga-« dier de sergents de ville. »

« Voici une des lettres *dans l'armoire ;* elle était reproduite vingt fois *à la main* et n'attendait que la signature et la date :

CABINET DU SÉNATEUR, PRÉFET DU RHÔNE.

« Monsieur le Commissaire de police,

« J'ai l'honneur de vous prier de vouloir bien vous rendre immédiatement « dans mon cabinet pour une affaire qui ne souffre aucun retard.

« Agréez, etc. »

« A la réception de la dépêche de Paris, il restait donc à plier et mettre l'adresse sur 20 lettres, les expédier. On attendait l'arrivée des commissaires de police, l'on signait les mandats d'arrêt ; à leur arrivée, on les leur remettait et, quelques heures après, 150 citoyens lyonnais se demandaient, au fond d'un cachot, quel crime ils avaient pu commettre pour être ainsi arrachés à leurs femmes et à leurs enfants. »

D'après M. Schnéegans, des papiers auraient également été brûlés à la préfecture de Strasbourg, dans la nuit du 12 au 13 septembre. « Quand M. Valentin, préfet républicain, prit possession de l'hôtel de la Préfecture, il chercha en vain les traces de certains dossiers.... Tout avait été brûlé. Parmi ces papiers se trouvait, dit-on, tout ce qui avait trait au coup d'État qui devait éclater sur la France en cas de succès de Mac-Mahon ; une liste de quelques centaines de citoyens du Bas-Rhin, désignés pour être déportés à Cayenne, disparut ce jour-là ; on sut plus tard qu'elle avait été dressée, mais on ne put que soupçonner les noms qui y avaient figuré. »

commande à livrer seulement le 8 octobre, « époque à laquelle la Haute-Alsace ferait partie du Zollverein et conséquemment ne paierait plus de droits de douane ».

— Les élections constituantes fixées au 16 octobre semblent complètement oubliées ; personne ne s'en occupe, du moins ostensiblement.

— Toutes les troupes cantonnées dans les villes et les villages du Bas-Rhin, entre Colmar et Strasbourg, se sont repliées sur cette dernière ville. L'ennemi se propose de pénétrer dans les Vosges aux deux extrémités de l'Alsace, pour les nettoyer, dit-il.

— Le corps d'armée dirigé sur le Haut-Rhin se compose de landwehr mecklembourgeoise, holsteinoise et sleswigoise.

Vendredi, 7 octobre.

Quatre uhlans se sont présentés chez le notaire B...., d'Oberhergheim, en lui demandant s'il n'avait point d'armes cachées dans sa maison. « Non, leur répond l'officier ministériel, je n'ai point d'armes chez moi, si ce n'est mon fusil de chasse. » Là-dessus les uhlans s'en vont, mais reviennent bientôt au nombre de 16 et commencent une perquisition. Du grenier à la cave, pièces d'habitation, remises, et jusqu'aux moindres armoires, tout a été fouillé, mais ils n'ont trouvé qu'une cartouche. Ils n'en demandaient pas davantage et B..... a été emmené prisonnier. C'est à une dénonciation qu'il doit cette aventure.

Pendant qu'il se trouvait au milieu des Prussiens, derrière sa maison, arrive tout poudreux un uhlan, qui crie aux autres : *Vorwärts, 's geht schlecht für uns* (En avant ! ça va mal pour nous).

Depuis le matin, en effet, l'on entendait de la canonnade vers Belfort. Une personne venant de Mulhouse affirme qu'au moment de son départ, il était question d'une bataille alors engagée aux environs d'Altkirch.

Une canonnade a également eu lieu entre Heiteren et Obersaasheim, les mobiles ont ramené à Brisach deux prisonniers, plus, ajoutent les informations, plusieurs voitures chargées de vivres. Ils n'ont perdu qu'un des leurs.

2 h. et demie. — Vu le préfet au Champ-de-Mars. Lui ai demandé une feuille de route pour aller m'engager à Tours. Il m'a conseillé d'attendre encore et de rester ici, où je pourrai, selon lui, me rendre plus utile. — M. Grosjean est très affecté de nos désastres. « Je croyais encore, dit-il, à la force militaire. — Et pourtant, répondis-je, c'était la première qui dût ressentir les effets de la démoralisation politique ; il est vrai que cette action dissolvante n'avait rien de bien apparent pour nous. »

Les Prussiens sont aux environs de Brisach, il se peut qu'ils poussent une pointe sur Colmar. « Peut-être n'en ai-je plus que pour une heure, ajoute M. Grosjean. »

— On se bat en ce moment à Saint-Dié.

— D'après le préfet, nous aurons prochainement autant de fusils, autant de canons se chargeant par la culasse, un armement enfin aussi nombreux et non moins parfait que celui de l'armée prussienne. Des hommes, nous en aurons davantage ; Paris nous fait gagner le temps nécessaire pour l'achèvement des préparatifs.

11 h. soir. — Depuis 9 heures, on entend de très fréquentes détonations du côté de Brisach. Peu à peu la canonnade s'est activée jusqu'à une moyenne de 15 à 20 coups par minute.

Nombre de personnes sont montées à la tour, dont la vis est littéralement obstruée. D'autres attendent qu'elles puissent monter aussi. Je les suis. Parvenus à une certaine altitude, nous voyons une forte flamme à l'horizon; les uns disent que c'est Wolfgantzen, d'autres la forêt qui brûle. Peut-être sont-ce les deux.

La flamme se développe; en moins d'une demi-heure, elle a triplé d'étendue.

On raconte que cette après-midi, un parlementaire prussien aurait été introduit, les yeux bandés, dans la place, qui naturellement a refusé de se rendre. Alors seulement on aurait crié sauve qui peut à toutes les personnes que leur âge ou leur sexe dispense de la défense. Alors seulement aussi on aurait songé que 6 villages autour de Brisach doivent être incendiés et que les habitants n'ont pas été prévenus.

Le feu aurait été ouvert contre la place immédiatement après le retour du parlementaire au camp ennemi.

Samedi, 8 octobre.

2 h. — C'est Brisach même qui a brûlé hier soir, un grand nombre de personnes de cette place sont venues se réfugier à Colmar. Elles auraient eu jusqu'à 1 heure pour sortir de la ville, passé laquelle heure le bombardement reprendrait.

— Place d'Armes : réquisition d'un grand nombre de voitures pour aller chercher du tabac à Schlestadt. On veut sauver cette ressource financière. Le bombardement paraît donc imminent.

11 h. — Un détachement de 50 uhlans et deux compagnies de landwehr prussienne sont arrivés ce soir et se

sont logés au quartier de cavalerie. Ils requièrent les fournitures suivantes :

<pre>
1,800 kilogr. de viande,
1,800   —   de pain blanc,
  625   —   de riz,
  156   —   de café torréfié,
  125   —   de sel,
   80   —   de lard,
</pre>

plus, quantité de paille, de foin et de sacs d'avoine.

Ces différentes fournitures sont à renouveler trois jours de suite.

Des groupes stationnent devant la mairie (c'est la première fois qu'on voit des troupes en shako). « Qu'y a-t-il ? demandé-je. — *Was do ésch?* répond Jean Kress, vigneron, *Maria Empfängnéss ésch*[1].

— L'entrée de la tour est fermée à clef, par ordre sans doute.

Dimanche, 9 octobre.

L'ennemi est reparti avec son butin. Il a annoncé son retour pour mardi.

Lundi, 10.

Pas de nouvelles de Raon, où l'on se bat depuis plusieurs jours.

Deux compagnies de landwehr accompagnées de uhlans, reviennent formuler de nouvelles réquisitions. Hier ils ont fait une rafle de flanelles, molletons, etc. La rue des Clefs est encombrée de voitures escortées de soldats.

---

1. Jeu de mots intraduisible sur *Empfängniss,* qui veut dire à la fois conception et réception.

Depuis hier, la pluie, le vent, le froid se sont mis de la partie. Pour peu que cela dure, nous aurons la victoire facile, mais quelle misère d'en être là !

Espérerait-on trouver aussi quelque secours dans la crédulité populaire ? Voici qu'on vend dans les rues, pour le compte de qui, je l'ignore, la « Prophétie de Blois, sœur Maxime à sœur Providence des Ursulines », petit radotage en versets de forme biblique, sorti des presses de M. Hoffmann, imprimeur de la Préfecture. Cette « prophétie » a néanmoins ceci de bon, qu'elle ranime chez beaucoup l'espérance nationale et ses conclusions s'accordent avec notre ardent désir de rester Français, et bons Français. En voici le texte, il est publié dans les deux langues [1] :

Il circule dans le pays blaisois une prophétie qui a trait aux événements de l'année 1870. Elle a été faite en 1808 par une sœur ursuline. On sait à Blois que la prophétie relative à 1848 s'est en partie réalisée ; c'est ce qui donne un certain crédit aux prophéties relatives à l'époque actuelle. Sans attacher une importance trop grande à de semblables documents, il faut avouer que celui-ci contient des coïncidences vraiment saisissantes et justifie la

---

1. J'ai trouvé plus tard la même élucubration circulant à Lyon, mais augmentée des pièces suivantes : 1° *Vision d'une vénérable religieuse de* 1793 ; 2° *Lettre de Bordeaux* datée du 29 septembre, extraite du journal *la Guienne* et prouvant l'authenticité de la prophétie de la sœur Maxime, de Blois ; 3° Prédictions de saint Césaire, évêque d'Arles, recueillies par Jean de Vatiguerro ; 4° Prédiction d'un religieux bénédictin de Naples ; 5° Nostradamus, ses prophéties et centuries ; prophétie pour 1870 ; enfin 6° Centurie pour notre époque, en vers, traduite d'après les événements et dans le style du xixe siècle. Dans cette dernière, il est dit : « Les deux souverains « illégitimes seront remplacés par l'aîné des rois de France, et alors com-« mencera le règne du prince à la barbe blonde et au nez de milan (ou « bourbonnien). La capitale sera dans une grande désolation.... Le peuple « y périra par le fer, l'incendie, la peste et les coups de canon.... Le roi « de France entrera victorieux dans Rome.... » Le tout signé comme sorti des presses de M. Offray fils, place Saint-Didier, 11, à Avignon.

popularité locale dont il jouit déjà. Nos lecteurs, au reste, vont pouvoir en juger. La prophétie est faite en versets, comme celles de la Bible.

PROPHÉTIE DE BLOIS

Sœur Maxime à Sœur Providence des Ursulines. — 1848.

(1848.)

7. Ils recommenceront donc au mois de février ; vous serez sur le point de faire une cérémonie de vœux, et vous ne la ferez pas.

8. Ensuite, après la moisson, un prêtre de Blois partira pour Paris ; il y restera trois jours et reviendra, ayant soin qu'il ne lui arrive rien. Un autre, qui ne sera pas de Blois, partira ensuite. Il n'ira pas jusque-là, parce qu'il ne pourra pas entrer. Il reviendra donc le même jour.

Nota. — Il est reconnu à Blois qu'en juin 1848, cette partie de la prophétie a été accomplie à la lettre.

(1870.)

9. Si ce trouble devait être le dernier, on se cacherait dans les blés et les femmes feraient la moisson, car tous les hommes partiront ; ils n'iront que petit à petit, et ils reviendront.

10. Les séminaristes auraient pu partir, mais il ne leur arrivera rien, car ils seront sortis quand les malheurs arriveront, ils ne rentreront pas même au temps fixé, pourtant ils auraient pu rentrer (elle répète cela plusieurs fois), comme la sortie des séminaristes est dans la première quinzaine de juillet, les grands malheurs commenceront donc après cette époque.

11. La mort d'un grand personnage sera cachée pendant trois jours.

12. Les grands malheurs auront lieu avant les vendanges. Il y

aura des signes auxquels vous vous y reconnaîtrez. Ces signes regardent la communauté. Un d'eux est l'élection d'une supérieure qui, devant avoir lieu, ne se fera pas.

12. Alors on descendra un matin sur le champ de foire et on verra les marchands se dépêcher d'emballer. — Et pourquoi, leur dira-t-on, emballez-vous si vite? — Nous voulons, répondront-ils, aller voir ce qui se passe chez nous.

(*Nota.* — Cette foire se tenant à Blois entre la sortie et la rentrée des séminaristes, puisque les grands malheurs doivent avoir lieu avant les vendanges, ne peut être que la foire du 25 août, les troubles auront donc commencé ce jour-là.)

14. Que ces troubles sont effrayants!

15. Pourtant ils ne s'étendront pas dans toute la France, mais seulement dans quelques grandes villes et surtout dans la capitale, où il y aura un combat terrible, et le massacre sera grand.

16. Blois n'aura rien. Les prêtres, les religieux auront grand'peur. L'évêque s'absentera dans un château : quelques prêtres se cacheront; les églises seront fermées, mais si peu de temps qu'à peine si l'on s'en apercevra : ce sera au plus l'espace de vingt-quatre heures.

17. Vous serez vous-mêmes sur le point de partir, mais la première qui mettra le pied sur le seuil de la porte vous dira : Rentrons, et vous rentrerez.

18. Avant ce temps on viendra dans les églises et l'on fera dire des messes pour les hommes qui seront au combat.

19. Quant aux prêtres et aux religieuses de Blois, ils en seront quittes pour la peur.

20. Mais il faut bien prier, car les méchants voudront tout détruire; mais ils n'en auront pas le temps.

21. Ils périront tous dans le combat.

22. Il en périra aussi beaucoup de bons, car on fera partir tous les hommes, il ne restera que les vieillards. (La sœur semblait avoir prédit la dernière circulaire de Gambetta.)

23. Les derniers cependant n'iront pas loin, leur absence ne sera tout au plus que de trois jours de marche.

24. Ce temps sera court, ce sera pourtant les femmes qui pré-

pareront les vendanges et les hommes viendront les faire, parce que tout sera fini.

25. Pendant ce temps, on ne saura les nouvelles au vrai que par quelques lettres particulières.

26. A la fin, trois courriers viendront, le premier annoncera que tout est perdu. Le second, qui arrivera pendant la nuit, ne rencontrera dans son chemin qu'un seul homme appuyé sur sa porte. — Vous avez grand chaud, mon ami, lui dira celui-là, descendez prendre un verre de vin. — Je suis trop pressé, répondra le courrier. Il lui annoncera qu'un autre doit bientôt venir annoncer une bonne nouvelle, puis il continuera sa route vers le Berry.

27. Vous serez en oraison (vers six heures du matin), quand vous entendrez dire que deux courriers sont passés ; alors il en arrivera un troisième, feu et eau, qui devra être à Tours à sept heures et qui apportera la bonne nouvelle.

(*Nota*. — Le courrier feu et eau n'est autre chose que le chemin de fer.)

28. Puis on chantera un *Te Deum*, oh! mais un *Te Deum* comme on n'en a jamais chanté.

(L'Est.)

(VENTE AU PROFIT DES PAUVRES [1].)

— Hier, le *Courrier du Bas-Rhin* a de nouveau fait son apparition. Le texte français occupe maintenant la droite du journal et l'allemand la gauche. Ce détail nous froisse vivement. Du reste, nul article de discussion politique ; rien que les pièces locales officielles et des extraits d'autres journaux. Aux dépêches, celles de Berlin sont à la première place. Bœrsch a quitté la rédaction.

De nouveaux timbres-poste sont mis en circulation par

---

1. La *dormeuse* de Dornach, obligée depuis de s'éloigner, prédisait également la victoire finale de la France, mais après de grands carnages. « Je vois, disait-elle, des fleuves de sang. »

l'administration prussienne. L'effigie de Napoléon y est remplacée par un chiffre, 1, 2, 5, 10, selon que c'est un timbre de 1, 2, 5 ou 10 centimes.

— Nouvelle réquisition, de draps cette fois. Il en a été enlevé une pleine voiturée de la seule maison Chevalier.

C'est au nombre de 6,000 que les Prussiens sont arrivés aujourd'hui. La plus grande partie de ce corps a pris par la route de Schlestadt sans entrer en ville.

Samedi, 15 octobre.

Depuis trois jours, les Prussiens nous mettent en coupe réglée. Réquisitions chaque matin : tant de sacs de blé, tant de farine, tant de voiturées de miches de pain, etc. C'est un pillage décent, correctement organisé. La bourgeoisie regarde et soupire, mais dans la classe populaire se perçoivent des grondements : les artisans, les pauvres, les femmes, surtout les vieilles, ne voient pas sans imprécations partir ces belles provisions dont l'absence fera fatalement renchérir le prix des subsistances. Quelques-unes, hier soir, se sont jetées sur les derniers chariots du convoi de vivres et ont enlevé, malgré les soldats, un certain nombre de miches de pain.

Sa Majesté Frédéric-Guillaume de Prusse a daigné nous gratifier hier d'un employé ou fonctionnaire civil devant administrer sa bonne province de Haute-Alsace. Le susdit civil a expliqué très civilement à MM. du conseil qu'ils devaient être civils envers lui et les soldats prussiens, que leur civilité déterminerait la mesure de la sienne, et, pour comble de civilité, a fait afficher un placard en langue allemande, portant peine de mort (effective, non civile) en nombre de cas dont le détail suivait : « *Wir sind die stärkeren,* a-t-il ajouté, *und wahrscheinlich werden wir die stärkeren bleiben* (nous sommes les plus forts et probable, ment le resterons). »

Ces paroles sont malheureusement trop vraisemblables, du moins quant à présent : Cambriels a été battu, l'ennemi a forcé les Vosges, partie de la garnison de Belfort se re- plierait sur Besançon, etc. Dans l'intérieur, les Prussiens occupent Orléans. Quelques pas encore, et ils fouleront une terre vierge de toute invasion depuis Jeanne d'Arc, le cœur du cœur de la France. Quand sera-t-elle pleine, la coupe de douleur et d'humiliation ?

— M. Grosjean a fait afficher au commencement de la semaine une éloquente proclamation, ainsi conçue :

Aux habitants du Haut-Rhin.

Chers Concitoyens,

L'ennemi, maître de Mulhouse, traverse journellement Colmar. A cette heure même il campe à nos portes en forces considérables. Sans moyens de résistance, je puis être contraint de me retirer, d'un instant à l'autre, devant le flot de l'invasion.

Mais je ne veux pas le faire sans protester énergiquement, comme représentant du Gouvernement français et au nom des principes supérieurs, contre l'incorporation violente de l'Alsace à l'Allemagne, incorporation que la Prusse a déclaré vouloir accomplir.

N'ignorant pas la répulsion profonde que cette déclaration a soulevée parmi nous, la Prusse n'a pas hésité à invoquer ce pré- tendu droit de conquête qui est l'abus le plus odieux de la force momentanément victorieuse. L'Alsace est donc la victime d'un attentat favorisé par la trahison et l'incapacité du régime impérial.

Le Gouvernement de la Défense nationale a repoussé, comme il le devait, les prétentions déshonorantes de la Prusse; l'Alsace, bien qu'envahie, reste terre française.

Je continuerai dès lors, autant qu'il dépendra de moi, à exercer les fonctions qui m'ont été conférées. Je m'efforcerai de rester en communication, d'une part avec le Gouvernement, et de l'autre, avec toutes les localités du Haut-Rhin qui ne sont pas occupées par l'ennemi.

La grande âme de la France ne cessera de faire vibrer notre pays, si profondément français, que lorsqu'il sera entièrement subjugué par la force.

Mais fût-elle même, par une violence sans nom, réunie de fait à l'Allemagne, l'Alsace n'en restera pas moins irrévocablement attachée à la France par les liens que la Révolution de 1789 a rendus indissolubles. Elle attendra alors, silencieuse mais résolue, un de ces moments que le souffle puissant de la démocratie suscitera infailliblement, pour faire un retour glorieux vers la mère-patrie régénérée par les institutions républicaines.

Tel est, chers concitoyens, l'espoir qui nous anime tous, à l'heure même où une administration étrangère entend s'arroger le droit de nous soumettre à sa domination et de porter violemment atteinte à notre indépendance, à notre nationalité, aux sentiments, en un mot, qui constituent la dignité humaine.

Sachons donc, quoi qu'il advienne, garder tous pieusement au fond de nos cœurs, comme un dépôt sacré, le culte de la France, et ne doutons jamais que notre grande nation, rendue à elle-même, saura se relever bientôt d'une défaillance passagère.

Colmar, le 10 octobre 1870.

Le Préfet du Haut-Rhin,

J. GROSJEAN.

Furieux, les Prussiens l'ont cherché avant-hier par toute la préfecture pour l'envoyer en prison ; peines perdues, heureusement: De colère ils s'en sont pris à l'imprimeur (Hoffmann), qui s'est vu bien près d'aller à Rastatt.

De ce jour, défense est faite aux imprimeurs de composer ni d'imprimer aucun écrit politique. Défense aussi aux employés de la préfecture de se livrer à tous autres travaux que de pure administration départementale.

— Un gendarme ou agent militaire français, en vêtements civils, distribue de maison en maison, aux jeunes gens de la classe 1870 encore présents, l'ordre de se rendre immédiatement à Belfort pour y être enrôlés.

— Nouvel ajournement des élections. Le décret de la Délégation de Tours avait été pris sans l'aveu du Gouvernement de la Défense nationale.

On ne saurait disconvenir que l'agitation électorale serait très funeste en un moment où l'union de tous les citoyens n'est pas faite contre l'ennemi. Les dissensions religieuses fomentées depuis deux ans nous valent déjà en Alsace un commencement de parti sinon prussien, du moins désaffectionné de la France ; des élections conduites par le clergé ne manqueraient pas de lui donner la résolution et la franchise d'allures qu'il n'a pas encore eu lieu de montrer.

L'immixtion du clergé dans les affaires politiques est toujours un malheur ; les intérêts nationaux et communaux sont nécessairement subordonnés par lui aux intérêts catholiques. Et lui-même y perd, car quel coup plus terrible pour le catholicisme que l'abaissement de la France ? On a bien tort de ne pas étudier l'histoire aux archives mêmes. Dans les nôtres, on peut voir que c'est une réaction religieuse qui a donné l'Alsace à la France. La simple force politique est, ici, insuffisante. Seul, un grand courant religieux ou anti-religieux peut déterminer de tels déplacements et les faire durer. C'est à la sagesse des gouvernants qu'il appartient de les prévenir. Mais quoi ! aveugles, conducteurs d'aveugles.

Mardi, 18 octobre.

C'est aujourd'hui, jour anniversaire de la bataille de Leipzig, que les Allemands se promettaient de faire leur entrée triomphale à Paris. Personne ici ne peut encore savoir ce qui s'est passé autour de la capitale depuis le 13, date des dernières nouvelles ; mais les heureuses dépêches Gambetta et Kératry rendent fort peu vraisemblable un succès décisif de l'armée prussienne. Il semble que le vent ait tourné, que la fortune nous redevienne amie, chacun reprend confiance ; les Prussiens, au contraire, se découragent visiblement, ceux de la landwehr surtout. L'Alsace leur apparaissait de loin comme une terre allemande opprimée par la France ; on leur avait montré la guerre comme une simple promenade militaire, ils pensaient être reçus partout en frères, les cœurs joyeux et les bras ouverts. Au lieu de tout cela, que trouvaient-ils ? Des populations ennemies, fanatiquement françaises, de la résistance en beaucoup d'endroits, de la malveillance partout. « *Das gefällt uns nicht, wäre nur der Krieg einmal aus* [1], telle est l'exclamation de ces pauvres diables qui soupirent après leurs femmes et leurs enfants, qu'ils redoutent de ne revoir plus jamais. Quoiqu'ils nous fassent bien du mal et ruinent le pays, on ne peut se défendre d'une certaine commisération pour ces malheureux, victimes comme nous d'une politique sans entrailles et d'ambitions féroces. Eux aussi ne demandaient qu'à vivre en paix... La paix, puisse au moins la République nous la rendre bientôt, et surtout nous la conserver ! Mais la

---

[1]. Voilà qui ne nous plaît pas, puisse la guerre finir bientôt !

guerre étant même finie, le calice, hélas ! est loin d'être
vidé.

— Depuis hier soir, les Prussiens font en ville et hors
ville des rondes continuelles. Un poste nombreux s'est
installé route de Rouffach, dans une maison neuve et non
achevée, située à l'angle du boulevard Saint-Pierre ; un
autre s'est établi au Saint-Pierre (*Ehrlenweg*) et occupe les
jardins Kies, Dreyfus-Werth et Emery. De fortes patrouilles et des éclaireurs à cheval s'avancent assez loin
dans la campagne. Très probablement ils craignent une
attaque, car deux vigies sont en permanence sur la cathédrale et dans les différents clochers de la ville. Samedi
soir, le bruit courait que 800 francs-tireurs venaient
d'arriver au Tichelé, mais rien, dans la soirée ni depuis,
n'est venu confirmer cette nouvelle, dont les Prussiens
peuvent avoir eu connaissance tardivement, ce qui expliquerait leurs précautions multipliées.

Les autres routes sont également gardées par des détachements d'infanterie. Il est à remarquer que ce n'est pas
à des *Landwehrmänner*, mais à des soldats de l'armée active
que cette surveillance est confiée.

Ce matin les Prussiens se sont dirigés sur la vallée de
Munster, emmenant 6 ou 8 pièces d'artillerie. J'en ai vu
revenir une partie cette après-midi avec 3 canons et plusieurs caisses de fusils à piston. Où allaient-ils ? je l'ignore.
Ils ont pris par la rue de Strasbourg, d'où ils auraient
gagné la route de Sainte-Croix.

Ils ont été vendredi à Guebwiller et à Soultz, où les
francs-tireurs leur ont tué 50 hommes et un capitaine. Les
communes environnantes, Lutterbach, Pfastatt, etc., ont
sonné le tocsin, en sorte que foule de gardes nationaux

sont accourus, prêts à livrer bataille. Devant cette démonstration, les Prussiens se sont retirés. Il est venu ici, le lendemain, au quartier de cavalerie, plusieurs chariots de leurs morts et de leurs blessés.

A Colmar, les réquisitions se succèdent, et de toute nature. N'ont-ils pas demandé jusqu'à des boîtes à compas! On se demande si, sous l'uniforme des officiers de landwehr, ne se trouve pas maint négociant, cherchant à alimenter, sans bourse délier, son commerce d'outre-Rhin. De toute façon, notre pauvre ville ressentira de longues années les plaies financières que lui aura faites l'invasion. Elle n'en a jusqu'à présent pour guère moins de 300,000 fr.[1]

— Les Prussiens ont défendu de sonner les cloches. Ils interdisent également les publications à son de caisse. *Kein Signal geben,* disent-ils. Même prohibition pour la trompette. Mais le sifflet est permis. *Gratias!*

— Ce n'est point à l'Allemagne qu'on peut reprocher qu'elle sait vaincre, mais non profiter de la victoire. Nous sommes inondés de tabac allemand, de cigares allemands, de pipes allemandes. A Strasbourg, une nuée d'industriels germains s'est abattue sur la ville ; riante perspective pour le commerce alsacien.

— On parle d'une nouvelle sortie qu'aurait faite hier soir la garnison de Brisach, mais on n'en connaît pas le résultat. Ce serait la troisième. Les deux premières auraient donné ensemble 800 prisonniers. Le bombardement n'a pas repris depuis le 8 octobre. Il est notoire que les assiégeants manquent de munitions.

---

1. La plupart de ces réquisitions ont été, si je ne me trompe, remboursées après la guerre.

— Raconté par Caloin, chef de musique des pompiers de Bergheim : Le général qui loge aux Deux-Clefs aurait dit avant-hier à son état-major : *Schlechte Nouvellen, meine Herren* (mauvaises nouvelles, messieurs). A leur tour, deux de ces officiers, logés à la Ville de Reims, auraient dit à leur hôtesse : « Vous pouvez espérer, madame, très probablement la paix sera signée sous peu. »

Acceptons-en l'augure.

— Dans la matinée d'hier, un fendeur de bois, nommé Blau, ayant trop bu, s'est précipité, un couteau à la main, sur les uhlans de garde à l'entrée de la caserne d'infanterie. Ceux-ci ont tiré leurs sabres et les lui ont passés à travers le corps, après quoi ils sont allés, au nombre de 12, faire leur déclaration à la mairie. — Le cadavre a été transporté à l'hospice. Blau était marié et père de famille, âgé de 40 à 44 ans, et demeurait au *Rindsfleischhœftle*.

Mercredi, 19 octobre.

Ce matin, trois officiers prussiens se sont présentés au bureau de la direction des postes, en demandant à voir le directeur M. Joxé, pour le moment absent. Après l'avoir attendu en vain une demi-heure, ils se sont retirés, fermant les portes et en emportant les clefs. A l'entrée du bureau des commis, ils ont apposé les scellés.

Revenus l'après-midi, ils ont notifié à M. Joxé qu'ils s'emparaient du service départemental à compter de demain jeudi 20 octobre.

— Point de courrier de Belfort ce soir.

— Toujours des postes d'observation dans la banlieue. Deux uhlans se tiennent au carrefour des routes de Wintzenheim et de Wettolsheim (à la croix blanche). Leurs regards ne quittent pas la direction de ces villages.

Il paraît que Munster a été surpris hier matin, littéralement au saut du lit, et encore ! Partie de Colmar à 2 heures, la colonne prussienne apparut à Munster à 5 heures et demie. La plupart des habitants dormaient encore. S'il y avait eu des francs-tireurs, ils eussent été pris au gîte.

— Quelques personnes prétendent que le jeune ministre Gambetta vient d'arriver dans les Vosges. Nulle confirmation n'est produite à l'appui de ce dire.

— La garnison de Brisach a fait, dit-on, hier soir une nouvelle sortie. Elle a ramené de nouveaux prisonniers, mais 40 mobiles seraient restés entre les mains de l'ennemi.

Vendredi, 21.

9 h. soir. — De garde à la mairie. — Ce soir, les Prussiens ont allumé un grand feu dans la cour du quartier de cavalerie. Quelques individus veulent savoir que c'est un feu de joie, que l'armée du roi Guillaume se serait emparée du fort d'Issy.

Samedi, 22.

Rien, dans la physionomie de la garnison, ne semble confirmer le bruit qui a couru hier soir de la prise du fort d'Issy.

— Depuis le commencement de la semaine, une musique prussienne joue sous le kiosque du Champ-de-Mars, entre 11 heures et midi. Mais personne ne vient l'écouter et les rares promeneurs qui se trouvent à ce moment dans les allées s'empressent de rentrer chez eux. Protestation muette, d'autant plus expressive que cette musique, à en juger par de fugitifs bouts de phrase, est excellente.

A la poste, les employés conquérants ne sont pas très à leur aise. Commis et facteurs se sont refusés au service, en sorte que les distributions ne se font plus. Beaucoup de personnes et principalement des femmes, celles-ci par curiosité, vont demander s'il n'y a pas de lettres à leur adresse. Le nouveau personnel montre de l'urbanité. Quant au public, il commente avec vivacité la situation dont il est la véritable victime.

Ces Prussiens ont expédié hier soir par Hennig, camionneur requis par force, un courrier au Sponeck (rive allemande) et un autre à Munster. Ce dernier n'a pas été reçu par la directrice (française) et est revenu à Colmar.

Hier, un nommé J....., revendeur, s'est chargé de distribuer quelques lettres et journaux au lieu et place des facteurs ; j'ai reçu de la sorte la *Volksrepublik* du 18. J'ignore s'il a continué ce service.

— Il y a toujours des postes prussiens et des rondes de cavalerie dans la campagne autour de Colmar. Ainsi les routes d'Ingersheim, de Wintzenheim, de Türkheim, de Wettolsheim et de Herrlisheim, comme celles de Sainte-Croix et de Sundhoffen, sont très attentivement observées. La passerelle du canton Speck (dite Ehrlenbruck) est également gardée par une escouade, campée dans le fossé de la ruelle qui va de la route de Bâle au Schlangengæssle.

Mardi, 25 octobre.

Schlestadt a capitulé. La nouvelle en circulait dès hier soir ; elle a reçu confirmation ce matin. Les conditions sont les mêmes que pour Strasbourg. Dès aujourd'hui la garnison s'est vu transporter en Bade. Beaucoup de mobiles ont néanmoins pu s'échapper au moment de la reddition de la place. Un certain nombre se sont vêtus en bourgeois pour ne pas être pris tout en séjournant. Ceux qui sont partis sont partis à jeûn, furieux, dit-on, de se voir livrer après un bombardement d'à peine douze heures. On assure que les francs-tireurs ont, dans leur indignation, mis le feu à quelques bâtiments, notamment au magasin à fourrage. Les maisons incendiées sont au nombre d'environ 50.

— Les Prussiens ont franchi hier matin; avant le jour, le sommet de la Schlucht. Renseignés comme partout, ils se sont emparés de Guillaume Mohr, gardien du chalet Hartmann, et de l'employé du télégraphe, les ont attachés sur l'emplacement même des mines, où ils les ont maintenus jusqu'après leur entier passage.

A Türkheim, l'arrivée de cavaliers allemands a donné lieu à un incident comique. Une femme qui les avait aperçus la première, s'est enfuie éperdue, criant à tue-tête : *D'Halûne komme, o Iéc, d'Halûne komme.*

— Le directeur des postes qui s'est emparé des bureaux de M. Joxé, se nomme Gustave-Adolphe de Wildé et s'intitule *Ober-Post-Commissarius.*

— Le ciel a été ce soir d'un rouge sanglant; on eût dit un immense incendie. C'est probablement l'effet d'une aurore boréale. Beaucoup de gens attroupés dans les rues regardent ce phénomène comme de funeste augure. « *Der Hémmel ésch bluätig,* disent-ils, *der Kriäy dûûrt noch lang* (le ciel est sanglant, la guerre durera longtemps encore). »

— Réquisition de matelas, de lampes, etc., pour le casernement des Prussiens au quartier. Ces messieurs trouvent le gîte agréable et comptent y rester. Ils prennent pour cela toutes leurs mesures.

— Esquiros a commis une grande faute en s'attaquant aux Jésuites de Marseille. Puisque la République doit réaliser la séparation de l'Église et de l'État, il est au moins superflu de s'occuper d'une association religieuse, qui lui sera dès lors, comme toutes les autres, parfaitement étrangère. La persécution est encore une sanction.

Jeudi, 27 octobre.

9 h. soir. — Hier après-midi, on a vu revenir route de Rouffach, ventre à terre, deux uhlans criant d'une voix furieuse : *Stärkung ! Stärkung ! Freischaaren, Franzosen kommen* (du renfort, du renfort ! des francs-tireurs, des Français viennent)! De 25 hommes, ces deux seuls restaient, les autres étaient tombés près de Hattstatt sous les balles des francs-tireurs.

Vers 5 heures, une forte colonne (d'environ 1,200 fantassins), avec 3 canons et des éclaireurs à cheval, s'est dirigée sur Hattstatt, où se trouvait, prétendaient les bonnes gens, Garibaldi (*d'r Galibardi*) en personne. Les francs-tireurs naturellement s'étaient éclipsés, n'étant que 28.

Un jeune homme nommé Tschupp, employé à la préfecture et qui allait à Vœgtlingshoffen pour voir ses parents, a été tué par deux uhlans. Ses bottes enfermant le pantalon l'avaient fait prendre pour un franc-tireur.

Les Prussiens sont revenus vers 11 heures du soir, et bredouille, c'est le cas de le dire. Les malheureux ont dû se remettre en marche à minuit, dans la direction de

Mulhouse. Leur haine pour les francs-tireurs tourne à la frénésie.

— Il a régné depuis 4 heures du soir hier 26, un vént formidable, tel que de mémoire d'homme on n'en a vu de pareil. Tuiles, cheminées, plâtras roulaient des toitures et tombaient avec fracas dans les rues; le vent sifflait, mugissait; les grands arbres du Champ-de-Mars ployaient comme en détresse. Vers 7 heures, il a été littéralement impossible de marcher dans les rues.

J'ai su aujourd'hui que des toitures entières ont été enlevées. Au Magasin à tabacs, construction neuve, ardoises, chevrons et madriers ont été arrachés sur une longueur de 10 mètres. Un grand séchoir dépendant de la ferme Stœcklin a été renversé, plusieurs gros arbres de la promenade brisés par le milieu du tronc. Les dégâts sont immenses. Telle a été violence de l'ouragan que la flèche de la cathédrale a été violemment ployée (vers l'ouest)[1].

Il serait intéressant de rechercher s'il n'y a pás corrélation entre ce phénomène et celui d'avant-hier.

— Paul R....., conducteur des ponts et chaussées à Colmar, a été hier à Schlestadt, sa ville natale. Il a parcouru les rues et les remparts. Quelque 60 maisons brûlées; sur tout le pourtour de l'enceinte pas un canon de marine, pas une pièce rayée; rien que des antiquailles, les vieux canons d'autrefois, et tous démontés. Des ballots de tabac servaient de blindage.

La mobile s'est diversement comportée. Le contingent de Châtenois et des communes du rayon de Schlestadt s'est assez dignement conduit, mais d'autres se seraient

____

1. Elle a été redressée quelques années après.

montrés indisciplinés et mutins. Quelques-uns, encore inconnus, ont mis le feu à la petite poudrière.

La population s'irrite d'avoir vu accumuler tant de ruines pour une résistance de 48 heures. Du moment, dit-elle, que la place était manifestement hors d'état de tenir, pourquoi s'être obstiné à la défendre, à livrer 2,400 mobiles qui eussent servi plus utilement dans le Midi ou dans Belfort? Pourquoi n'avoir pas évacué sur Brisach ou plus loin les approvisionnements déjà préparés?

La garnison prisonnière, comprenant 40 vieux gendarmes avec leur capitaine, a été dirigée par Artzenheim sur Rastatt. Nombre de parents en pleurs suivaient leurs fils, leur donnant des vivres et de l'argent. Au moment du départ de Grussenheim, il y a eu comme une explosion de sanglots et de lamentations, au point que l'officier de l'escorte, s'adressant à cette foule désolée : « *Nun, weinet doch nicht so bitter, euere Söhne werden ja auch nicht ewig drüben bleiben* (ne pleurez pas si amèrement, vos fils ne demeureront pas éternellement de l'autre côté du Rhin).

Samedi, 29 octobre.

Une funeste nouvelle courait hier soir : Bazaine venait de capituler. Ce matin, un ordre du jour l'a officiellement annoncée aux soldats prussiens du quartier de cavalerie. Ce coup de foudre jette tout le monde dans un profond découragement. On voulait espérer que de tous les hommes de l'Empire, un seul au moins tiendrait, serait homme, et homme d'honneur. Pas même celui-là, pas un ! Honte et opprobre ineffaçables! Ainsi les Prussiens nous prennent encore une armée, encore un immense matériel, et notre plus solide boulevard de l'Est ! Qui nous sauvera maintenant ? Pouvons-nous l'être seulement ? Qui nous vengera ? Qui punira les traîtres, les lâches fripons galonnés de l'Empire ? O 93, ô Robespierre, comme je comprends bien aujourd'hui votre fatalité, qui vous a forcés d'être la Terreur, alors que vous eussiez voulu n'être que la Justice ! O France infortunée, que deviens-tu ?

9 h. soir. — D'après le *Courrier du Bas-Rhin*, la garnison faite prisonnière à Metz ne serait pas moindre de 173,000 hommes et 6,000 officiers, plus 3 maréchaux (Bazaine, Canrobert et Lebœuf) !

Cette après-midi, quelques personnes à Mulhouse parlaient d'une dépêche affichée à Bâle et d'après laquelle l'armée de Metz, refusant de se rendre, aurait emprisonné Bazaine et continuerait la résistance sous les ordres et la conduite de Changarnier. Version trop consolante pour être vraie. Jacques Karcher et Yves, qui reviennent de Bâle aujourd'hui même, n'ont rien vu ni entendu d'une semblable dépêche.

— Eugène A...., qui revient de Schlestadt, me raconte les faits suivants, dont l'authenticité lui a été affirmée par des gens de la ville, témoins oculaires :

Le bombardement de la place a commencé vendredi soir 22 octobre, à 5 heures. Il a produit d'immenses dégâts ; pas une maison n'est restée intacte ; quelques-unes, la maison Spitz entre autres, sont criblées, percées comme une dentelle. Tous les bâtiments militaires, casernes, arsenaux, etc., sont demeurés saufs, ce qui témoigne de la parfaite certitude qu'avaient les assiégeants de s'emparer de la ville.

Pendant la nuit de dimanche à lundi (ou de samedi à

dimanche), une fausse attaque fut dirigée sur le point où
la place est le plus forte, c'est-à-dire vers Marckolsheim.
Toute la garnison, dupe de cette feinte, se mit à canonner
de ce côté, jusqu'à l'instant bientôt arrivé où, pour répondre à l'artillerie prussienne, les assiégés ne disposaient
plus que d'une bouche à feu. On apprit alors que l'ennemi
s'était, du côté opposé de l'enceinte, occupé de ses travaux
d'approche, qu'il avait creusé les premiers retranchements,
amorcé les seconds, et que se voyant si tranquille, il avait
ouvert la parallèle à 600 mètres des remparts et installé
là ses batteries, prêt à incendier tout Schlestadt. Non pas
que des bourgeois et des mobiles n'eussent aperçu les
pionniers à l'œuvre, mais le colonel de l'artillerie, averti,
leur avait défendu de tirer.

Le lendemain, quand la population put voir, dans leur
muette menace, les progrès des assiégeants, elle se porta
vers l'hôtel de ville, où le conseil siégeait en permanence,
et émit le vœu d'une capitulation ; M. de Reinach alors,
se rendant à ce désir, alla traiter avec l'ennemi et, l'acte
consommé, revint l'annoncer à la garnison.

Celle-ci, furieuse, se répandit aussitôt en invectives, en
menaces, jura de ne pas se rendre, de faire plutôt sauter
la place. Un certain nombre de soldats, de lanciers, de
mobiles coururent piller les approvisionnements de riz,
de café, etc., et à la faveur d'une autorisation mensongère-
ment alléguée, purent vendre aux ménagères les fruits de
ces vols. D'autres allèrent, torche en main, faire sauter
la petite poudrière, mettre le feu aux casernes, et se disposaient à faire subir le même sort aux trois autres
grandes poudrières, lorsque des bourgeois et des Prussiens appelés en toute hâte parvinrent à les en empêcher

et sauvèrent la ville d'une destruction inutile à la cause nationale.

Les Prussiens, qui d'abord avaient arrêté leur marche au bruit de l'explosion, l'achevèrent paisiblement et se répartirent dans les maisons de la ville, après avoir aidé aux pompiers à éteindre les incendies. Les peu nombreux soldats et les gardes mobiles furent alors conduits hors de la place ; tel était l'état d'ébriété de beaucoup d'entre eux, que les uns crièrent : Vivent les Prussiens ! et que d'autres, ne pouvant se tenir debout, furent jetés sur des voitures et emmenés presque ivres-morts.

Dans la nuit du lendemain, sous l'action du vent, l'incendie se ralluma, mais put être éteint sans trop d'efforts.

— A Strasbourg, les fortifications sont remises en état de défense ; les talus des remparts améliorés, les canons braqués. Seuls, les bastions du faubourg de Pierres et de la porte Nationale ne sont pas réparés. Mais les travaux de maçonnerie, à ce que racontent M... et R..., qui viennent de là, seraient commencés depuis ce soir.

En Lorraine comme en Alsace, les Allemands s'établissent en vue d'une possession définitive. Un bourgeois des provinces rhénanes a expliqué à M... que quelque difficulté qu'eussent les départements conquis à se plier à leurs nouvelles destinées, celles-ci n'en resteraient pas moins irrévocables, attendu que l'Allemagne ne pouvait recommencer avant un quart de siècle une semblable guerre (*solche Anstrengungen kann ein Volk ein-, aber nicht zweimal ertragen*) et qu'il fallait prendre ses avantages, puisqu'on les tenait.

— Si habitué qu'on soit à voir confondre ici les choses de la politique avec celles de la religion, c'est un éton-

nement toujours nouveau de constater l'état d'esprit qui
règne en certains milieux et les appréciations qui y ont
cours, aussi bien sur les événements du passé que sur
ceux du temps présent.

N'ai-je pas entendu un de mes voisins du jardin, très
loyal et très honnête vigneron catholique, me raconter
avec une sorte de colère que si le protestantisme existe,
c'est uniquement parce que Martin Luther, « emporté par
le démon de la chair, s'est accouplé à la Catherine » et,
plutôt que de pleurer son péché, a entrepris de renverser
la sainte Église catholique ! « Tu es Pierre et sur cette
« pierre je bâtirai mon Église, voilà les paroles de
« Notre Seigneur Jésus, s'est écrié ensuite mon narra-
« teur ; or, ajouta-t-il, savez-vous comment ce Luther,
« cet hérétique maudit, a singé ces paroles ? Décou-
« vrant les mamelles de sa Catherine et les empoi-
« gnant à pleines mains, il a dit avec un ricanement
« ignoble : Voilà sur quelle pierre je bâtirai mon Église
« à moi. Et là-dessus l'infâme a mordu dans les seins
« de Catherine. Est-ce là une religion, je vous le
« demande ? »

Ces radotages sont loin, par bonheur, d'obtenir partout
la même créance, mais l'esprit qui les dicte n'a déjà gagné que trop de terrain. La masse ignorante est convaincue
que nos malheurs sont l'œuvre du parti libéral, qualifié
parti protestant, lequel aurait guidé, guiderait encore
l'étranger sur le sol de la patrie. Tout cela est gros de
calamités.

Dans la vallée de Munster, les francs-tireurs Keller
commencent à être plus à charge à la population que les
Allemands mêmes. Heylandt, de Colmar, qui ramenait

de Munster une voiture de draps[1], s'est vu arrêter comme espion, retenu toute une journée, ainsi que ses deux domestiques, à qui on avait lié les mains derrière le dos. Heylandt invoquait en vain le témoignage du maire de Soulzbach, puis l'intervention du maire de Munster, M. Hartmann : « Aussi Prussien, lui fut-il répliqué, et par conséquent aussi destiné à la fusillade. » Il pria qu'on fît venir un conseiller municipal de Colmar. « Nous ne connaissons pas ce conseil. » L'un des capitaines auxquels s'adressait Heylandt s'appelait Zierer[2].

---

1. C'étaient des droguets venant de Rambervillers et destinés à la confection d'effets militaires. M. Grosjean avait passé des marchés avec plusieurs négociants de Colmar et l'on travaillait avec autant d'activité que de discrétion. Aucun des nombreux ouvriers et ouvrières employés ne trahit le secret.

2. M. Heylandt a adressé, au sujet de cette aventure, la lettre que voici à l'*Industriel alsacien* :

Colmar, 6 novembre 1870.

A M. Keller, colonel des francs-tireurs.

Je viens porter à votre connaissance un fait pour lequel j'ai fait un rapport à l'autorité à Belfort ; mais comme par suite de l'investissement de cette ville, je ne puis pas continuer à correspondre avec elle, je m'adresse directement à vous, dans l'espoir que vous me ferez rendre ce qui m'a été enlevé par vos subordonnés.

Le 26 octobre dernier, ma voiture attelée de deux chevaux, chargée de draps que, par complaisance, j'avais fait charger pour un de mes amis, M. Chevalier, marchand de draps à Colmar, revenait de Munster. En route, la voiture fut arrêtée, ainsi que mes deux domestiques, par les francs-tireurs sous vos ordres, sous prétexte que le drap pourrait servir aux Prussiens. Ma voiture n'étant pas rentrée le soir, je pris le lendemain une voiture pour aller à sa recherche. Ayant appris en route qu'elle devait être à Soulzbach, je m'y rendis. Là j'ai trouvé les capitaines Guillmain et Zierer, commandant deux compagnies montées par vous, qui, malgré les preuves matérielles que je leur donnais et les garanties les plus larges que je leur offris, tant de la municipalité de Colmar que d'autres notabilités, refusèrent de me rendre le bien privé, capturé illégalement, ainsi que mes deux domestiques.

Au contraire, le capitaine Guillmain me fit arrêter, sous prétexte que je venais à Soulzbach comme espion prussien. J'ai été ainsi arrêté depuis midi jusqu'à sept heures du soir, et n'ai été relâché que sur l'intervention d'amis venus des environs sur ma demande. Le lendemain, j'ai envoyé un

Il semblerait que, de ce côté, la guerre soit dirigée contre les protestants bien plus que contre les Prussiens. Si l'on a médité de susciter un parti prussien en Alsace, certes, on ne pouvait s'y prendre autrement.

— L'*Industriel* rapporte, au sujet de Brisach, une coquille qu'il a relevée dans un journal du centre. Cette feuille peu versée en géographie annonce, paraît-il, la nouvelle qui suit :

« Ce matin a commencé le bombardement de Neuf-Brisach par *de forts mortiers.* »

exprès avec une pièce en règle de M. le maire de Colmar; mais malgré cela, on ne fit pas droit à ma demande. Mes deux domestiques, pauvres pères de famille, ont pu s'évader le 28, après avoir été enfermés pendant deux jours et deux nuits, et avoir eu les mains liées sur le dos. Les faits que je vous signale avec beaucoup *de modération*, et qui constituent une véritable spoliation et un acte d'arbitraire, ne sont pas les seuls qui se soient passés dans la vallée.

J'espère, Monsieur le Colonel, que vous serez assez loyal pour faire rendre justice et qu'il aura suffi que je vous signale ce qui s'est passé, pour que vous fassiez rembourser la valeur de ce qui a été enlevé par les susdites compagnies sous vos ordres.

Quant à ce qui est des arrestations illégales, j'espère bien que vous punirez sévèrement ceux qui se sont rendus coupables de ces abus de pouvoir. Je n'aurais pas donné de publicité à la présente, si un article n'avait été inséré dans les journaux, par lequel on faisait supposer que mes deux domestiques étaient des uhlans.

Recevez, Monsieur le Colonel, mes salutations les plus empressées.

Aug. HEYLANDT.

(*Industriel alsacien*, 10 novembre 1870.)

Une réponse à cette lettre, publiée dans l'*Industriel* du 15 novembre, fait valoir que si les capitaines Zierer et Guillmain ont pu se tromper, ils sont hommes à reconnaître loyalement une erreur; que constamment en présence de l'ennemi, il leur devenait difficile, pour ne pas dire impossible, de correspondre avec leurs chefs et de faire droit aux réclamations de M. Heylandt.

Celui-ci a du reste été remboursé de son attelage en 1871, de la part de M. Keller, par les mains de M. Lebleu, administrateur du territoire de Belfort. Quant aux draps, ils ont été retrouvés à Thann après la guerre et rendus au gouvernement français.

— Les Prussiens se sont dirigés ce matin sur Brisach, avec tout un matériel d'assaut.

9 h. 45. — Arrivée d'une avant-garde de landwehr annonçant pour la nuit un bataillon et deux autres pour demain matin. — La commission municipale se réunit pour aviser aux logements et, le cas échéant, aux réquisitions.

Dimanche, 30 octobre.

2 h. — Les bataillons de landwehr arrivés ce matin sont les plus bruyants, les plus indisciplinés que nous ayons vus : « Ils font presque autant de tapage que nos soldats », disent quelques personnes.

Une colonne de 4,000 à 5,000 hommes a remonté, vers midi, la route de Hattstatt. Son objectif serait Belfort ; elle a 12 canons et tout un matériel d'ambulance.

1,400 hommes sont logés dans Eguisheim, où les francs-tireurs ont capturé hier soir 4 officiers prussiens. Une amende de 40,000 fr. est imposée à la pauvre commune, à raison d'un fait auquel elle est restée complètement étrangère. Prétendrait-on nous faire prendre les armes contre nos propres soldats ?

7 h. — On a entendu cette après-midi, de trois à quatre heures, plusieurs coups de canon du côté d'Eguisheim ; un engagement aurait eu lieu là-bas ; nous ignorons contre quelles troupes. Les Prussiens auraient eu bon nombre de morts et de blessés. De rage, ils auraient pendu un franc-tireur prisonnier à un arbre sur la route de Gueberschwihr, après lui avoir lié les mains sur le dos, avec défense aux habitants, soit de le descendre, soit même d'y toucher.

— Arrivée d'un nouveau régiment de landwehr ; il fait halte sur la place d'Armes.

Lundi, 31 octobre.

1 h. — Ce matin, vers sept heures, plusieurs régiments ont défilé, tambours et fifres en tête, et après s'être réunis place Rapp, sont partis pour Mulhouse.

Mon voisin Gempel, ferblantier, passait à ce moment ; un officier l'interpelle et lui montrant Rapp : « *Was ist das für ein General ? — Das*, répond Gempel, *ist der General Rapp, ein Kolmerer Kind, der die Preussen geschlagen hat bei Ulm und Dantzick*[1] .» La plupart de ces *landwehrmänner* sont de la Prusse orientale et des provinces polonaises.

— Deux paysans des environs, Haury, de Dürrenentzen, ancien soldat, ex-portier aux Deux-Clefs, et Schmidt, d'Urschenheim, ancien cuirassier, viennent de périr d'une façon bien malheureuse. Chassant dans la forêt de Kuenheim, ils ont été pris comme francs-tireurs, conduits nu-pieds à Marckolsheim et fusillés contre le mur du cimetière.

Le pauvre Schmidt était père de quatre enfants.

— Le maire, l'adjoint, le curé et le vicaire d'Eguisheim ont été emmenés prisonniers par les Prussiens.

— On s'entretient toujours avec fièvre de la capitulation de Bazaine et de la résistance de Changarnier, mais rien ne confirme encore la bonne nouvelle.

Il est vrai que la dépêche du roi à la reine ne parle que d'un événement décidé, sans doute, mais non accompli.

5 h. — Le doute n'est plus possible, Metz est aux Prus-

---

1. Quel est ce général ? — Ça, c'est le général Rapp, un enfant de Colmar, qui a battu les Prussiens à Ulm et à Danzig.

siens, une dépêche officielle, signée Gambetta, nous en
donne la douloureuse certitude. La honte de nos armes
n'est dépassée que par l'infamie des généraux. Et Napoléon, plus que jamais sans doute, rêve de remonter sur le
trône! Le voilà qui se retire à l'île d'Elbe[1] pour parodier
prochainement le *20 mars*. Rien ne serait plus propre
qu'une pareille ignominie à mener la France déshonorée
à une dissolution certaine, hideuse. — La guerre civile,
les terreurs socialistes, les dissensions religieuses seraient
cent fois préférables à cette putréfaction morale et politique. S'entre-déchirer, c'est encore vivre, mais pourrir,
c'est être mort.

Mardi, 1er novembre.

On voit circuler dans nos rues des infirmiers français
venant de Schlestadt. Le pantalon rouge et la capote bleue
semblent des épaves dans le flot des uniformes prussiens.
Pauvre France! en être là, dans notre Alsace si dévouée,
si patriote! Voilà ce qu'a fait de toi l'homme de Décembre, l'élu de tes votes souverains!

— Le préfet prussien a pris possession aujourd'hui de
la préfecture. Il se nomme le baron von der Heydt.

— Sous prétexte que les réquisitions de flanelle n'ont
pas produit ce qu'elles devaient, la ville est imposée pour
une contribution de 2,000 thalers, payable au plus tard le
8 novembre, sous peine d'exécution à main armée. Rayon-
nement nouveau de la civilisation allemande!

Les Prussiens sont nés gens d'affaires : les voilà qui se
mettent à faire des coupes dans nos forêts d'Alsace et à

---

1. Ce bruit a circulé un moment.

les vendre à leur profit. Ici leurs réquisitions ne s'éten-
dent pas qu'aux objets d'alimentation. Au contraire du
préteur, *curant de minimis :* ils ont réclamé hier douze
crayons de charpentier et deux kilos et demi de craie.

La diligence de Belfort n'a pu dépasser Pont-d'Aspach;
il y a là, d'après l'évaluation du conducteur, environ
30,000 Prussiens.

Mercredi, 2 novembre.

9 h. et demie. — Le bombardement de Neuf-Brisach a
recommencé hier soir à neuf heures. Il s'est continué
sans interruption toute la nuit et dure encore. Du haut de
la tour, on voit un nuage de fumée blanche qui, sous le
vent du nord, se confond incessamment avec le fond gris
du ciel. Les détonations se succèdent rapides. — Il
semble que l'on tire du Vieux-Brisach et du fort Mortier,
sans doute aussi de Biesheim et de Wolfgantzen.

Samedi, 5.

1 h. — Le bombardement continue sans relâche depuis
mercredi. J'ai vu hier soir, du haut de la cathédrale, un
formidable incendie dans Brisach. Il y a des batteries à
Vieux-Brisach, à Biesheim, et sans doute aussi à Weckolsheim et à Dessenheim. Les Prussiens ont requis
avant-hier 400 madriers de 6 centimètres d'épaisseur,
sans doute pour abriter leurs pièces. Ils reconnaissent
que le tir de Brisach est de beaucoup supérieur à celui
de Strasbourg et de Schlestadt. « *Unsere Batterie,* a dit
un officier à un employé de la ville, *hat in 2 Tagen vor
Neu-Breisach mehr Schaden erlitten als vor Strassburg und
Schlettstadt* (notre batterie a éprouvé en deux jours, devant

Neuf-Brisach, plus de dommage que devant Strasbourg et Schlestadt). »

Ce qu'on raconte des sorties est fort sujet à caution. Des renseignements que j'ai tout lieu de croire exacts portent à 68, ni plus ni moins, le nombre des prisonniers retenus à Neuf-Brisach.

Détail à noter : auprès d'une batterie prussienne est établie une ambulance, ou auprès de l'ambulance une batterie. Vont-ils encore crier que nous ne respectons pas les conventions internationales en tirant sur le drapeau blanc à croix rouge ?

Ici tout le monde a pu voir, tant parmi les Badois que parmi les Prussiens, des soldats, armés, porteurs du brassard de l'Internationale et d'ailleurs marchant et manœuvrant comme le reste des troupiers germains.

— La vente de l'*Industriel* est interdite. Les porteuses ont été menacées de Rastatt, si elles la continuaient quand même.

Les *Basler Nachrichten,* quoiqu'en langue allemande, sont également prohibées, sous prétexte qu'elles sont rédigées dans un esprit anti-prussien. — Inutile d'ajouter que les numéros de contrebande n'en sont que plus et mieux lus.

— Ce matin M. Blanchot, commissaire de police, est venu me faire ses adieux. Le préfet prussien lui a donné quatre jours pour quitter l'Alsace. Cet excellent homme est puni de la sorte de n'avoir pas voulu faire de la police politique au profit du gouvernement prussien. Son collègue, le commissaire central, M. Schweppenhæuser, demeure et à Colmar et en fonctions ; on affirme qu'il a souscrit aux exigences du préfet. Volte-face digne assurément d'un apôtre du régime impérial, des candidatures officielles et des plébiscites. On raconte à la brasserie que Schweppenhæuser, fils d'un pasteur, se serait converti au catholicisme, qu'il est né Prussien et ne serait Français que par naturalisation.

9 h. — Les postes campés hors ville n'ont pas été renouvelés ce soir et ne le seront plus. Par contre, il y en a maintenant à la police et à la caserne.

M. Blanchot est remplacé par un « inspecteur de police », appelé Fuchs.

— Bruits d'armistice répétés par la *Volksrepublik*. Rien de fondé, le préfet prussien l'a dit lui-même.

— Au dire de quelques personnes, Algolsheim aurait été incendié par nos mobiles pour avoir, lors d'une sortie, dissimulé la présence de l'ennemi ou avoir à l'avance annoncé la sortie aux Prussiens.

— L'escalier de la cathédrale est devenu l'endroit de la ville le plus fréquenté. C'est par centaines que se comptent les curieux qui vont et viennent, descendent et montent, et cela jusqu'au milieu de la nuit.

Depuis ce soir, il est question d'en fermer de nouveau l'entrée, à raison d'épisodes peu édifiants qui se seraient produits dans les ténèbres de la montée. L'invasion même n'arrête pas le vieil homme.

Dimanche, soir.

Les bruits d'armistice reprennent consistance. Une dépêche reçue, dit-on, de Londres par M. Kœchlin-Steinbach affirme la nouvelle. Pourtant la canonnade ne cesse pas du côté de Brisach. — Les gens bien informés prétendent que l'armistice ne doit commencer que dans trois jours.

— La population parisienne aurait témoigné par 440,000 *oui* contre 40,000 *non* qu'elle maintenait sa confiance au Gouvernement de la Défense nationale. — Bravo sur toute la ligne, en dépit des Prussiens.

— Arrivée d'un nouveau régiment venant de Metz.

La garnison de Colmar est, à ce qu'il semble, fixée. Des compagnies sont allées ce matin, sous la conduite de leurs officiers et sous-officiers, prendre part à l'office, qui à l'église, qui au temple. Avec de pareils us, les clergés ne haïront pas longtemps le gouvernement prussien.

— Une personne amie nous engage à modérer, en public, l'expression de nos sentiments. Les Piétri germaniques ne seraient en rien inférieurs à leurs confrères impériaux.

— La pauvre gent fonctionnaire a dû paraître hier devant Son Excellence le préfet Freiherr von der Heydt. La bureaucratie de ce dernier n'est pas contente, on lui coupe nuitamment son télégraphe. Aussi a-t-il menacé la ville d'une contribution de guerre, si le fait se renouvelait. — En marge de la proclamation du *Doctor* administratif, une main peu révérencieuse a tracé les mots suivants : *Der Präfekt von Heydt ist nicht der von Morgen ; unser Präfekt heisst Grosjean* (le préfet d'aujourd'hui[1] n'est pas celui de demain ; notre préfet à nous s'appelle Grosjean).

Lundi, 7 novembre.

Ce matin, à deux heures, le fort Mortier s'est rendu. La garnison a été dirigée sur Rastatt. Trois mobiles

---

1. Jeu de mots sur *Heydt* et *heut'* (aujourd'hui), qui se prononcent de la même manière en Alsace.

blessés restent provisoirement à Kuenheim. Le médecin du fort, M. Hippolyte Hirtz, de Colmar, a été laissé en liberté et est rentré dans sa famille.

Le général des troupes qui assiègent Brisach s'appelle von Schmehling.

— Texte d'une dépêche de Gambetta, envoyée par Mauduit :

Il m'arrive de divers côtés des nouvelles graves, sur l'origine et la véracité desquelles, malgré mes actives recherches, je n'ai aucune espèce de renseignements officiels.

Le bruit de la capitulation de Metz circule. Il est bon que vous ayez la pensée du Gouvernement sur l'annonce d'un pareil désastre. Un tel événement ne pourrait être que le résultat d'un crime, dont les auteurs devraient être mis hors la loi. Je vous tiendrai au courant, mais restez convaincus. quoi qu'il arrive, que nous ne nous laisserons pas abattre par les plus effroyables infortunes.

Par ce temps de capitulations scélérates, il y a une chose qui ne peut ni ne doit capituler, la République française.

GAMBETTA.

29 octobre au soir.

Mercredi, 9 novembre.

M. Blanchot a dû quitter Colmar cette après-midi. Rien n'égale, dit-on, le zèle des nouveaux convertis : la famille Blanchot a reçu l'ordre d'évacuer le logement qu'elle occupe à la police et c'est le commissaire central Schweppenhæuser, nouveau sujet prussien, qui a signé la lettre. L'inspecteur royal, M. Fuchs, s'est montré plus convenable : il s'est contenté d'une seule pièce, celle de M. Blanchot, séparée du reste de l'appartement. Il a exprimé à son malheureux prédécesseur le regret qu'il éprouve de le supplanter, et en lui serrant la main, lui a dit en son français tudesque : « Restez seulement tranquille, votre famille appartient à moi. »

M. Blanchot a refusé de servir contre la France : « Qu'auriez-vous fait à ma place, a-t-il demandé à M. Fuchs ? — J'eusse agi comme vous, lui a répondu celui-ci. »

— La Cour a également été congédiée. Elle ne fonctionnera plus que jusqu'après les assises, qui s'ouvriront mardi prochain.

— Ce qui a déterminé la capitulation du fort Mortier, ç'a été : 1° l'état de ruine et l'imminence de l'écroulement des casemates ; 2° l'effet suffocant des bombes lancées par les assiégeants ; 3° le manque de projectiles. De la poudre, il y en avait encore. D'après les *Basler Nachrichten*, la garnison du fort (182 hommes) aurait tenté une sortie et, refoulée, se serait décidée à capituler.

Le bruit a couru ce soir qu'un détachement de mobiles aurait repris le fort et l'aurait fait sauter.

— Depuis deux jours, passage de troupes. Il doit passer ici 80,000 hommes venant de Metz et se dirigeant sur Belfort-Besançon-Lyon.

— « *Meine Herren*, a dit le préfet von der Heydt aux magistrats, fonctionnaires et conseillers municipaux réunis, il y a quelques jours, à la préfecture, *seid überzeugt, dass der Kœnig von Preussen Elsass nimmermehr hergeben wird ; Elsass wird nimmermehr französisch, es ist ein deutsches Land und wird auch ein solches bleiben* (Messieurs, soyez convaincus que le roi de Prusse ne rendra plus jamais l'Alsace, l'Alsace ne sera plus jamais française, c'est une terre allemande et elle le restera). » Personne n'a répondu. C'était la meilleure réponse et la seule possible en l'état des choses.

Jeudi, 10 novembre.

8 h. soir. — Ce matin, vers midi, quelques paysans de Wiedensohlen ont apporté la nouvelle que Brisach avait capitulé. En effet, la canonnade avait cessé depuis deux heures ; pourtant les soldats et les officiers prussiens, questionnés à ce sujet, n'en savaient ou du moins n'en disaient rien encore de positif. — A deux heures, de nouvelles détonations se sont fait entendre, mais pour cesser peu après. Ce soir, à sept heures, la capitulation a été officiellement confirmée par M. Schweppenhæuser, commissaire central prussien.

La garnison de Brisach se composait d'un demi-escadron de chasseurs, du dépôt du 74e de ligne, d'une partie des gardes mobiles du Haut-Rhin et du Rhône.

En ce moment, le bureau des passeports à la mairie est encombré de personnes qui viennent chercher des sauf-conduits, car il est peu de familles qui ne comptent de leurs jeunes membres parmi les défenseurs de la place. Beaucoup de pères se mettent en route immédiatement.

Vendredi, soir.

Nombre de mobiles, au moment où leurs familles sont arrivées, avaient déjà passé le Rhin. D'autres, en revanche, ont eu le bonheur de voir et d'embrasser encore, ceux-ci leurs parents, ceux-là leurs femmes.

Comme pour le fort Mortier, c'est le manque de projectiles qui paraît avoir, en majeure partie, déterminé la reddition de Brisach. Puis les casemates seraient très endommagées, sur le point même de s'écrouler, le feu des Prussiens les ayant prises à revers. C'est ainsi qu'ils ont attaqué les fortifications de Strasbourg. En fait de canons, vingt seulement étaient rayés. Tous les autres, au nombre de vingt aussi, étaient encore à âme lisse. L'armement de la place est d'ordinaire plus considérable, mais une partie des canons auraient été envoyés à Bourges, il y a cinq ans, pour y être rayés et y seraient encore.

Ainsi que la plupart de nos forteresses, Neuf-Brisach n'était point à la hauteur des nouveaux moyens d'attaque. Encore un ou deux obus, et la poudrière même eût sauté.

La moitié de la ville n'est plus qu'un amas de ruines.

On craint que Belfort ne soit pas non plus en état de faire une longue résistance.

Samedi, soir.

Sauf quelques dégâts à la porte de Colmar et quelques mètres de revêtement enlevés d'un mur, les fortifications seraient intactes et les projectiles n'auraient pas manqué. Les officiers accuseraient l'indiscipline de la mobile ; celle-ci, prétendant avoir été vendue, se livrerait à d'amères récriminations contre les chefs de la défense.

Dimanche, 13 novembre.

Un individu de Leipzig, qui signe Heinrich Dietz, fabricant de vernis, nous gratifie (pour la seconde fois) d'un morceau de prose adressé « aux habitants de la France » et nous engageant à offrir le trône à Sa Majesté le roi de Prusse. C'est pour notre bien qu'il nous donne ce conseil. Il faut être pratique, nous dit ce bon apôtre ou ce toqué, et ne pas attacher trop d'importance à la satisfaction d'une vanité militaire qui ne rapporte rien. Il n'y a que la pratique, ajoute-t-il, et il nous raconte que mécontent de son avocat dans des affaires de recouvrement dont il l'avait chargé, il n'a fait ni une ni deux et l'a remercié, pour prendre l'avocat de son adversaire. Depuis ce moment, ses intérêts sont gouvernés à la perfection. « Faites comme moi, conclut-il, examinez s'il ne serait pas pratique de proposer la couronne de France au roi Guillaume Ier de Prusse et de le proclamer empereur de France et d'Allemagne[1]:

> Que le roi Guillaume soit un souverain excellent, c'est, messieurs les Français, ce que vous ne sauriez lui dénier. Au temps de Charlemagne, la France et l'Allemagne étaient unies sous le même sceptre. La France a besoin d'un bras fort, pour ramener l'ordre et la discipline, en second lieu pour accroître et assurer son bien-être. Une souveraineté allemande ferait tourner au profit de la civilisation seule la puissance des deux pays. La constitution de France réglerait la situation respective. L'empereur pourrait, en France, se substituer un lieutenant... Ce serait une sorte d'union personnelle. Si Sa Majesté accepte la couronne de France, on pourra stipuler encore qu'elle restera libre d'y renoncer et de proposer son successeur...

Dans sa première épître (18 août), également destinée aux habitants de la France, mais en particulier à ceux de l'Alsace, de la Lorraine *et de la Bourgogne,* ce Machiavel

---

1. Nur immer praktisch, Franzosen, zu nicht viel auf die Befriedigung der militärischen Eitelkeit gegeben, die Euch nichts einbringt... Nur praktisch... Ich rathe die Herren Franzosen in Erwägung zu ziehen, ob sie es nicht praktisch finden würden, König Wilhelm I. von Preussen die Krone Frankreichs anzutragen und denselben zum Kaiser von Frankreich und Deutschland auszurufen. (AN DIE BEWOHNER FRANKREICHS! feuille volante, in-4°, papier bleu, sans nom d'imprimeur, Leipzig, 10 novembre 1870.)

de la térébenthine nous suggérait un bon moyen de sauvegarder à l'avenir nos libertés, trop souvent confisquées par les maîtres de Paris : il trouvait désirable de constituer les départements en républiques indépendantes. Permis d'ailleurs à ces républiques de se réunir en groupes territoriaux, formés d'après les bassins de la Seine, de la Loire, de la Gironde, du Rhône. — Dès cet instant aussi, nous étions invités à voir s'il ne conviendrait pas de placer un prince allemand sur le trône de France.

Lundi, 14 novembre.

Nouvelle exhortation allemande, reçue hier par la mairie ; elle est rédigée dans les deux langues et porte le timbre de Reichthal, 10 novembre. En voici, tel quel, le texte français :

Citoyens de l'Alsace !

Si vous êtes des Français, sauvez la France. Vous seule avez le pouvoir de la sauver ! — Votre pays est la condition de la paix, et la France croit vous trahir en l'acceptant : Eh bien, Vous-mêmes acceptez cette condition, pour sauver la France de l'abîme!! Un carnage sans pareil se prépare, la mort en mille manière, la faim entre à Paris, Paris, la métropole des sciences et des beaux-arts, l'asile de l'intelligence presque depuis deux mille années, le point central, d'où naquit la civilisation, l'égalité, la tolérance, — la vieille Lutetia !

Citoyens de l'Alsace, souvenez-Vous de cette mère de la Bible : Deux femmes se disputaient un enfant, et le sage roi Salomon, devant juger à laquelle l'enfant appartenait en effet, proposait de le faire couper en deux morceaux. ,,Non", s'écriait la véritable mère de l'enfant ,,ne le coupez pas, donnez-le plutôt à l'autre femme ! " —

Tournez la synonyme : si Vous êtes des enfants véritables, ne laissez pas couper Votre mère, renoncez plutôt à elle ! Si toujours Votre mère reste en vie, qu'importe de s'en séparer pour l'amour d'elle ?

Votez et déclarez volontairement que Vous consentez d'appartenir à l'Allemagne, pour sauver la France : déclarez-le au gouvernement provisoire, à l'empereur, au vainqueur !!

L'acte que vous commettez par là, l'histoire le gardera, la France ne l'oubliera jamais et l'Allemagne vous respectera. —

Et maintenant encore un mot : Vous ne ferez par là que volontairement ce que vous serez forcé de faire plus tard, après que le gouffre du malheur aura englouti la France, — ce qui arrive si souvent, quand il s'agit de commettre un acte de vertu.

Friederike Kempner,
auteure.

Breslau (Friederikenhof),
au mois du Novembre 1870.

Lundi soir, 14 novembre.

J'arrive de Brisach. J'ai vu de mes yeux. C'est une honte. Avoir livré Brisach, et à qui ? à ces *landwehrmänner* crottés que nous voyons si piteusement équipés et encore plus mal disposés !

Les premières tranchées se rencontrent en avant de Wolfgantzen ; plusieurs bâtiments, dans cette commune, ont été détruits par le feu de la place.

Autour de Brisach, quelques ouvrages amorcés sur une longueur de 20 à 40 mètres au plus ; le plus rapproché de l'enceinte est distant d'au moins 2,000 mètres.

Extérieurement, les remparts sont en bon état. Quelques dommages à la porte de Colmar, et quelques pierres du revêtement enlevées. — Les constructions situées hors ville, toutes ruinées, notamment l'abattoir et le moulin Miesmer. Des pigeons perchent tristement, à la pluie, sur des pans de mur, débris de l'usine.

On entre en ville par la porte de Strasbourg. L'aspect des rues est navrant. Pas une maison qui n'ait souffert ; des centaines complètement effondrées. Des bombes entrées par la toiture ont traversé les plafonds et percé des voûtes de plus d'un mètre d'épaisseur, pour éclater avec fracas dans les caves.

La poudrière de la porte de Colmar est mise à nu. Les combles, en maçonnerie d'un mètre, sont percés d'un trou large comme la roue d'un chariot. La poudre, heureusement, ne s'y trouvait plus.

La ville étant brûlée en majeure partie, c'eût été le cas de se défendre à outrance. Pour prendre le parti contraire, mieux eût valu se rendre sans coup férir ; on eût prévenu du moins toutes ces ruines.

On a parlé d'une pétition des bourgeois, qui auraient sollicité la reddition de la place. Il y a eu pétition, mais pour demander un armistice de vingt-huit heures. S'il y a été parlé de capituler, c'est au commandant que le changement serait imputable.

Beaucoup d'entre les habitants, à commencer par la municipalité, se sont refusés à mettre leur signature au bas de l'acte de reddition.

Plusieurs jours avant la capitulation, il entrait et sortait des parlementaires ; c'est à l'insu du commandant Belin que le drapeau blanc aurait été arboré. Le quatrième jour du bombardement, il a été noyé 2,000 quintaux de poudre ; j'ai vu de mes yeux les fûts vides et l'eau du petit canal, dans le fossé de la troisième enceinte, vers Wolfgantzen, encore noire comme de l'encre. — Deux jours après, les canons se sont trouvés encloués ; par qui? On l'ignore.

Soldats et mobiles avaient reçu de grandes quantités de cartouches, dont ils faisaient par ordre, du haut des remparts, une fusillade aussi nourrie qu'inoffensive. Ils n'ont pas vu, durant tout le siège, les sorties exceptées, un soldat prussien à portée de chassepot.

Dans une sortie où ils avaient refoulé l'ennemi au delà de Weckolsheim, ils sont revenus en débandade, alors qu'ils pouvaient nettoyer les abords de la place pour quelque temps. C'est que le capitaine avait sottement commandé la retraite et l'on avait crié sauve qui peut.

Jeudi soir, il y avait encore dans Brisach : 1° des munitions pour plus de trois mois ; 2° 500 bœufs gras, c'està-dire de la viande fraîche pour 50 jours (j'en ai vu de mes yeux plus de 200) ; 3° des monceaux de lard et de salaisons, non entamés[1] ; d'immenses quantités de farine,

---

1. Rapportons ici une anecdote que je tiens de l'intéressé lui-même. M. Henri X..., garde national, était retourné à Brisach peu de jours après la reddition de la place, pour reprendre son matelas, resté dans les casemates. Un officier d'artillerie allemand, auquel il s'adressa, tint à l'accompagner et, chemin faisant, lui demanda pourquoi il n'était pas prisonnier. « Parce que, répondit X..., je suis habitant de la ville et non soldat. »

Pause de quelques instants. « *Sie sind ein Hebräer?* fait le militaire en le regardant? — Oui. — Eh bien! voulez-vous faire une affaire ? Voyez ce lard, il y en a 450 caisses, je vous donne le tout pour 5,000 fr. »

Refus de X...

« ...Et je vous le fais transporter où vous voudrez, à Colmar ou ailleurs à votre choix, par mes fourgons. »

X... persiste, il n'est pas venu pour faire des affaires, mais uniquement pour ravoir son matelas.

« Je ne vous le rendrai pas, repart l'officier, que vous ne m'ayez donné une réponse. »

Au bout de quelques jours, nouvelle démarche de X...; nouvelles instances de l'Allemand, suivies du même refus. — « *Sie sind kein Hebräer* (vous n'êtes pas juif) », s'écrie alors avec dépit son interlocuteur, qui se décide enfin à lui restituer le matelas.

Plusieurs mois après, le même lard a été vendu aux paysans et à des commerçants des environs et a produit, paraît-il, 50,000 à 60,000 fr.

de sel, de pain, d'eau-de-vie et de vin. On eût pu et dû
tenir au moins six mois, affirme M. V....., garde du
génie. « On ne rend pas une place où vivres et munitions abondent et dont l'enceinte n'est pas abîmée, s'est
écrié le capitaine D.....; tenez, a-t-il ajouté, en s'adressant à un membre du comité de défense, vous n'êtes tous,
dans votre comité, que des lâches et des traîtres. »

Les casemates, prétendues en ruines, sont aussi habi-
tables que possible ; elles n'ont pas la moindre atteinte.

Ce qui a pu décourager la garnison, c'est qu'il n'y a
pas eu, sur l'enceinte, de chemin où elle pût circuler à
l'abri ; mais la responsabilité de cette lacune retombe sur
le commandant [1].

---

1. Je dois à la justice de reproduire ici les deux pièces suivantes,
émanées de la garde mobile de Colmar. La première est autographiée, la
seconde, imprimée :

A Monsieur le Président du conseil d'enquête sur les capitulations.

Monsieur le Président,

Nous soussignés, faisant partie du 2ᵉ bataillon des mobiles du Haut-Rhin,
après avoir lu le procès-verbal du conseil d'enquête sur la capitulation de
Neuf-Brisach, croyons de notre devoir de protester entre vos mains contre
certains faits qui portent atteinte à l'honneur de la garnison entière et, en
général, contre l'esprit qui a présidé à la rédaction de ce document.
Nous ne pouvons y voir, en effet, qu'un parti pris de rejeter toutes les
fautes commises sur la garnison, pour rehausser le mérite d'un seul. Nous
regrettons aussi d'y trouver l'application d'un système condamné par la
bonne foi et la justice et qui consiste à généraliser des faits isolés pour
en tirer des conclusions d'ensemble. Enfin, nous constatons que les faits
ont été tellement intervertis et enchevêtrés, que la vérité se trouve gravement et sciemment dénaturée et qu'il nous est permis de dire que la
déposition du colonel de Kerhor ne rend pas un compte réel de ce qui
s'est passé.
Nous sommes prêts à soutenir ces affirmations devant qui de droit et
venons vous prier de nous donner les moyens de rétablir publiquement
la vérité par un supplément d'enquête ou par une contre-enquête qui, au

Bien autrement ravagé que la forteresse est le fort Mortier. Les bâtiments de la cour n'existent plus. Le mur qui fait face à Vieux-Brisach est entièrement ruiné;

---

lieu d'écouter une seule déposition, admette tous les témoignages pour arriver à la vérité.

En attendant, nous croyons devoir immédiatement et de toutes nos forces protester contre trois allégations principales :

1° Parmi les motifs invoqués par le conseil d'enquête, on lit celui-ci : « *Les hommes ne voulurent plus monter la garde.* »

Or aucun de nous n'a jamais constaté rien de pareil autour de lui. Si le fait s'est produit pour une compagnie ou pour quelques hommes, ce n'est pas dans le 2e bataillon du Haut-Rhin, et il est profondément injuste d'en rendre responsable la garnison entière. Qu'on cite au moins des noms, qu'on précise les faits ! Que chacun assume la responsabilité de ses actes ! Si, en effet, il s'est produit quelque fait isolé de ce genre, ce n'a été que le dernier jour de la résistance et à la suite de la noyade publique des poudres, qui était le commencement déjà de la capitulation. N'était-ce pas, du reste, le cas pour le colonel de Kerhor, de montrer alors cette fermeté dont le conseil le loue, de se présenter à ses hommes et de les rappeler au devoir ?

2° « *Sur le rapport des différents commandants de troupes, on put craindre une rébellion complète et la livraison de la place à l'ennemi par les mécontents.* » Nous ne sommes pas dans le secret des rapports de nos chefs, mais ce que nous pouvons constater sur l'honneur, c'est qu'avant de lire le rapport du conseil d'enquête, nous ne nous étions jamais doutés de rien de pareil. Nous ne pouvons donc assez nous élever contre une pareille accusation, toute gratuite, que rien ne justifie et où l'odieux le dispute au ridicule. Nous sommes d'autant plus profondément blessés par cette allégation que le conseil d'enquête la vise particulièrement dans son jugement et en fait, pour ainsi dire, la base des félicitations adressées au commandant.

3° Enfin le colonel de Kerhor reçoit des éloges *pour la fermeté qu'il a montrée en résistant aux instances des officiers de la garde mobile qui demandèrent à rentrer dans leurs foyers.*

Nous protestons hautement contre cette nouvelle atteinte à la vérité. Nous nions le fait positivement pour ce qui nous regarde et pour ce que nous savons. Encore une fois, qu'on cite les noms, mais qu'on ne rende pas toute une classe d'officiers responsable de quelques défaillances individuelles.

Nous ne parlerons pas ici des faits secondaires avancés par l'enquête, tels, par exemple, que l'action des cours martiales, l'emprunt fait à la ville, la distribution des vivres et effets d'habillement faits à la troupe, et cependant, il y aurait beaucoup à dire là-dessus, mais notre lettre est déjà assez longue.

Nous terminons, Monsieur le Président, en vous réitérant encore une les talus sont renversés ; la brèche était praticable et l'assaut facile.

Sur le rempart se trouvaient encore deux obusiers et

---

fois la demande d'un supplément d'enquête. La diffamation a été publique ; la proclamation de la vérité doit l'être aussi.

Au moment où la France réagit contre toutes les hontes du passé et cherche dans la pratique de la justice la réédification de sa grandeur, il est triste pour tout citoyen de voir la vérité si cruellement travestie et annulée.

Mais si un pareil déni de justice est pénible à tout homme de cœur, combien plus navrant devient-il pour ceux qu'il touche directement jusqu'au plus profond de leur honneur ; pour ceux qui, comme nous, violemment arrachés à leur patrie, reçoivent d'elle, pour dernier adieu, un acte officiel de honte et de déshonneur.

Veuillez agréer, etc.

(Signatures.)

Colmar, le 15 mars 1872.

Lettre de M. le commandant Messager, adoptée dans une réunion tenue à l'hôtel de l'Europe. (Besançon, imprimerie Ch. Cahot.)

A Monsieur le Ministre de la guerre,

Nous venons de lire le rapport sur la capitulation de Neuf-Brisach : nous croyons à une erreur et nous vous prions de demander à la commission d'enquête de faire les recherches nécessaires pour mettre au grand jour la vérité.

En attendant votre décision, permettez-nous de protester contre les termes du rapport, cette protestation devant servir à éclairer nos juges.

La garnison de Neuf-Brisach se composait du 2e et du 3e bataillon de la garde nationale mobile du Haut-Rhin, d'un bataillon de mobiles du Rhône, de deux compagnies de francs-tireurs : celle de Neuf-Brisach, qui a fait le service de l'artillerie pendant le siège, celle de Mirecourt, qui a fait son devoir et n'a jamais été licenciée ; de deux batteries d'artillerie de la mobile, d'une compagnie du génie de la mobile, commandée par un officier de la ligne, d'une batterie d'artillerie de l'armée, enfin de deux bataillons du 74e de ligne, qui n'eurent pendant le siège qu'un seul commandant, M. Salgues, ex-capitaine d'habillement et major audit régiment.

La garde nationale mobilisée faisait le service des pièces (ancien modèle) : cette compagnie fut sans doute licenciée parce qu'elle ne faisait aucun service utile à la défense de la place.

Cette compagnie et la brigade de gendarmerie furent exemptées, dans la capitulation, de se rendre en Allemagne comme prisonnières de guerre.

L'instruction, l'équipement, l'armement étaient fort incomplets.

En effet, une partie des mobiles furent habillés de blouses et de pantalons

des obus vides, au nombre d'une dizaine. A droite, un
canon braqué vers Biesheim ou plutôt vers le Rhin, entre
Biesheim et la rive allemande.

de toile ; le dépôt du 74ᵉ conservait précieusement dans les casemates
100,000 fr. de draps en pièce qui furent livrés à l'ennemi.

Une sacoche en toile fut le seul objet d'équipement qui dut servir à
mettre les cartouches et le pain.

Un premier fusil, dit modèle de dragons, fut d'abord donné à un petit
nombre d'hommes et fut remplacé plus tard par le fusil à tabatière, de
mauvaise fabrication et dont une grande partie fut détériorée dès les premiers jours. On a oublié, dans le rapport, de dire qu'il y avait dans les
magasins du 74ᵉ, 600 chassepots qui furent conservés précieusement pour
être livrés à l'ennemi. Pour éviter toute objection à ce sujet, nous déclarons que ces fusils furent offerts à la mobile quatre jours avant la reddition de la place ; nous constatons le fait sans commentaires.

La discipline laissait à désirer. Il faut faire la part de la durée des services
des mobiles et mettre en parallèle celle d'un régiment qui devait servir
de modèle : pourtant un homme de ce régiment fut condamné par le
conseil de guerre et fut fusillé dans les fossés de la place.

Ce fut à la demande de M. le commandant de la place, que le bataillon
du Rhône fut envoyé de Belfort à Neuf-Brisach ; le motif qui le fit camper
sur les glacis est dû au manque de casernement et de fournitures.

A son arrivée dans la place, ce bataillon dénota des allures peu communes à celles des Alsaciens, et fit sans doute présumer de son indiscipline.

Ce sont les premiers griefs du rapport : nous les complétons.

Le 11 septembre, la place fut investie très partiellement ; on put encore
communiquer avec Belfort. A partir de cette époque, des reconnaissances
furent faites régulièrement, et si les résultats obtenus dans ces différentes
opérations ne méritaient pas les éloges du chef supérieur, il faut l'expliquer
par la non-expérience de la guerre des troupes de la garnison.

Le 8 octobre, après la sommation de rendre la place et le refus de M. de
Kerhor, il ne fut pris aucune précaution de défense ; pendant la nuit, la
ville fut bombardée ; la place ne répondant pas à l'attaque, permit à l'ennemi de s'approcher en rase campagne, d'effectuer un tir à volonté et de
brûler un huitième de la ville.

Du 8 octobre jusqu'à la fin du mois, l'ennemi s'occupa de ses travaux
d'installation de batterie ; plusieurs reconnaissances furent faites pendant
ce temps ; mais les rapports ne signalant aucun mouvement de terre dans
la zone d'attaque reconnue par nos règlements, laissèrent MM. les officiers
d'artillerie et du génie dans une parfaite sécurité.

A partir du bombardement du 8 octobre, la garnison fut logée dans les
casemates ; les hommes y furent installés pêle-mêle, et la surveillance
devint très difficile ; il y eut donc à cette époque un grand relâchement
dans la discipline, mais il n'y eut aucun acte de lâcheté.

Nous arrivons aux premiers jours de novembre ; une dernière reconnais-

J'ai ramassé dans la cour du fort un éclat d'obus du poids d'environ 15 kilogrammes ; à en juger par ce fragment, la pièce entière pouvait bien peser une soixantaine

---

sance fut faite par le 2e bataillon du Haut-Rhin, et la batterie prussienne de Wolfgantzen fut démasquée ; au nord, du côté de Biesheim, la vigie signala le même jour les travaux de l'ennemi.

M. le commandant Marsal, de l'artillerie, prit immédiatement ses dispositions pour ouvrir le feu, auquel l'ennemi ne répondit que le lendemain au matin.

Pendant les premiers jours de ce deuxième bombardement, les artilleurs de la mobile et de l'armée rivalisèrent de courage et d'entrain ; ils méritèrent les éloges du commandant d'artillerie, qui serait le premier à dire la vérité en cette occasion, si un boulet ennemi n'avait privé la place de Neuf-Brisach de son véritable défenseur.

Le petit nombre de pièces rayées dont disposait la défense fut bientôt reconnu insuffisant, et en cette circonstance nous invoquerons encore les paroles de M. le commandant Marsal, qui a déclaré à notre commandant que nous étions perdus et qu'il n'y avait plus qu'à sauver l'honneur.

Le feu de l'ennemi était incessant ; la ville était livrée aux flammes et le découragement s'emparait de la garnison ; la tour n° 3, située en face de la batterie prussienne de Wolfgantzen, renfermait 500 hommes ; elle menaçait ruine, et il ne fut pas question de loger la garnison dans un autre souterrain.

Les cuisines, qui étaient en plein air, étaient sans cesse démolies, et lorsqu'une marmite de cent vingt rations était enlevée par un boulet ou une bombe, les hommes attendaient la distribution et retardaient ainsi l'heure de monter la garde ; ces mêmes hommes réclamaient à manger ; mais ils étaient résignés, et nous n'avons pas vu les actes d'insubordination dont parle le rapport.

Nous protestons énergiquement contre les dernières allégations du rapport, et nous déclarons que jusqu'au dernier moment, la discipline fut suffisante, que nous n'avons jamais eu connaissance d'aucun complot qui pût faire craindre un acte de trahison ; qu'aucun officier du bataillon n'a fait de démarches pour que son sort soit distinct de celui de ses hommes.

Que ladite somme de 16,000 fr. a été empruntée à la ville, non à la fin du siège, mais bien avant le deuxième bombardement ; que cette somme d'argent a servi à deux fins : en partie à payer la solde des hommes, mais surtout à payer à MM. les officiers de l'état-major de la place et du 74e de ligne leur entière entrée en campagne, tandis que les officiers de la mobile n'ont pas encore touché la deuxième portion de ladite entrée en campagne, et qu'ils attendent encore aujourd'hui le bon vouloir de M. l'intendant de la 7e division pour en obtenir le paiement.

Nous ne saurions trop vous prier, Monsieur le Ministre, de vouloir bien fixer votre attention sur les derniers renseignements que nous vous donnons.

de kilos. Des femmes qui venaient piller de la literie ont été arrêtées et forcées à restitution. Que n'en a-t-on fait autant à Neuf-Brisach, où toute la literie entassée dans la

---

La mesure extrême de noyer une partie des poudres fut prise en conseil de défense ; les instructions de détail furent données à M. le capitaine Wolbert, de l'artillerie, pour l'accomplissement de cette mission.

Il ne fut tenu aucun compte des ordres donnés ; cette opération délicate se fit avec un tel désordre et un tel bruit, que l'ennemi crut pendant cette nuit que la garnison de la place se révoltait.

Nous attribuons en grande partie à cette opération, qui eut lieu quarante-huit heures avant la reddition de la place, le découragement qui s'est produit pendant les derniers moments de la défense.

Noyer ostensiblement les poudres, c'était dire qu'on renonçait à la défense.

Nous ne saurions trop insister sur ces moments d'angoisse, car c'est la veille de la reddition que ces faits se passaient, que l'artillerie détruisait ses pièces et incendiait ses fusées, indiquant par ce travail qu'on avait jugé notre mission terminée.

Nous n'avions plus de moyens de défense, il ne nous restait plus qu'à nous rendre.

C'est alors que M. de Kerhor, pour sanctionner sans doute sa conduite, exigea des chefs de corps un rapport sur l'état moral de leurs hommes.

Ce sont ces rapports dont on s'est fait une arme contre la mobile ; vous apprécierez !

Les défenseurs de la ville de Neuf-Brisach ne se sont pas laissé abattre par les revers de l'armée du Rhin, par la capitulation de Strasbourg, de Metz et de Sedan.

Ils apprirent encore, avant de finir la lutte, que Schlestadt était tombée aux mains de l'ennemi.

Vu le rapport, nous ne pouvons donc penser que ces faits soient à votre connaissance.

La place de Neuf-Brisach est tombée au pouvoir de l'ennemi, non par la faute de ses défenseurs, mais bien à cause des moyens imparfaits de défense qu'elle renfermait en elle-même ; elle a subi deux bombardements, le dernier de onze jours consécutifs.

Nous terminons en déclarant que M. le commandant de Kerhor a fait son devoir, mais qu'il a eu le tort de ne pas s'éclairer sur toute chose avant de déposer devant la commission sa justification au détriment de l'honneur de sa garnison, qu'il calomnie en cette circonstance.

Nous réclamons de votre justice, Monsieur le Ministre, la révision du rapport du conseil d'enquête.

Veuillez agréer, etc., etc.

P. MESSAGER.

(Suivent toutes les signatures.)

rue a été pillée par des Badois venus de Vieux-Brisach?
Fallait-il, aux horreurs du bombardement, aux douleurs
de la ruine, ajouter les infamies du vol, et d'un vol aussi
lâche? C'est ainsi que les Badois ont agi en 1815; ils
n'ont pas dégénéré depuis.

— Le bruit court que le quartier général prussien à
Versailles serait cerné par nos troupes. Cette nouvelle
cause une vive émotion, car tous nos désastres ont eu
pour avant-coureurs des racontars de cette espèce. Nous
en sommes au point de redouter une bonne nouvelle.

Mardi soir.

Il paraît qu'un grand nombre de personnes ont réussi à
s'emparer de fusils Chassepot et à tabatière; les soldats
prussiens s'en font de l'argent de poche.

Mercredi 16.

Pour la deuxième fois, je reviens de Brisach. Un officier
d'infanterie, demeuré là prisonnnier sur parole, m'a dit:
« Monsieur, nous avons fait notre devoir, mais la place
n'était plus tenable, et ceux qui disent que nous aurions
pu résister, j'aurais voulu les voir ici. »

Un douanier, surnommé le Tambour et domicilié à
Nambsheim, s'exprime ainsi : « La garde mobile n'a pas
« été moins bonne que la troupe ; elle a marché quand
« elle en a été requise[1]. Toute la faute est au commande-

---

1. La place manquant d'argent, le commandant a demandé un mobile de
bonne volonté pour aller en chercher à Belfort. L'un des fils du maire de
Wolfgantzen, Xavier Mæchtlin, s'est présenté, a réussi à traverser les lignes
allemandes et est revenu de même, porteur de 50,000 fr. La médaille militaire lui a été décernée.

« ment, qui a négligé même de faire faire des chemins
« couverts sur les remparts. Et pourtant le temps ne lui a
« pas manqué. Des douaniers envoyés dehors comme
« éclaireurs n'ont pu rentrer. Par contre, en dépit de
« l'investissement (ceci avant le bombardement), on a vu
« arriver et entrer en ville, portes grandes ouvertes, un
« équipage où se trouvaient trois messieurs, deux de
« Mulhouse, je crois, qui sont repartis, et un de Lyon,
« qui est resté. »

Jeudi soir.

Les canards triomphants recommencent à circuler.
Fasse le ciel qu'ils ne soient pas, cette fois encore, le
présage d'un désastre ! Voici ce qui se colporte depuis
hier soir :

Tours, 13 novembre (officiel).

Trochu a fait une sortie avec 168,000 hommes, a marché sur
Versailles, appuyé sur les flancs par l'armée de la Loire.

113,000 Prussiens hors de combat,

80 canons,

13 aigles,

Bismarck et Guillaume cernés.

Vive Trochu ! Vive l'armée ! Vive la République ! — GAMBETTA.

Besançon, 14 novembre (officiel).

Garibaldi et Michel ont fait jonction. Le corps d'armée de
Werder est en déroute. Le général est prisonnier avec 18,000
hommes.

Lyon, 14 novembre (officiel).

Notre armée a fait une sortie et est rentrée avec 3,000 Prussiens, 16 canons.

Mulhouse, 16 novembre (non officiel).

Garibaldi a passé ici avec 30,000 hommes, marchant sur Strasbourg par Colmar et Schlestadt. La garnison est prisonnière sans résistance.

Il est à remarquer que la première de ces dépêches, datée du 13 novembre, circule depuis le 12 au moins, car c'est vendredi dernier que j'en ai pour la première fois entendu parler. Mais malgré ce qu'a d'ironique cette collection de triomphes prétendus, la crédulité publique mord avidement à l'appeau qu'on lui tend. On s'autorise de notre victoire d'Orléans pour trouver tous les bonheurs vraisemblables. Les plus sceptiques inclinent à croire. « Il est certain qu'il y a quelque chose, disent-ils. » Ne seraient-ce pas les Prussiens eux-mêmes qui fabriquent ces bulletins, pour accroître l'abattement causé par un désastre ultérieur ?

Vendredi, matin.

10 h. — Pas de nouvelles de Garibaldi. Par contre, une dépêche allemande, affichée à la poste, annonce une sortie malheureuse de la garnison de Belfort. 200 morts et blessés (de notre côté) et 58 mobiles prisonniers.

11 h. — Des groupes de personnes discutent les dépêches *officielles* d'hier. « Elles doivent être vraies, me dit un fonctionnaire, c'est l'inspecteur de l'enregistrement qui les a apportées hier du casino. — Y croyez-vous ? se demande-t-on. » L'on répond non, mais à contre-cœur.

Midi. — Les 58 mobiles prisonniers de Belfort arrivent, escortés par des Wurtembergois et des Hanovriens. Les habitants ont la permission de leur apporter à manger.

A l'exception d'un seul, tous les mobiles sont du Rhône.

Les Hanovriens, avec leur costume gris des pieds à la tête, ont l'air de valets de chambre. Mais les Wurtembergeois sont de beaux hommes, bien bâtis et de mâle prestance. Leur tournure est presque française. Leur uniforme ressemble beaucoup à celui de nos artilleurs, mais au lieu de képi, ils sont coiffés d'une casquette anglaise à visière plate.

5 h. — Le départ des **58** prisonniers a été l'occasion d'une manifestation populaire. Une grande foule les a suivis, criant : Vive la France ! à bas la Prusse ! — Quelques pierres ont été lancées. Un soldat a fait mine de tirer sur une femme qui l'apostrophait ; une immense clameur l'en a détourné.

Et maintenant, sans doute, puisque tout se paie, la caisse municipale va se voir frappée d'une contribution de guerre à titre d'amende.

— Je vois dans le *Courrier du Bas-Rhin* que loin d'être à Mulhouse, Garibaldi se serait, au contraire, replié sur Autun. Et de deux !

— Plusieurs de mes amis sont partis avant-hier pour Lyon. Je les rejoindrai lundi prochain. D'hommes mariés, il n'en part pas encore.

— Dans la maison P....., à Horbourg, un officier prussien prend dans ses bras un marmot de cinq ans. « *Nun, mein liebes Kindlein, sag' mir auch was, wie heissest du ?* (Eh bien ! mon cher petit, dis-moi aussi quelque chose ; comment t'appelles-tu ?) L'enfant, timide, garde le silence ; son papa l'encourage. « Voyons, mon enfant, dis quelque chose à monsieur, voyons. » Le bambin re-

garde son père, puis l'officier, et tout à coup s'écrie :
« Vive la France ! à bas la Prusse ! » — *Sie geben Ihrem
Sohn eine schlechte Erziehung* (vous donnez une mauvaise
éducation à votre fils), a dit le militaire à son hôte, en
lui rendant l'enfant.

9 h. — Et de trois : Mon voisin m'annonce que d'après
une dépêche communiquée par le préfet prussien aux
officiers de la garnison, l'armée de la Loire aurait été
battue et aurait laissé 55,000 prisonniers entre les mains
de l'ennemi.

— L'aubergiste de la Ville de Thann raconte qu'un
officier lui a dit ce soir : « C'est triste à dire pour la
France, mais c'est la vérité ; nous étions prévenus que la
garnison de Belfort se préparait à une sortie ; il nous a
donc été facile de la repousser. »

Samedi, 19 novembre.

Une dépêche prussienne, affichée à la poste, dit que
l'armée française, repoussée de Dreux, aurait été pour-
suivie dans la direction du Mans.

Il y a loin de là aux terribles rumeurs d'hier soir.

— Un monde de femmes et de bonnes d'enfants s'amu-
sent à regarder les Wurtembergeois faire l'exercice au
Champ-de-Mars et s'égaient bruyamment à certains com-
mandements, tels que *Bauch herein* (rentrez le ventre) !

Lundi.

Départ pour Lyon : une vingtaine de mobilisés colmariens y sont déjà. Puissions-nous être utiles à notre
patrie !

A Lyon, que nous croyions tous être le quartier-général
d'une armée de 150,000 hommes, mais où nous n'avons
rencontré que quelques milliers de volontaires et de mobiles du Rhône encore en voie de formation, l'on n'a su
d'abord que faire de nous et nous avons dû attendre à
l'hôtel pendant plusieurs jours avant qu'on pût nous enrôler. « Ah ! vous êtes dans les vieux garçons », faisaient
les Lyonnais à nos explications. Nous avons fini par
constituer les premières escouades d'une 2ᵉ compagnie
d'Alsaciens et de Lorrains, qui resta plus tard la 2ᵉ du
1ᵉʳ bataillon d'une légion encore unique d'Alsace-Lorraine. Les Mulhousois, partis un peu avant nous, for-
maient la 1ʳᵉ. Je relaterai ailleurs les petits événements
de ce qu'il serait pompeux d'appeler notre vie militaire.
Ici je me borne à mentionner encore deux faits colmariens dont nous ont informés peu après les nouveaux
arrivants, savoir : l'arrestation et la comparution du directeur des contributions directes de Colmar, M. Casron,
devant le conseil de guerre allemand de Strasbourg, en
second lieu le service d'otages imposé sur les locomotives
allemandes à une partie de nos concitoyens. On ne lira

pas sans intérêt, sur ces deux épisodes, les communications suivantes, que je dois à l'obligeance de **M.** Émile Boutin, directeur général des contributions directes, et de **M.** Édouard Rencker, ancien notaire et ancien député de Colmar à l'Assemblée de Bordeaux.

A ces documents j'en ajoute un, peut-être unique : le journal d'une jeune fille pendant le mois de janvier 1871, journal tenu à l'insu de tout le monde et que le père, à qui j'en suis redevable, n'a connu que bien des années après. Chacun sera charmé comme moi du sentiment empreint dans ces quelques pages naïves. Celle qui les a tracées est aujourd'hui une digne mère de famille, et une mère française : puisse-t-elle avoir la joie de voir fleurir le même patriotisme dans le cœur de ses enfants et de toute la jeunesse de France !

I. *Lettre de M. Boutin.*

Mon cher ami,

Vous m'avez demandé de vous rappeler les circonstances à la suite desquelles M. Casron, ancien directeur des contributions directes du Haut-Rhin, avait été arrêté à Colmar, en 1870, par l'autorité allemande, sous l'inculpation de détournement de documents publics, emprisonné et mis au secret à Strasbourg, et enfin jugé et acquitté par la cour martiale.

Je ne puis mieux faire que de vous envoyer une note rédigée au sujet de ces événements par M. Casron lui-même, aujourd'hui en retraite à Melun et qui, en dépit de ses 75 ans vertement portés, est resté l'homme énergique que vous avez connu en Alsace. Permettez-moi cependant de compléter les informations de l'auteur par le récit de certains faits dont je suis personnellement responsable et qui, vous le verrez, n'ont pas peu contribué à faire boucler mon honorable chef par les sbires prussiens.

Je vous ai déjà dit qu'après la déclaration de guerre, l'administration des contributions directes avait donné des ordres formels défendant, sous peine de révocation, à ceux de ses agents non compris dans le contingent de la mobile de quitter leur poste, pour quelque motif que ce fût.

Cette invitation d'ordre public blessait profondément le patriotisme de quelques-uns d'entre nous. Nous considérions, en effet, qu'elle ne devait pas s'appliquer aux fonctionnaires placés comme nous sur la frontière des Vosges déjà envahie.

J'essayai donc de soulever les surnuméraires attachés à la direction, entre autres le jeune Dresch, que vous connaissez, en les excitant à partir avec moi pour Belfort. Le complot, découvert par notre chef de service, avorta. Je fis auprès de ce dernier une nouvelle tentative, en employant la voie de la persuasion. Elle ne réussit pas davantage. M. Casron ne connaissait que les ordres qu'il avait reçus et il les faisait exécuter, comme c'était son devoir.

J'avais cependant pris la résolution de partir quand même, lorsque, dans les premiers jours de la seconde quinzaine d'octobre, je reçus par la montagne un billet m'annonçant que mon père, simple sergent de garde nationale, avait été fait prisonnier avec quelques-uns de ses amis, le 12, à la défense d'Épinal, ville ouverte, aux portes de laquelle une poignée de braves citoyens avait arrêté pendant six heures une petite armée allemande venant de Rambervillers et n'avait cédé que sous l'écrasement du nombre, en laissant quelques morts sur le champ de bataille.

Cette fois, rien au monde ne m'aurait retenu à Colmar. Je partis le jour même par Munster et la Schlucht, et après avoir consacré quelques jours à ma mère, j'allai voir mon père et ses compagnons d'armes internés à Mayence et leur porter des secours en argent et en vêtements; puis je revins m'engager à Lyon dans une des légions d'Alsace-Lorraine, où vous-même, mon cher ami, vous m'aviez déjà précédé.

Avant de quitter Colmar, j'avais eu soin de faire porter dans mon domicile et de remettre ensuite à un ami sûr les matrices pour l'établissement des patentes de 1871, qui étaient presque toutes taxées et qui auraient permis aux Prussiens de procéder au recouvrement de l'impôt, ainsi que trois collections de volumes reliés contenant les circulaires et instructions de l'administration des contributions directes.

Ces documents ne s'étant naturellement pas retrouvés à la direction des contributions directes lors de la prise de possession du service par les Allemands, une perquisition fut faite chez moi sur la dénonciation d'un employé à gages, passé à l'ennemi au prix de l'offre d'un traitement relativement élevé. Je me hâte de dire ici que cet employé, simple salarié, n'était pas un fonctionnaire de l'administration des contributions directes, aucun fonctionnaire de cette administration n'ayant manqué à ses devoirs envers la patrie.

La perquisition n'amena, bien entendu, la découverte d'aucun des documents cherchés que j'avais mis en lieu sûr et qui ne furent restitués qu'après la guerre, par ordre de l'autorité française. Aussi les Allemands se retournèrent-ils avec fureur contre M. Casron, resté seul à Colmar, en le déclarant responsable du détournement de ces pièces, en même temps que de la destruction de celles qui, suivant la supposition de l'auteur de la note, auraient été inconsciemment brûlées par les soldats prussiens dans le corps de garde de la manufacture des tabacs.

Dès ce moment, M. Casron fut gardé à vue chez lui jusqu'à la fin de la remise de service, puis emmené à Strasbourg, où il subit, avant son jugement, 52 jours de prison préventive.

Vous savez le reste. La guerre terminée, je revins à Colmar faire mes paquets pour reprendre une dernière fois, hélas! le chemin des Vosges, me rendant à Épinal où mon père venait de rentrer, après une captivité de plus de cinq mois à Mayence. C'était le 18 mars 1871. Une heure à peine après mon départ, la police allemande, prévenue de ma présence, pénétrait de nouveau dans mon ancien domicile avec ordre de m'arrêter; mais elle revint les mains vides; l'oiseau était envolé.

Et voilà comment, mon cher ami, j'ai été un peu cause, en faisant simplement mon devoir de Français, de la captivité de mon chef.

Qu'il me soit permis de rendre hommage à la dignité et à la fermeté d'attitude de ce haut fonctionnaire dans ces circonstances douloureuses et de regretter que son administration n'ait pas su ou n'ait pas pu l'en récompenser par une distinction honorifique spéciale.

Je vous demande pardon, cher ami, de la longueur de cette lettre et vous prie de me croire toujours

Votre bien dévoué

Boutin.

Paris, 10 janvier 1884.

II. *Note de M. Casron, ancien directeur des contributions directes du Haut-Rhin.*

Vers le 1er décembre 1870, je reçus l'ordre de me présenter devant le préfet prussien von der Heydt, installé à la tête de l'administration du Haut-Rhin.

Il me dit qu'il savait que depuis dix ans j'étais chargé de la direction des contributions directes de ce département et il me proposa de conserver mes fonctions et de les exercer au nom du roi Guillaume, ajoutant que diverses autres attributions seraient réunies entre mes mains et qu'un traitement annuel de 10,000 thalers (37,500 fr.) me serait alloué. C'était près de cinq fois celui que je recevais du Gouvernement.

Ma réponse fut que je pensais que c'était pour la forme que de telles propositions m'étaient adressées ; que, d'ailleurs, l'Alsace appartenait toujours à la France et que pour rien au monde je ne renoncerais à ma qualité de Français. Il parut choqué de mes paroles, car ce qu'il voulait surtout, c'était, comme partout, faire rentrer promptement dans les caisses allemandes le plus d'argent possible. En me congédiant, il m'annonça qu'il me défendait de continuer mes fonctions et qu'il ferait sous peu enlever mes archives. En effet, trois jours après, un fonctionnaire prussien, se disant conseiller de contributions, vint accompagné de soldats et fit transporter au moyen de plusieurs voitures tous mes papiers dans les bâtiments servant précédemment à la manufacture des tabacs. On sait qu'alors le froid était très vif et j'appris que les militaires s'étaient chauffés en brûlant des papiers qui, à leurs yeux, étaient sans valeur. Cet acte devait avoir une influence capitale sur ce qui va suivre.

Le 9 décembre, à dix heures du soir, le directeur de la police, suivi de plusieurs hommes armés, vint m'arrêter chez moi, sous prétexte que j'avais continué à exercer mes fonctions malgré la défense qui m'en avait été faite. Il posta des factionnaires dans ma chambre à coucher et tout autour de ma maison, en leur recommandant de faire feu sur moi, si je tentais de m'évader. Cette arrestation, que rien ne justifiait, avait évidemment pour but d'intimider la population, qui se montrait très hostile aux envahisseurs. C'est également dans la pensée d'inspirer la terreur qu'on arrêtait M. de Bussierre à Strasbourg et M. Voisin, procureur impérial à Melun. On en agit de la sorte dans tous les départements occupés. Le préfet prussien vint lui-même chez moi le lendemain matin et me signifia que j'étais prisonnier de guerre et qu'il allait me faire transférer à Strasbourg et me mettre à la disposition de l'autorité militaire. En effet, à une heure du soir, le 12 décembre, le directeur de la police et un capitaine de la landwehr vinrent me prendre et me menèrent à la gare du chemin de fer. Deux de mes amis, MM. de Neyremand et Schultz, conseillers à la Cour de Colmar, qui parvinrent jusqu'à moi au moment où je montais en wagon, me dirent que si j'avais besoin d'un défenseur, ils m'indiquaient M. Pfortner, avocat à Strasbourg.

Le trajet de Colmar à Strasbourg fut long, en raison des arrêts causés par des trains portant des troupes très nombreuses dirigées sur Belfort. Ce n'est qu'à huit heures du soir que, transi de froid, je fus conduit à la prison de la rue du Fil par le capitaine qui m'accompagnait. On me déposa dans une pièce sans feu, située au nord, dont les murs suintaient et dont les fenêtres laissaient passer le vent par 14 degrés au-dessous de zéro.

Je fus mis au secret. Durant ma captivité, je ne reçus que la visite de MM. Malval, conseiller à Colmar, et Belin, juge au tribuual civil, qui allaient porter des secours et des vêtements aux soldats français prisonniers en Allemagne et qui avaient obtenu avec peine du gouverneur général, malgré la croix de Genève dont ils étaient revêtus, l'autorisation de me voir.

Le 16 décembre seulement, un juge d'instruction, accompagné d'un greffier, se présenta pour procéder à mon interrogatoire. On m'imputait : *d'avoir essayé de nuire au gouvernement prussien.* Tel était mon crime. L'accusation était vague. Je me mis au travail et préparai un mémoire en défense que je voulais soumettre à M. Pfortner, avocat. Ce dernier, estimant la situation assez grave, me dit qu'il voulait s'adjoindre M. Masse, bâtonnier de l'ordre. Après une longue attente, ma cause fut appelée le 14 janvier 1871. Je dus à la sollicitude et au mérite de mes avocats d'être acquitté. Mais j'étais expulsé de l'Alsace et de la Lorraine, avec ordre de quitter Strasbourg le même jour, de me rendre à Nancy et de me présenter au préfet prussien, qui devait m'assigner une résidence.

Voilà le premier chapitre de mon odyssée.

Il en est un deuxième, non moins douloureux.

Tout heureux de me trouver en liberté, j'étais allé, brisé de fatigue, à l'hôtel d'Angleterre ; je me disposais à prendre un peu de repos. J'étais sorti de prison à cinq heures du soir, lorsqu'à huit heures on vint de nouveau m'arrêter. Placé entre quatre fusiliers, je traversai ainsi les rues de Strasbourg par une neige de cinquante centimètres. On me réintégra dans ma prison et dans la chambre même que j'avais quittée quelques heures auparavant.

M. Pfortner, prévenu aussitôt, s'empressa de faire des démarches près du gouverneur général, afin de savoir ce qui avait pu provoquer cette nouvelle arrestation. Il apprit que le motif de cette mesure était la constatation de détournements de pièces importantes de mon service. Il manquait, prétendait-on, entre autres documents, l'état du montant des rôles, les matrices de patentes de l'année 1871, etc. J'étais accusé de les avoir fait disparaître. Un employé de mes bureaux, gagné par l'ennemi, m'avait dénoncé.

Le 19 janvier 1871, M. von Cüny, président de la Cour martiale, vint m'interroger. Il me fit entendre que le fait qui m'était reproché était d'une extrême gravité, que je causais un préjudice énorme au gouvernement allemand, puisque la disparition des pièces indiquées ci-dessus rendait impossible l'établissement des rôles et par conséquent la rentrée des impôts. Toujours la question d'argent.

Ce jour-là, trois habitants de Colmar furent amenés à la prison ; ce sont MM. Simottel, avocat, et Chevalier, négociant[1], accusés d'avoir favorisé l'évasion d'un soldat français fait prisonnier, et M. Liblin, journaliste, dont la feuille courageuse ne cessait de surexciter l'opinion contre les envahisseurs.

Mes avocats se concertèrent sur les moyens à employer pour me tirer du mauvais pas où je me trouvais.

Le 28 janvier 1871, ma cause fut appelée, et la grande raison qu'ils invoquèrent pour me disculper fut que les documents qui m'étaient réclamés avaient pu être brûlés par les soldats prussiens dans la manufacture des tabacs, mais que je n'en avais détourné aucun. Il n'y avait pas de preuve contre moi ; l'accusation était basée sur des présomptions. Un certificat de M. de Peyerimhoff, maire de Colmar, mon ami, affirmant une déclaration constatant que des papiers avaient été brûlés par des soldats, fut la cause principale de mon acquittement.

Alors je fus invité à quitter Strasbourg tout de suite. Un passeport me fut délivré, qui me défendait de jamais reparaître en Alsace ni en Lorraine, sous peine d'être appréhendé au corps et conduit dans une forteresse.

J'ai nui aux Allemands de tout mon pouvoir ; je les ai combattus autant que pouvait le faire un fonctionnaire public.

J'ai souffert gravement dans mes intérêts et ma santé.

Une lettre datée de Bordeaux, écrite de la main même de M. le directeur général des contributions directes, louant mon courage et ma fermeté, me fut adressée ; ce fut tout. Aucun avancement ne me fut accordé durant les six années que je restai encore en fonctions.

J'avais près de 40 ans de service, étant entré dans l'Administration en 1832.

____

1. *App.*, 16.

J'étais déjà chevalier de la Légion d'honneur, on ne pensa pas à me faire officier.

Quoi qu'il en soit, j'ai la satisfaction d'avoir fait mon devoir.

III. *Note de M. Rencker.*

C'est au mois de janvier 1871, pendant le mouvement en avant de l'armée de Bourbaki, que la préfecture transmit à la mairie de Colmar une liste de notables qui devaient, sous le contrôle de la gendarmerie, faire tour à tour sur les locomotives le voyage de Colmar à Bollwiller, où ils rencontraient, sur le train venu de Mulhouse, des citoyens de cette ville, victimes du même ordre. La dépêche du préfet donnait une vingtaine de noms groupés deux par deux.

Il y avait 2 trains par jour, par conséquent 2 otages : l'un partait dans la matinée, l'autre au courant de l'après-midi. Ce dernier voyageur était réduit à passer la nuit à Bollwiller, où il trouvait l'hospitalité près de la gare, dans un petit hôtel tenu par les dames Abt. Les notables étaient d'ailleurs traités avec considération par le personnel des locomotives qui, gratifié journellement, ménageait une bonne place près du feu au compagnon de voyage.

Voici quelques noms de prestataires dont le souvenir m'est resté : MM. Édouard Birckel, président du tribunal de commerce ; Brunck, inspecteur des forêts ; Hartmann, architecte ; Auguste Macker, avoué ; Édouard Belin, juge au tribunal civil ; Laurent-Atthalin ; Mathias Bass, jardinier, qui se rendit à la gare escorté par ses enfants et qui prononça un discours d'adieu. Joseph Hoffmann, *der Prinz,* avait aussi été désigné, mais souffrant d'un érysipèle, il fut dispensé du service sur la production d'un certificat de son médecin et après une contre-visite faite par un médecin militaire délégué. Il fut remplacé d'office par M. Georges Scheurer, négociant.

On attribuait la paternité des listes à M. Schweppenhäuser, le commissaire central, qui avait pris les noms principalement sur les bulletins de vote des dernières élections municipales.

Peu après l'armistice, le service tomba en désuétude.

LE CAHIER DE Mlle H.....

Fragment.

1er janvier 1871. — Enfin, voilà une nouvelle année qui s'ouvre ! Que de souhaits se forment ! Avec quelle joie on la voit venir en pensant que l'année maudite à laquelle elle succède, n'est plus ! Moi aussi je fais bien des vœux, je les renferme au fond de mon cœur, car je ne puis les confier au papier. Et pourtant qui m'empêcherait de les dire hautement ? Personne, si ce n'est les envahisseurs, et pour eux je ne me gênerai pas, car ils ne se gênent pas non plus chez nous. D'abord le premier, le plus grand des vœux dont j'attends l'accomplissement de la nouvelle année, c'est de rester Alsacienne et Française, de pouvoir contempler bientôt le drapeau tricolore flottant de nouveau dans les rues de Colmar, de voir s'en retourner, après une dure leçon, les débris des hordes avides du sang français... Je forme encore bien des souhaits, ils sont innombrables, et si je les énumérais, je n'en finirais plus. Je les garde donc pour moi, mais j'espère qu'ils n'en seront pas moins exaucés.

La journée s'est passée tristement : le matin, visites d'usage à la famille ; l'après-midi, lecture. Le soir, nous avons encore été seules au coin du feu. Personne n'est venu nous voir ; tout le monde reste chez soi, les circonstances sont trop cruelles.

La nuit arrive morne et silencieuse, on ne se croirait pas au premier jour de l'an. La neige, amoncelée dans les rues, étouffe jusqu'au bruit des pas des rares passants. Le calme règne dans la nature, mais non dans les événements. Malgré tout, j'ai toujours eu, j'aurai toujours l'espérance et le courage d'attendre ; les jours meilleurs arriveront. Avant de m'endormir, je me dis encore : Espoir, courage et vive la France !

Lundi 2 janvier. — Nous sommes sur le qui-vive : Garibaldi doit, dit-on, arriver prochainement, à la tête d'une bonne armée. Pourvu que ce ne soit pas une illusion ! Qu'il vienne, il sera reçu à bras ouverts ; qu'il se hâte de venir refouler l'invasion, et son nom, déjà si célèbre, sera, par toutes les générations futures, aimé, glorifié, rendu immortel. — Il paraît que la Prusse a toujours besoin de beaucoup d'hommes, il en passe continuellement des trains tout entiers. Eh bien ! passez toujours, enfants du diable, allez voir notre belle France, toute rouge du sang de vos victimes, allez, repaissez-vous de ce spectacle, mais n'en revenez pas.....

Les derniers infirmiers français sont partis aujourd'hui ; voilà donc nos pauvres blessés abandonnés aux soins de l'ennemi. Il n'y en a plus que dix-neuf, mais c'est encore trop. La nuit descend bien silencieuse sur la terre toute blanche. A neuf heures, au moment de me coucher, j'entends chanter dans la rue la *Marseillaise,* accompagnée des cris : Mort aux Prussiens ! Ce sont quelques bons patriotes, qui ne craignent pas la fureur des complices de Bismarck.

Mardi 3 janvier. — Les nouvelles sont rares, je n'en apprends qu'une : les Prussiens veulent éloigner du pays quiconque n'est pas né en Alsace. Je ne sais si cette loi s'appliquera à tout le monde ou aux fonctionnaires seulement. Nous verrons.

Il passe toujours des troupes ennemies.

Dans l'après-midi, je fais un peu de musique pour me distraire des horreurs qu'on ne cesse d'entendre. Le soir, en tricotant, je lis les *Incas.* Tout ce que raconte ce livre est bien affreux, bien sanglant, mais cette guerre dans les Indes n'est rien à côté de celle faite en ce moment par des barbares civilisés.

Je m'endors, ayant toujours en perspective l'arrivée de Garibaldi. Est-ce pour cette nuit ?

4 janvier. — Aucune nouvelle ! Ce silence est effroyable.

Vers dix heures du soir, il arrive un train de troupes pour Colmar.

Jeudi 5. — On nous annonce que l'ennemi fait des tranchées sur la côte de Hattstatt. Ils espèrent, avec cela, détruire l'armée de Garibaldi.

Le bruit court aussi que nos troupes ont repris Montbéliard.

A trois heures du soir, nous voyons partir les bataillons de landwehr qui sont en garnison ici depuis quelque temps.

Je passe l'après-midi à dessiner le portrait de Bayard ; j'espère que les mânes de ce grand homme porteront encore bonheur à la France.

On affiche toujours des dépêches, c'est-à-dire des papiers simulant des dépêches et sur lesquels des anonymes écrivent toute sorte de choses contre la Prusse. Au moins ils voient, ces tyrans, qu'on n'est pas tant porté pour eux, comme ils le croient. Nous avons du sang français dans les veines.

6 janvier. — Il a passé aujourd'hui quatre trains de troupes, dont l'un avec des canons et des artilleurs bavarois.

Il neige toujours un peu le matin, mais cette après-midi le temps s'est bien radouci, on dirait presque le dégel. La nuit est calme.

7 janvier. — L'espoir renaît chez les plus découragés. Pour moi, il ne m'a jamais quittée.

Il passe toujours des troupes.

Les Français sont, dit-on, à Delle.

Dimanche 8 janvier. — Déjà dimanche ! Je me hâte d'aller à l'église. Après le sermon, je vais avec Berthe chercher mes petites cousines ; elles passent la journée chez nous.

La seule nouvelle politique que j'ai apprise, c'est, à ce qu'il paraît, une retraite des Français sur Besançon. Ils se sentent encore trop peu nombreux ; mieux vaut se fortifier avant de tenter un choc.

9 janvier. Encore de la neige, mais le froid n'est pas très vif.

Entre cinq et six heures du soir, il passe un train de 500 à 600 prisonniers français venant de Belfort. Avec la permission du commandant de place allemand, nous avons accès à la gare pour leur distribuer des vêtements chauds. Pauvres compatriotes, où vont-ils ainsi ? Au fond de la Silésie, sans doute, eux qui ne connaissent pas les frimas du nord de la Prusse !

On nous annonce un second train de prisonniers, mais notre attente est vaine ; ce n'était que pour nous effrayer. J'aime mieux avoir attendu pour rien que s'il en était arrivé.

Départ de deux blessés de l'hôpital militaire.

10 janvier. — Rien de particulier. On attend Garibaldi avec impatience.

Mercredi 11. — Werder, général prussien, est battu près de Vesoul ; bravo, bravo, bis !

Entre six et sept heures du soir, il passe 72 prisonniers ; nous les équipons. Ils nous donnent beaucoup d'espoir : Belfort tiendra, s'il le faut, encore six mois.

On nous annonce que le mont d'Avron, près de Paris, avait été miné par les Français et qu'on vient de le faire sauter avec 20,000 Prussiens. Encore bravo, si c'est vrai. L'espérance redevient la compagne de notre infortunée patrie.

Jeudi 12 janvier. — Passage de neuf prisonniers.

Vendredi 13. — Rien, qu'encore dix prisonniers.

Samedi 14. — On entend la canonnade de Belfort. Toujours des trains de blessés qui descendent, mais toujours aussi des trains de troupes montant.

15 janvier. — Très bonnes nouvelles de l'armée qui vient nous délivrer ; espérons qu'enfin la victoire nous arrive, Belfort nous le prouve déjà.

A partir de demain, les notables de la ville sont obligés de voyager tour à tour sur la locomotive jusqu'à Bollwiller.

16 janvier. — Tranquillité complète ce matin, mais vers le soir, nous apprenons que l'ennemi cerne la maison Chevalier pour y chercher des armes. Il n'en a pas trouvé, mais a mis la main sur une lettre au vu de laquelle on a arrêté M. Édouard Chevalier, ainsi que MM. Simottel père et fils. Que de bruit ! On dirait le commencement d'une émeute ; heureusement ce n'est rien. Quelques nouvelles arrestations se sont faites.

Mardi 17 janvier. — On n'est pas calme en ville, on parle de se révolter, mais les nombreuses patrouilles qui circulent toute la matinée font un peu cesser le trouble. On relâche M. Simottel fils, mais le père et M. Chevalier sont encore enfermés aux Deux-Clefs. On cerne les alentours de cet hôtel, pour que personne ne s'y aventure. Journée bien triste pour nous.

Continuels passages de troupes.

18 janvier. — Matinée plus calme que celle d'hier. Vers onze heures, on amène à la gare MM. Simottel et Chevalier ; ils sont transférés à Strasbourg !!!

Le soir, nous avons un train contenant 400 à 500 prisonniers et 200 blessés. Nous leur distribuons, comme toujours, des vêtements chauds, du vin, du pain et des saucisses. Les nouvelles ne sont pas trop mauvaises !

19 janvier. — C'est aujourd'hui mon jour de naissance, aujourd'hui j'ai 17 ans ! Mais quel anniversaire ! Les nouvelles sont mauvaises !

20 janvier. — Passage de 300 prisonniers. Les nouvelles sont peu faites pour nous rassurer. Arrestation de M. Sitter et de M. Hummel père.

21 janvier. — A onze heures, il y a un train spécial de 800 prisonniers, venant de Montbéliard. Le dénûment de nos pauvres soldats est affreux. Tout transis de froid et souffrant de la faim ! C'est affreux à voir. Nous leur donnons des vêtements, du pain, du vin, des saucisses, etc. Combien d'heureux l'on fait avec peu de chose !

MM. Sitter et Hummel sont remis en liberté ; ce n'était vraiment pas la peine de les arrêter : comme ils n'avaient pas payé leurs contributions, on leur envoie des garnisaires ; ceux-ci voient sur une commode une paire de vieux pistolets cassés. Prévenir la police et faire l'arrestation sont l'affaire d'un instant, mais les angoisses de la famille ont été indescriptibles. Heureusement, l'innocence de nos deux amis a été reconnue et ils jouissent de nouveau de leur liberté.

22 janvier. — Encore des prisonniers : 560 ! Les nouvelles ne s'améliorent pas : Bourbaki est en retraite. Tous les jours il arrive des blessés, mais tous les jours aussi montent des troupes valides pour renforcer l'armée de Werder.

Lundi 23 janvier. — Continuellement des prisonniers et des blessés. Aujourd'hui le nombre des premiers n'est pas grand. Nous avons obtenu un magasin à la gare pour y mettre toutes les choses que nous désirons distribuer.

24 janvier. — Journée assez tranquille ; point de prisonniers, peu de blessés. Les nouvelles sont incertaines.

Mercredi 25. — Le soir, à six heures, nous avons un train de prisonniers. Comme toujours, les blessés ne manquaient pas. Mauvaises nouvelles.

Jeudi 26. — A onze heures, un train spécial contenant

366 prisonniers français et 1 officier, plus 250 blessés allemands avec 2 officiers.

Dans l'après-midi, passe un magnifique train d'ambulance wurtembergeois.

L'avenir est bien noir : Chanzy battu sur la Loire, Faidherbe repoussé dans le Nord et se laissant prendre 10,000 prisonniers, Bourbaki en retraite et Paris sur le point de capituler !.... C'est affreux.

Notre pauvre France doit-elle donc être perdue à jamais ? On ne sait plus que penser !

Vendredi 27 janvier. — La petite vérole fait de grands ravages ici.

Le soir, il passe à peu près 300 prisonniers.

Samedi 28. — A midi, le train de Mulhouse nous amène 27 prisonniers et des blessés ; tous les blessés sont Allemands. Le soir, on nous annonce un train de blessés, mais il contient en plus 250 prisonniers.

On parle d'un armistice, mais rien n'est officiel ; en tout cas, il a passé encore cette après-midi deux trains de troupes à destination de Belfort. Belfort est l'épine au pied des Prussiens. Ah ! si toutes nos forteresses avaient imité Belfort !...

APPENDICE

---

1. Page II. — *Avait laissé raviver les dissensions confessionnelles...*

Voir, sur cette matière et en général sur l'état des esprits
depuis le réveil de la question religieuse, les publications suivantes :

1° L'Abeille, journal catholique; rédacteur M. l'abbé A. de
Humbourg. — Strasbourg, 1843-1844.

2° *Was haben wir Protestanten von den Katholiken zu befürchten*
(Qu'avons-nous, nous protestants, à craindre des catholiques) ?
— Strasbourg, 1843.

3° *Einige Worte an die Bürger von Hagenau* (Quelques paroles
aux bourgeois de Haguenau). *Cum permissu superiorum.* 1843.

(Brochure invitant les catholiques à résister aux protestants
comme deux cents ans auparavant.)

4° Do...z. *Véritable cause de la levée de boucliers de Saint-
Thomas.* — 1843.

5° A. G. Heinhold. *Affaire de Saint-Thomas. Relevé détaillé
des biens dont jouissent certains protestants du Bas-Rhin,* etc. —
Strasbourg, 1854.

6° Braun. *Les Biens protestants de la confession d'Augsbourg.* —
Paris, Meyrueis, 1854.

7° Kugler. *Qu'en est-il des affaires de Saint-Thomas ? Simple
exposé.* — Strasbourg, 1854.

8° *Procès Bessner.* — Colmar, 1859.

9° *Liberté religieuse. Procès Bessner.* — Paris, Meyrueis, 1859.

10° L'ALSACE, journal politique. — Colmar, 1869, *passim.*

11° Le JOURNAL DE COLMAR, politique. 1869, *passim.*

12° DER ELSÆSSISCHE VOLKSBOTE (Le Messager du peuple alsacien). — Rixheim, 1869-1870.

13° Abbé CH. DE HUMBOURG, curé de Lièpvre. *Manifeste d'un électeur aux électeurs.* — Saint-Dié, 1869.

14° Abbé CH. LAMEY. *Lettre d'un catholique aux pasteurs protestants à propos du prochain concile œcuménique.* — Strasbourg, 1869.

14° *bis.* AD. SCHÆFFER. *Non possumus,* Réponse à la Lettre d'un catholique aux pasteurs protestants, etc. — Colmar, 1869.

15° Abbé J.-I. SIMONIS, curé de Rixheim. *Le Protestant en face du concile du Vatican.* — Rixheim, 1870.

16° Le COURRIER DU HAUT-RHIN, journal politique. — Colmar, 1870, *passim.*

17° JULES QUIRIN. *Mon procès devant le conseil de guerre de Phalsbourg assiégée.* — Bâle, 1871.

18° HAEMMERLIN, pasteur. *A bas les protestants !* — 1872 (s. l.).

19° Abbé GRISER, curé de Lixheim. *Programme des catholiques de l'Alsace-Lorraine devant l'annexion.* — Strasbourg, 1871.

20° FOURLEMANN. *Réponse au Programme des catholiques de l'Alsace-Lorraine de M. l'abbé Griser.* — Strasbourg, 1871.

21° *Zwei und dreissig Fragen aufrichtig beantwortet für die katholischen Elsässer* (Trente-deux questions et réponses sincères, aux Alsaciens catholiques). — Rixheim, 1872.

22° AD. STŒBER. *Simples questions d'un ami du peuple alsacien.* — Bâle et Mulhouse, 1872.

23° *Apparition de la Sainte-Vierge à Krüth (Neubois),* par un Alsacien. — Paris, V. Palmé, 1873.

24° *Das Münster* (La Cathédrale) — Rixheim ?

(Brochure établissant les droits des catholiques sur la cathédrale, qu'un petit écrit de Berlin déclare devoir être rendue aux protestants.)

25° *Les Élections au Reichstag pour l'Alsace-Lorraine.* — Strasbourg, Leroux, 1874.

26° JULIEN SÉE. *Nos Élections au Reichstag,* lettre... — Clermont-Ferrand, 1874.

27° LONGCHAMP. *La Vie politique en Alsace-Lorraine.* — Mulhouse, 1876.

2. Page III. — *Dès la mi-octobre apparaissaient chez l'envahisseur des signes de découragement...*

H. Pigeonneau. *Versailles pendant le siège* (*Revue des Deux-Mondes*, numéro du 1er avril 1871) :

Dès le 9 novembre, il était facile de remarquer des symptômes d'inquiétude parmi les confidents de l'état-major ; les fronts étaient soucieux, les consignes plus sévères, l'arrogance moins insultante. Des marchés passés pour les fournitures de farine et d'avoine avaient été suspendus ; des détachements de cavalerie et d'artillerie partaient à la hâte. Bientôt les craintes se trahirent par des signes plus certains ; les officiers et les soldats logés chez l'habitant reçurent l'ordre de coucher tout habillés ; les fourgons qui avaient joué un rôle si actif dans le déménagement du 21 octobre reparurent et se remplirent de nouveau. Ces innombrables chariots qui, dans une retraite, auraient encombré les chemins et causé la perte de l'armée prussienne, s'écoulèrent en longues files par la route de Saint-Germain.

Le 12 novembre, des bruits, vagues d'abord, mais confirmés bientôt par des renseignements précis, nous apprirent l'évacuation d'Orléans et la défaite du corps d'armée bavarois..... Le 10 novembre, le gros de l'armée de la Loire était à cinq marches de Paris ; le corps du général von der Thann pouvait être coupé et détruit, celui du grand-duc de Mecklembourg était dispersé entre Dreux et Chartres ; les troupes que le prince Frédéric-Charles amenait de Metz ne pouvaient entrer en ligne avant le 18 novembre..... L'armée de siège était réduite d'un quart par les maladies. La confiance de l'ennemi, un moment relevée par la capitulation de Metz, s'ébranlait de nouveau ; les soldats, pleins de sombres pressentiments, écrivaient en Allemagne que Paris serait leur tombeau. Si l'armée de Paris, après avoir écrasé sous le feu des forts et de la redoute des Hautes-Bruyères les positions de l'Hay, de Chevilly et de Thiais, seules défenses du plateau qui domine la Seine, débouchait dans la plaine et réussissait à couper les ponts de Villeneuve-Saint-Georges, il ne restait à l'état-major prussien d'autre ressource que de lever le blocus de la rive gauche et de risquer avec 100,000 hommes une bataille désespérée, pendant que les corps du général von der Thann et du grand-duc de Mecklembourg disputeraient pied à pied la route d'Orléans. L'exécution de ce plan était-elle possible ? L'avenir le dira peut-être : mais l'armée prussienne le craignait. Les Allemands n'oseraient le nier devant ceux qui ont été témoins de leur agitation, de leurs inquiétudes, de leurs continuelles alertes, au moindre symptôme qui pouvait faire redouter une sortie.....

— Page IV. — *Une prolongation de la résistance pouvait améliorer la face des choses.*

Même article :

..... C'était la sortie, la première, depuis un mois de siège, qui parût se diriger du côté de Versailles ! Les Prussiens, contre leur ordinaire, paraissaient surpris ; des estafettes parcouraient les rues à toute bride, les trompettes sonnaient l'alarme ; les officiers, effarés, couraient rejoindre leurs corps ; les batteries, à peine attelées, partaient au galop : les régiments cantonnés à Versailles et à Viroflay, se dirigeaient au pas de course par détachements de 200 à 300 hommes vers le théâtre de l'action..... La panique était à son comble. A l'hôtel des Réservoirs, à l'état-major général, à l'hôtel de M. de Bismarck, des fourgons attelés à la hâte recevaient pêle-mêle les cartes, les malles et les liasses de papiers. A la préfecture on déménageait les appartements du roi et on entassait dans des voitures de réquisition les bagages et jusqu'aux tiroirs des meubles pleins de linge et d'effets. La population de Versailles, électrisée par le bruit du canon, s'était répandue dans les rues. Des groupes menaçants poursuivaient de leurs huées les patrouilles de cavalerie qui sillonnaient la ville le sabre au poing ; on croyait déjà entendre nos clairons sonnant la charge et les hurrahs de nos soldats..... C'était un espoir trompé. Vers le soir, les ambulances versaillaises ramenèrent quelques-uns de nos blessés ; ils nous apprirent que 6,000 hommes à peine avaient été engagés de notre côté. C'était là ce qui avait jeté l'épouvante au quartier-général et failli faire une trouée dans les lignes prussiennes !

La sortie du 21 octobre eut du moins un résultat : l'état-major avait eu peur, il s'en vengea sur les témoins de sa panique. Une affiche enjoignit aux habitants de Versailles de rentrer chez eux aux premiers sons de la trompette d'alarme et autorisa les soldats à employer la force en cas de désobéissance. Cette échauffourée, qui avait coûté aux Prussiens plus de 1,200 hommes, n'avait pas contribué à relever le moral de l'armée, bien nourrie et bien logée à nos dépens, mais abattue par les maladies et surtout par la longueur du siège, qui dépassait déjà toutes les prévisions du soldat et qui commençait à inquiéter même les chefs. On avait

compté sur la famine et sur la révolution. La révolution se faisait
attendre.

Ajoutons, à titre de curiosité, un fait ignoré de l'occupation allemande à Versailles et qui pouvait brusquement
terminer la guerre ; je le tiens d'une personne éminem-
ment sérieuse et digne de confiance :

Quelques jours après l'arrivée du roi Guillaume à Versailles,
un habitant de la ville apprit, par une conversation surprise entre
deux domestiques de la maison royale, que le lendemain le roi,
accompagné de M. de Moltke et de M. de Bismarck, devait visiter
les postes prussiens du côté de Bougival et de la Malmaison en
prenant par la route de la Jonchère, située à mi-côte et visible
sur un espace de quelques dizaines de mètres du mont Valérien.
Un hasard qui n'était pas tout à fait extraordinaire, car il se re-
produisit plusieurs fois, la présence à Versailles d'un mauvais gar-
nement caserné au mont Valérien et qui a traversé une douzaine
de fois au moins les lignes prussiennes, permit de transmettre au
fort le renseignement ainsi recueilli. Cependant l'habitant de Versailles qui l'avait moitié surpris, moitié arraché aux deux Prussiens, connaissait trop bien, au moins de réputation, le susdit
messager, ivrogne, voleur et plus que capable de cumuler avec
ces différents métiers celui d'espion, pour lui confier le renseignement tout entier, — il aurait été sur-le-champ se le faire payer au
quartier-général prussien ; — il lui donna vingt francs et lui dit
simplement de prévenir le commandant de la forteresse qu'il y
avait un intérêt majeur à observer pendant toute la journée du
lendemain, surtout entre une heure et quatre heures, la route de
la Jonchère et tout ce qu'on pouvait voir du mont Valérien dans
la direction de Bougival. La commission fut-elle faite ? On l'ignore ;
mais le lendemain le roi partit vers une heure et demie, M. de
Moltke était dans sa voiture, M. de Bismarck suivait dans une
autre : une escorte de hulans, peu nombreuse du reste, les accompagnait. A 4 heures environ, les voitures repassaient au grand
trot, l'escorte était réduite : trois quarts d'heure après, une char-
rette rentrait par la grille du boulevard du Roi, portant six hulans morts ou blessés avec des tronçons de lances et des débris
d'uniformes. L'auteur de la communication apprit quelques jours
plus tard, par une indiscrétion d'un des princes allemands présents à Versailles et qui s'occupait de questions relatives aux
ambulances françaises et prussiennes, que le roi avait échappé,
dans une excursion aux avant-postes, à un danger sérieux, que

deux obus lancés par hasard avaient atteint quelques-uns des cavaliers qui précédaient et suivaient sa voiture, et que depuis ce temps M. de Moltke avait interdit toute escapade de ce genre. Du reste, le silence le plus complet fut gardé officiellement et officieusement sur cet épisode.

Le messager a disparu comme il devait disparaître. Surpris, quelques semaines plus tard, par une patrouille de mobiles, en train de dévaliser une maison abandonnée à Rueil, il fut fusillé comme voleur, et sa femme, qui demeurait à Versailles, a également ment disparu après la guerre. Les deux obus sont-ils tombés par hasard ou le renseignement a-t-il été transmis et utilisé ? C'est ce qu'il a été impossible d'éclaircir.

3. Page IV. — *Grèves, émeute, Commune...*

Voir dans C.-A. DAUBAN, *le Fond de la société sous la Commune* (Paris, Plon et Cie, 1873), l'image de Kœgler, *Gefallen, gefallen ist Babylon die Stolze,* publiée en Allemagne plusieurs mois avant le 18 mars et représentant les incendies de mai 1871.

Disons pourtant que la Commune était sans doute en germe dans bien des esprits et qu'un observateur attentif, surtout un observateur intéressé, pouvait l'y discerner assez longtemps avant son éclosion. Dès 1870, postérieurement toutefois au 4 septembre, une brochure à couverture rouge, *la Commune de Paris, son passé, son avenir,* par Fontaine (de Rambouillet) et Edmond Bossant (Paris, Grenier et Robert), demandait le rétablissement de la Commune de Paris, « cette grande aïeule de la liberté, cette vigilante gardienne de nos droits reconquis » ...

... Des commissions, composées de simples citoyens désignés par le suffrage, siégeront dans les mairies pour éclairer nos mandataires sur les questions spéciales, les instruire des besoins et des vœux quotidiens de leurs administrés.

Les questions sociales seront, de la part de ces commissions, l'objet d'une étude approfondie...

La Commune de Paris votera son budget et s'administrera elle-même..... La garde nationale sera dans sa main.....

Elle aura la police.....

La Commune aura l'Assistance publique.....

Elle aura enfin et surtout l'instruction populaire.....

Nous aurons ces choses et..... d'autres.

4. Page 2. — *C'est nous qui nous donnons l'apparence...*

Le 19 mai 1867, 25 Allemands des États du Sud et 25 Français, la plupart habitants d'Alsace, possédant tous la conviction que la guerre de conquête est un crime, se réunirent à Kehl dans le but de créer une ligue pacifique franco-allemande. Ils adoptèrent à l'unanimité l'appel suivant, adressé aux citoyens sages et humains des deux nations :

DÉCLARATION

SIGNÉE A KEHL EN FRANÇAIS ET EN ALLEMAND

le 19 mai 1867.

Les soussignés, habitants des deux rives du Rhin, déclarent répudier énergiquement toute idée d'empiétement d'un peuple sur l'autre et toute prédication de haine et de guerre entre eux, de quelque côté qu'elle vienne.

Ils pensent qu'il y a assez de progrès à faire au sein même de chaque pays, assez de courage et de patriotisme à dépenser sur place au profit du bien public, pour qu'on puisse mettre l'honneur national et les luttes de supériorité de race ailleurs que sur les champs de bataille.

Ils invitent tous ceux de leurs concitoyens qui partagent leurs sentiments à se joindre à eux pour former, dans les deux pays, le parti de la paix, de la seule paix qui puisse être honorable et durable, de celle qui aura pour base le respect mutuel et l'aide fraternelle que les nations se doivent entre elles.

Deux comités furent établis, l'un à Kehl et l'autre à Strasbourg, et l'on convint que ces comités échangeraient entre eux la liste de chaque pays, signature contre signature.

Quelques jours après cette réunion, dont j'avais rapporté un sentiment justifié de sympathie pour les membres allemands, je fus prévenu par le comité de Strasbourg, à qui j'avais déjà envoyé une liste d'adhérents, que toute propagande devait cesser en France, NOS ALLIÉS NE POUVANT OBTENIR AUCUNE ADHÉSION DANS LEURS VILLES, OÙ ON LES TRAITAIT PUBLIQUEMENT DE TRAITRES ET DE VENDUS.

Le sentiment général des populations du Sud nous était donc
hostile et nous devions nous attendre, en cas de guerre, à avoir à
combattre contre toute l'Allemagne, unie dans sa haine pour
l'empire français.

(Ed. EUDELINE, *les Francs-tireurs de Colmar*.)

On a vu depuis, par les rapports du colonel Stoffel,
trouvés aux Tuileries après le 4 septembre, quelle était
la confiance des Prussiens dans leur victoire. Un sentiment analogue régnait chez la plupart des Allemands :
dès les premiers jours de la guerre arrivait au *Courrier
du Haut-Rhin* un appel imprimé, en forme de circulaire
et invitant les Français à s'unir aux Allemands sous le
sceptre des Hohenzollern, successeurs de Charlemagne.
Je n'attachais d'ailleurs aucune importance à ce document, et n'y pensais même plus, lorsqu'une petite brochure trouvée à Paris sur les quais me le remit en mémoire.
Intitulé *Une Solution*, par Alceste, et daté de Paris 1871,
sans nom d'imprimeur, ce factum propose aux électeurs
de la future Constituante « de se rallier autour d'un sou-
« verain qui s'impose à tous les partis sans exception et
« qui commande le respect sans que nous ayons besoin
« d'abdiquer dans ses mains les droits sacrés du citoyen » ;
il se termine en leur demandant de proclamer le prince
Frédéric-Charles empereur d'Occident.

5. Page 4. — *Pour des querelles que l'on croyait éteintes...*

Ces lignes étaient écrites depuis quatre ans, lorsqu'un
feuilleton du *Journal d'Alsace* m'apprit l'existence d'une
brochure très étrange, publiée à Paris en novembre 1870,
sous le titre de *Note secrète sur la mission occulte du second
empire*. A en croire ce factum, nos défaites, avec la perte de
l'Alsace, auraient été chose prévue et voulue, non pas sans
doute par l'empereur Napoléon, mais par de mystérieux
conseillers de sa politique. Immédiatement, bien que fort
incrédule, je me mis en devoir de me procurer cette pièce
en allant la demander à l'éditeur, M. Riche-Gardon, qui

s'empressa de m'en offrir un exemplaire. M. Riche-Gardon demeure rue de la Banque, n° 5. Il me raconta, comme il le fait dans la brochure, que le 4 septembre 1870, à la nuit tombante, un homme se présenta à son bureau, s'assura *s'il parlait à M. Riche-Gardon, rédacteur en chef de* LA BONNE NOUVELLE DU XIXe SIÈCLE, puis, sur sa réponse affirmative, lui remit un gros pli et se retira en déclarant qu'il n'y avait pas de réponse. Dans ce pli se trouvaient, entre autres papiers plus ou moins correctement écrits, la série des feuillets qui reproduisent la *Note secrète* en question. Accompagnée d'inductions (assez hasardeuses) de l'éditeur sur les raisons qui ont pu le faire choisir pour dépositaire des documents et sur le contenu de la pièce même, cette Note est certifiée reproduite exactement et textuellement et porte le nom de l'imprimerie Jouaust, rue Saint-Honoré, 338.

Une traduction en a été publiée en Allemagne par M. de Dirkingk-Holmfeld.

En voici les principaux passages :

Un grand personnage avait demandé à une dame de haute position de se consulter avec les personnes de sa confiance pour lui faire un rapport sur les moyens de déjouer les conspirations ourdies contre l'Empire dans ces derniers temps.

La note suivante fut la réponse, en décembre 1869 :

NOTE SECRÈTE

Les dangers qui semblent menacer l'Empire n'ont rien de sérieux.

Il faut considérer la grandeur de la mission acceptée par Napoléon III et le nombre si considérable de ses appuis.

Notre but, n'est-ce donc pas le ralliement de la race latine pour arriver au triomphe du catholicisme sur le monde entier?

Les moyens d'atteindre ce but sont encore un mystère pour l'esprit du monde.

Le triumvirat formé de la Papauté, les Jésuites et l'Empire napoléonien, voilà le moyen préparé par le Tout-Puissant.

Les résultats obtenus par ce triumvirat depuis vingt années sont déjà immenses.

En Europe, tout le protestantisme orthodoxe, jusque dans Genève même, comme la majorité de l'anglicanisme, marche sous la bannière dogmatique du catholicisme. En Amérique, même aux États-Unis du Nord, ce progrès n'est pas moins rapide. Bientôt, plus de la moitié de la population de New-York nous sera acquise, comme elle va l'être en d'autres pays protestants.

. . . .

Dès que Napoléon III a pu diriger une presse variée dans ses éléments pour répandre chaque jour plusieurs millions de feuilles qui préparent les esprits à sa mission, l'opinion publique s'est faite graduellement en faveur de l'œuvre providentielle de l'Empire.

. . . .

On peut affirmer aujourd'hui que les quatre cinquièmes de la France ne pensent que par l'inspiration impériale : assez de votes universels l'ont constaté.

. . . .

Mais le Créateur n'a pas fait acquérir une telle puissance à Napoléon III pour qu'il s'arrête dans la mission d'assurer à la race latine la conquête spirituelle des populations du globe par une propagande appuyée sur la force matérielle nécessaire.

..... Il reste un effort capital à produire promptement, pour que les forces inépuisables de la France puissent ensuite être appliquées partout au triomphe de l'œuvre de Dieu.

..... Un cinquième de la population française résiste à l'Empire. Ce cinquième est formé des éléments qui représentent encore l'esprit de la Révolution.

Ces éléments sont de trois sortes :

1° L'esprit de Voltaire et de Rousseau, l'esprit du libéralisme monarchique et républicain, voilà le véritable ennemi du catholicisme ;

2° Le travail de la révolution violente. Mais ce travail ne ralliera jamais assez de monde pour être dangereux. L'inquiétude qu'il inspire servira toujours efficacement les pouvoirs, si l'on a soin de faire connaître ses moyens et son but ;

3° Le protestantisme anti-orthodoxe, qui continue la révolution dans l'Église et qui sera bientôt anéanti.

Ce dernier élément a son véritable foyer en Alsace, province d'un esprit funeste à notre mission providentielle.

Depuis qu'elle fait partie de la France, l'Alsace s'est crue appelée à exercer son influence sur toute la nation, et elle l'exerce réellement sur les villes et sur toutes les localités protestantes.

L'Alsace ne sera convertie que par le développement de plus en plus rapide du catholicisme en Allemagne, et ce développement sera aussi de plus en plus secondé par le gouvernement prussien.

En exaltant l'esprit public au cri impérialiste de *Frontière du Rhin,* on a préparé les événements qui doivent nous délivrer, par une haute stratégie spirituelle, des révolutionnaires voltairiens de tous degrés et des révolutionnaires protestants. Ils seront emportés en une seule lutte, dirigée par le Dieu des armées.

C'est ici qu'il importe de rappeler notre but religieux par l'action de la race latine, afin de dissiper les préjugés nationaux, d'ailleurs respectables à un point de vue secondaire, que peut provoquer la rigueur des moyens à employer par l'Empire pour le triomphe de l'autorité divine sur les hommes.

La guerre est devenue nécessaire.

. . . .

La Prusse est la seule puissance qui semble disposée et préparée providentiellement à une guerre dans le but qui nous est utile. Avec l'État prussien, les circonstances rendront la guerre inévitable, dès que l'Empereur en aura la volonté.

La Prusse peut présenter spontanément une immense armée, bien formée et bien commandée. L'Empire ne peut lui opposer des forces égales aux siennes !

Qu'importe, si la guerre n'a lieu que pour servir la cause du Très-Haut ?

Il ne s'agit pas d'un triomphe matériel, mais d'un triomphe d'abord spirituel, pour s'affranchir des éléments révolutionnaires.

C'est ce triomphe que la Prusse est providentiellement appelée à obtenir en notre faveur, pour commencer l'expiation de l'hérésie allemande.

. . . .

Pour satisfaire à sa destination providentielle, la Prusse devra punir l'Alsace ; elle devra, dans son intérêt même, exterminer les révolutionnaires de tout pays venus au secours de leur foyer d'impiété.

Il n'est point tenu compte dans cette note du désir de l'Empereur de s'imposer à la Prusse par le concours de différents États dont les peuples aspirent à une revanche pour leur dignité blessée.

Le désir de l'Empereur n'est qu'une illusion. Il serait funeste à l'Empire, parce qu'il contrarie le plan providentiel du ralliement de la race latine.

Ce ralliement sera d'autant plus prompt que la Prusse sera plus puissante comme empire pour le ralliement de la race germanique, ramenée au dogme catholique.....

Demanderait-on qui acceptera la responsabilité d'un désastre national apparent, quel qu'il soit ?

Mais n'apercevra-t-on pas aux premiers jours le triomphe spirituel assurant la sécurité de tous les intérêts dévoués à l'Empire ?

..... On commencera d'ailleurs par soutenir que c'est l'opposition qui a poussé le Gouvernement à faire cette guerre en vue de reconquérir les frontières du Rhin..... Et d'ailleurs cent voix contre vingt ayant toujours fait l'opinion et la loi, elles la feront plus facilement encore, lorsque la révolution sera mortellement frappée..... Car un nouveau plébiscite sera sans doute nécessaire.

. . . .

Quand les circonstances offrent à un Empereur, cinq fois élu par un peuple catholique à une si grande majorité, la possibilité d'accomplir une telle œuvre, redouter de l'entreprendre et de s'y sacrifier au besoin, ne serait-ce pas se déclarer d'avance un indigne fils de l'Eglise et se mettre à la merci de tous les périls ?

Le ralliement de la race latine sur les deux continents ne sera-t-il pas la plus grande œuvre de l'humanité, par ses conséquences incalculables ?

L'œuvre de Constantin en aura été le principe, mais elle restera comme une étoile infime, absorbée par un soleil.

La véritable unité de l'Église aura son jour *ad majorem Dei gloriam.*

Heureux ceux qui auront travaillé à la vigne du Seigneur !

6. Page 35. — *Louis Standaert a été arrêté...*

Extrait d'une lettre de M. Standaert à ce sujet :

.... Malgré la guerre déclarée, les passions locales ne désarmaient pas..... Les élections municipales allaient dégénérer en luttes entre le parti libéral et le parti clérical. On cherchait un moyen de me compromettre..... Un soir, j'étais assis avec de bons bourgeois de Thann à la porte d'une petite brasserie. Arrive le courrier, impatiemment attendu, car les armées étaient en marche. Le premier qui prend le journal doit le lire tout haut ; c'est ce que je fais. Une foule énorme s'assemble peu à peu, composée d'ouvriers lançant contre moi des cris hostiles. On avertit le maire qui demeure tout à côté. On s'ameute contre moi, je veux me frayer un chemin à travers la foule ; on me frappe, on me prend mon chapeau, un agent me conduit au poste *pour me protéger.* On entend le maire dire à ses chers amis de l'émeute : *Nous le tenons !*

Et on forge une accusation : on affirme que j'ai excité la foule en protestant contre la guerre. On me laisse au poste et le lendemain matin, on me conduit à la prison de Belfort. De l'enquête il résulte que *pas un* des ouvriers ameutés ne comprenait un mot de ce que je lisais ; cependant on me détient arbitrairement, malgré deux dépêches envoyées par le ministre (Ollivier) à la requête d'amis officieux et scandalisés. Le ministre demandait qu'on me relâchât provisoirement, à moins d'un délit *évident* et *flagrant ;* l'administration de Thann eut assez d'influence à Belfort pour qu'on n'y tînt pas compte des dépêches ministérielles et je ne fus relâché, sans jugement, qu'*après les élections municipales,* c'est-à-dire après onze jours de détention dite préventive. Le maire triompha aux élections. Je rentre à Thann. Colère des congréganistes. Des menaces de mort sont écrites sur la porte de ma demeure et me sont jetées à la face ; je me vois obligé de quitter le pays.

7. Page 49. — *L'auteur de la panique de ce matin....*

Eudeline, *loc. cit. :*

..... Je trouve chez moi une carte du préfet, où il a écrit ces mots au crayon : « Prière de venir me voir le plus tôt possible. »

Qu'y a-t-il donc encore ? A peine arrivé, je suis introduit chez le préfet. De mauvaises nouvelles lui sont parvenues. L'ennemi a passé le Rhin près de Schlestadt et au-dessus de Mulhouse. Colmar sera probablement occupé dans la soirée par des colonnes qui viennent de ces deux directions. Quelle journée pour un Français !

Le préfet, qui n'a pas d'ordres à me donner, dit-il, m'engage à faire désarmer immédiatement les volontaires qui possèdent nos carabines et de faire disparaître nos uniformes. Sa dame, présente à l'entretien, m'adjure de ne pas faire brûler la ville et compromettre l'existence d'une partie de ses habitants, ce qui pourrait arriver, si un engagement avait lieu entre les francs-tireurs et les Prussiens. Si ce ne sont pas les paroles textuelles, du moins est-ce le sens exact des instances de M. et de Mme Salles.

Certes, je n'avais pas la folle prétention de défendre une ville de 30,000 habitants contre quelques régiments avec 70 conscrits possédant 60 carabines et environ un millier de cartouches,.... mais dissoudre un corps constitué depuis deux ans au premier danger, livrer des armes à nous confiées pour défendre nos foyers et brûler nos uniformes, oh ! non.....

8. Page 53. — *Mon procès devant le conseil de guerre de Phalsbourg assiégé,* par Jules Quirin, novembre 1870 (Bâle, imprimerie de Chr. Krüsi, 1871) :

... Vingt-quatre heures après cette conversation, le hasard le conduisit (le commandant de place) auprès du capitaine du génie, qui *savait*..... que les protestants de France s'étaient vendus à la Prusse et trahissaient leur pays.

. . . .

C'était un de ces bruits sinistres que le fanatisme invente et propage et que le fanatisme accepte et croit.....

Nos protestants de l'Est sont traîtres à leur patrie et font cause commune avec la Prusse, voilà ce que l'on crie en tous lieux, et, à force de l'entendre répéter, le peuple y croit sans discuter ; ...

Aussi l'effet de cette infâme calomnie, sortie de je ne sais quelle officine, ne se fit-il pas attendre. Les haines religieuses qui, hélas! ne sont le plus souvent qu'assoupies et ne demandent qu'un signal pour se lever menaçantes de leur sommeil, se réveillent avec une redoutable intensité ; les bruits les plus sinistres circulent, des menaces éclatent ; ici l'on se prépare à une nouvelle Saint-Barthélemy, là on parle de chasser tous les protestants qui ne consentiraient à abjurer, de piller leurs biens, de leur refuser le pain et le sel ; ailleurs, le burlesque se joint à l'absurde et l'on désigne déjà tel village où des caisses pleines de couteaux sont attendues pour égorger les huguenots !

Et, chose triste à dire ! les hommes qui, par leur position et leur intelligence, pouvaient réagir contre ce courant dangereux, calmer, par un mot ou d'un geste, cette effervescence et ramener le peuple affolé au sentiment plus vrai de la situation, les chefs, en un mot, étaient les plus ardents à souffler le feu !

. . . .

Fils de la sombre Armorique, vous n'avez pu vous élever au-dessus de vos préjugés natifs.....

. . . .

De trop nombreux faits et documents irrécusables prouvent que l'ambition et l'intérêt dynastiques avaient choisi pour auxiliaire, dans la désastreuse guerre qui désole notre patrie, un parti que nous n'avons pas besoin de nommer et dont les élèves et les dévoués serviteurs, *perindè ac cadaver*, se sont toujours trouvés parmi les plus favorisés dans la hiérarchie de l'ex-armée impériale.

Aux yeux d'un très grand nombre de Français, cette guerre était une guerre de religion autant que d'ambition.

Il n'y a pas à le nier, le mot d'ordre devait avoir été donné dans la France entière.

Partout à la fois il y eut une explosion de haines religieuses : partout eut lieu une déplorable levée de boucliers contre les protestants ; partout on les accusait d'être sympathiques aux Prussiens et d'appeler l'ennemi sur le sol de la patrie.

L'aveuglement alla plus loin encore.

Les désastres de Wissembourg et de Frœschwiller n'étaient plus les résultats des fautes de tel général ou de l'ineptie du plan d'ensemble, non, c'était l'œuvre de la trahison des protestants.

Malgré les démentis si nombreux et si héroïques, cette exécrable calomnie n'a fait que trop de chemin.

M. Jules Quirin, à qui j'avais demandé quelques informations complémentaires à propos de sa brochure, m'a communiqué en outre le fait suivant, par lettre du 3 mai 1871 :

Un nommé Hæusslin, protestant, ne l'oublions pas, était livré par les gens de Lützelbourg, le 15 août, sous l'inculpation de connivence avec l'ennemi, et comme le susdit était un tant soit peu marchand de vin, ses deux misérables petits fûts de vin passaient pour de la poudre qu'il vendait aux Prussiens. C'est fort, Monsieur, aussi j'ai presque honte de vous le dire. Arrivé à Phalsbourg, on le coffre, mais on l'oublie, au point que le malheureux a failli mourir de faim ; trois jours après son incarcération, l'ennemi coupe les tuyaux qui nous amènent l'eau, et voilà heureusement un grief trouvé, c'est lui qui est le coupable ; seulement, faute de témoins, on le garde en prison pendant 125 jours, et le jour de l'ouverture de la ville est aussi celui de sa liberté.

9. Page 53. — *A bas les protestants !* Notice historique. Neufchâteau, 9 juin 1872. S. l. broch. in-8°, 50 p.

Le lendemain de la comédie de Saarbrücken, M. R..., rentier à Neufchâteau, se promenait sur la route de Nancy, qui longe son jardin. *Vous êtes f.....,* dit-il à Mlle H... qui se promenait au jardin, *vous êtes tous f.....!*

Que signifiait cette parole ?

L'explication nous en fut donnée deux jours plus tard. Étant au jardin, je vis passer le même homme ; dès qu'il m'aperçut, de grogner aussitôt, mais assez haut pour être entendu à quatre-vingts pas : *Va-t'en, protestant !* Je compris alors.

Rien de pénible, d'ailleurs, comme la lecture du récit de M. Hæmmerlin, tant pour l'esprit qu'il décèle que pour les faits qu'il raconte. On comprend que ce qu'il appelle sa franchise lui ait attiré, comme il le dit lui-même, « bien des désagréments, même de la part de coreligionnaires, même de la part de collègues ».

Il est à croire que, de son côté, la politique prussienne n'aura pas négligé des éléments de division si favorables à ses desseins. Le *Kulturkampf* n'a peut-être été de sa part que le résultat de l'expérience faite en cette occasion. Elle avait commencé par *confessionnaliser* les écoles normales de Strasbourg et de Colmar (6 mars 1871) et il fut même question un moment d'appliquer la même mesure aux collèges et aux lycées; quand elle fut bien sûre de la victoire, elle jeta le masque, proscrivit celles des congrégations enseignantes dont le général ne résidait pas en Allemagne et rétablit le caractère mixte des écoles normales (19 septembre 1871). Le 4 décembre suivant, le grand organe catholique de Berlin, la *Germania*, fut interdit en Alsace-Lorraine.

10. Page 55. — *A côté de plates imitations de la* Marseillaise...

En voici une :

LES VOLONTAIRES DE 1870

(*Air de la Marseillaise*).

I

Sous l'aile de l'aigle invaincue,
Gage de gloire et de succès,
Que le Ciel clément t'a rendue,
Tu sommeillais, Peuple Français.
Mais une peuplade qu'égare
Une farouche ambition,
Troublait ton repos de lion
Du bruit strident de sa fanfare.

Debout ! ô Citoyens ;
Armons, armons nos bras ;
Pour battre les Prussiens ;
Partons, soyons Soldats!

II

Ils ont cru que nous, dont les pères,
Sous Hoche et sous Napoléon,
Les ont vus tant de fois naguères
A genoux demander pardon,
La peur pâlissant leurs visages,
Tremblants, repentants et soumis,
Éternellement impunis
Nous pourrions laisser leurs outrages.

    Debout ! etc.

III

Nous avons à ton insolence,
Sept ans durant, roi de Berlin,
Répondu par le seul silence.
Aujourd'hui, le calice est plein,
A toute chose il est un terme,
La patience n'a qu'un temps,
Notre airain tonne, tu l'entends ?
Mais las ! ce n'est pas d'un cœur ferme.

    Debout ! etc.

IV

Vous, Principautés d'Allemagne,
Qui vous fait affronter nos coups ?
Beaux sont vos monts, votre campagne...
Vouloir mourir ! vos fils sont fous.
Qu'ils relisent notre histoire ;
A chaque page ils le verront :
Nous naissons des lauriers au front ;
Les Francs sont fils de la victoire.

    Debout ! etc.

V

Quoi ! vous courez à la défaite !
Pour soutenir des oppresseurs !
Tout en rêvant votre conquête,
Les traîtres vous nomment leurs sœurs.
Vous seriez sans nous leurs vassales ;
Et leur joug à porter est lourd.
Votre égarement sera court :
Leur race est race de Vandales.

    Debout ! etc.

VI

Lutter pour une noble cause
Rend invincible le soldat.
Tôt ou tard le bon droit s'impose,
Le crime jamais ne l'abat.
Marchons donc avec confiance ;
Si l'un tombe avant d'être au but,
On meurt joyeux pour le salut
Et le triomphe de la France !

Debout, etc.

VII

Et toi, fuis, barbare Guillaume,
Fuis, hâte-toi ; prompts sont nos pas.
Mais c'est trop tard ! Toi, ton royaume
De sbires et non de soldats,
Dans un cercle de fer, de flammes,
Par nos mains bientôt resserrés,
Blasphème aux lèvres, vous rendrez,
Si vous en possédez, vos âmes.

Debout, etc.

Ce lamentable morceau est signé *Félix Thessalus* et a été imprimé ou plutôt réimprimé à Colmar chez C. Decker, avec la *Marseillaise* de Rouget de Lisle en regard.

Autre hymne du même crû :

LEVONS-NOUS

Un cri provoqua la vengeance :
« Les Prussiens sont à Verdun ! »
Aux armes ! sur le sol de France
Pas un ne resta, pas un.

Levons-nous ! imitons nos pères,
Du sang des hordes étrangères
Teignons encore les flots du Rhin ;
La paix, terme de nos misères,
Ne peut se faire qu'à Berlin.

Levons-nous ! etc.

Ils envahissent la patrie,
La patrie appelle au secours !
Partons ! la *française furie*
Aura de sublimes retours.

Levons-nous ! etc.

Un revers double le courage !
Contre les déluges de feu
La France est une arche ! A l'orage
Tenons tête.... le reste à Dieu !

Levons-nous ! etc.

Dieu, par un sanglant sacrifice,
Nous éprouve au creuset des forts.
S'il frappe, il aime ! Sa justice
A la France paiera ses morts.

Levons-nous ! etc.

Le Vieux Patriote.

(*Moniteur du Calvados.*)

Rouget de Lisle, où es-tu?

11. Page 89. — *Paris-Journal... un article pénible...*

Voici cet article :

L'ALSACE

POURQUOI A-T-ELLE ÉTÉ ENVAHIE ?

Une dame, ancienne directrice des postes en Alsace, et qui est née dans ce pays, nous explique d'une façon nouvelle comment les Prussiens ont pu s'emparer, presque sans coup férir, de cette belle province qui, en 1792, alors que sa réunion à la France était bien plus récente, organisa si puissamment la résistance contre l'étranger. En 1815, ce fut bien autre chose : l'Alsace se souleva tout entière et se défendit pied à pied.

Pourquoi n'en est-il pas de même aujourd'hui? Pourquoi les cités, les villages de cette contrée ont-ils été si facilement envahis? Pourquoi la résistance ne s'est-elle pas organisée comme en 1815 ? Les causes en sont multiples. Nous ne parlerons pas ici des raisons stratégiques qui ont pu provoquer nos généraux à laisser provisoirement cette terre si française à la merci de l'étranger... Le manque d'armes a bien été la cause matérielle du défaut de résistance de l'Alsace, mais pour en trouver la raison morale, il faut remonter à une faute grave, à une immense et criante injustice.....

Quand la Réforme éclata, les chanoines, presque tous princes allemands peu orthodoxes, secouèrent le joug que voulait leur imposer le concile de Trente et devinrent luthériens ; mais à l'exemple du fondateur de la monarchie prussienne, qui confisqua à son profit les biens de l'ordre teutonique dont il était grand-maître, ces rusés convertis gardèrent le titre de chanoine et les riches prébendes y attachées. Ils établirent église contre église, autel contre autel, et Saint-Thomas devint leur cathédrale. En 1792, par un hasard singulier, plusieurs chefs du tribunal révolutionnaire étant luthériens, on épargna cette église, en n'en confisquant que les revenus.

Plusieurs fois on voulut restituer à ses véritables propriétaires, le chapitre catholique de Strasbourg, la propriété de ces revenus, qui ne s'élèvent pas à moins de 12 millions de francs, mais toujours il fallut y renoncer à la suite de l'intervention du roi de Prusse et du grand-duc de Bade. C'est qu'il existe en Allemagne une vaste association qui étend ses ramifications en Alsace sous le nom de *Gustav-Adolph's Verein* et que ces deux princes sont les chefs de cette vaste franc-maçonnerie luthérienne.

Le comité de Strasbourg est composé en grande partie des Allemands les plus influents établis en cette ville. Leur nombre est de 6,000 ; les a-t-on expulsés ? Sinon ils seront un danger permanent pour les 12,000 hommes du commandant Uhrich. Au moins devrait-on s'emparer sans autre forme de procès de cette colossale forteresse de Saint-Thomas, qui servirait ainsi à la défense de la patrie ; que les comptes en soient remis à l'autorité militaire, qui y trouvera de précieuses ressources, car les revenus ne sont pas tous payés en argent, mais bien en nature, comme au xvie siècle, et tous les fermiers, les riches vignerons des riches villages au pied des Vosges, de la montagne de Sainte-Odile à Molsheim, Wasselonne et Saverne, ont à porter au receveur de Saint-Thomas une quantité déterminée de vin, de blé, de fourrages, d'œufs, de beurre ; enfin l'ancienne dîme, abolie en 1789, est conservée là au profit de la *Gustav-Adolph's Verein*, dont le chef réel est le soudard mystique Guillaume et son ministre Bismarck.

Maintenant a-t-on refusé de donner des armes à l'Alsace, parce que l'on doutait de sa fidélité ? C'eût été bien mal connaître le patriotisme de cette noble province... Elle s'est, il est vrai, désaf-

fectionnée, parce... qu'elle avait une sorte de proconsul occulte,
qu'elle redoutait en le méprisant.....

... Si l'on eût eu de ces nobles caractères comme celui de Wolff,
le valeureux chef des francs-tireurs de 1815, tous les fils de l'Alsace se seraient levés en masse et auraient repoussé l'étranger.
Mais gardons-nous aussi des Prussiens de Paris et surtout des
Prussiens de *Gustav-Adolph's Verein*. Mort aux traîtres, car nous
perdrions Strasbourg.....

A quatorze années de distance, il m'a paru instructif
de reproduire cet article, témoignage humiliant de l'ignorance et de la légèreté de certains journaux. Un jour
peut-être, lorsqu'elle existera pour toute la France, cette
histoire départementale de la guerre réclamée par le conseil général de l'Aisne, se révélera de quel poids néfaste
ont pesé sur l'unité de la défense nationale les calomnies
répandues contre les protestants. Pour le moment, rappelons que c'est un de ces protestants suspectés qui nous a
conservé Belfort, un protestant qui a introduit le général
de Barral dans Strasbourg assiégé et, au grand dommage
de l'invasion, fait sauter le tunnel de Fontenoy ; c'est un
préfet protestant, M. Grosjean, qui s'est enfermé dans
Belfort avec le colonel Denfert, un protestant qui a organisé les francs-tireurs de Colmar, un protestant qui a
tenté d'arrêter les Allemands au pont de Horbourg. Il
peut paraître étrange, il n'est certainement pas inutile de
remémorer ces faits, démentis éclatants à la plus scélérate
des accusations, en présence d'une campagne non moins
coupable, dirigée contre une autre classe de citoyens.

Quant aux francs-maçons si vilipendés, je me borne à
reproduire l'arrêté de dissolution pris par la Loge de
Colmar, lorsqu'elle se vit sommée de devenir allemande :

L'an mil huit cent soixante-douze, le dix-huit août,
Nous, Membres de la Loge de la FIDÉLITÉ à l'Orient de Colmar, réunis au siège ordinaire de nos séances, après délibération,
Considérant que les événements qui ont arraché l'Alsace et la
Lorraine de la mère-patrie, atteignent les loges maçonniques de
ces provinces, en ce qu'ils mettent en question leur obédience naturelle ;
Vu les dépêches du président du département de Haute-Alsace,

en date du 21 février et du 23 juillet 1872, enjoignant à la Loge de Colmar de cesser incontinent toutes relations avec le Grand-Orient de France ;

Considérant que cette ingérence, attentatoire à la liberté maçonnique, place la Loge de Colmar dans l'alternative ou de se constituer isolément en association indépendante et souveraine, ayant par conséquent les attributs d'un Grand-Orient, ou de s'affilier à une Grande-Loge allemande ;

Que le seul énoncé de la première proposition suffirait à en démontrer l'impossibilité pratique, alors même qu'il serait supposable que la pression administrative dût s'arrêter à la question de l'obédience française ;

Sur la deuxième proposition :

Considérant que la Maçonnerie, étant universelle, a pour devoir fondamental l'affirmation du Droit et de la Justice ; que ceux-là seulement sont dignes du nom et des prérogatives maçonniques, qui demeurent invinciblement fidèles à ce principe et ne craignent point de dénoncer et flétrir la violation du droit ;

En ce qui concerne les Maçons allemands :

Considérant que par leur coopération active ou tacite, ils se sont rendus solidaires de l'œuvre de violence qui a frappé l'Alsace et la Lorraine et qu'ils sont ainsi déchus de leur droit à la confraternité alsacienne et lorraine ;

Que ces considérations, en l'état actuel des choses, sont exclusives de tout rapport avec la Maçonnerie du nouvel Empire d'Allemagne ;

Vu le procès-verbal de la réunion du 3 mars 1872, portant mise en sommeil provisoire de l'atelier ;

Considérant qu'il importe à la Loge FIDÉLITÉ d'anéantir en son germe la solidarité pouvant naître entre elle et toute association quelconque qui s'instituerait ultérieurement en son lieu et place et sous une dénomination identique ou analogue ;

Que l'état de sommeil de la Loge ne présente point à cet égard une garantie suffisante ;

Avons arrêté et arrêtons :

ARTICLE PREMIER.

La Loge constituée à l'Orient de Colmar, sous le titre distinctif de la FIDÉLITÉ, est et demeure dissoute à partir de ce jour.

ART. II.

Tous les sceaux, titres, pièces et documents maçonniques appartenant à l'Atelier seront déposés aux archives du Grand-Orient de France.

Art. III.

La bibliothèque de l'Atelier sera confiée à l'une des Loges françaises limitrophes du Haut-Rhin, et le mobilier liquidé conformément aux prescriptions arrêtées à cet égard.

Art. IV.

Les fonds restant disponibles seront versés à l'Assocation d'Alsace-Lorraine, séant à Paris, pour contribuer aux frais d'instruction des jeunes Alsaciens-Lorrains émigrés.

Art. V.

La présente délibération sera notifiée à chacune des Grandes-Loges d'Allemagne, et ensuite rendue publique par la presse.

Art. VI.

Une commission de trois membres est chargée de l'exécution des présentes.

(Suivent les signatures.)

12. Page 96. — *Nos francs-tireurs ont franchi le Rhin devant Bellingen.*

Deux ordres nous arrivent presque en même temps ; l'un, du général, nous prescrit de partir pour Épinal, où nous devrons nous mettre à la disposition du préfet pour une expédition projetée ; l'autre, du ministre de la guerre, transmis par le commandant de place de Neuf-Brisach, ordonne d'employer tous les moyens possibles pour détruire les bateaux badois qui sont entre Rheinweiler et Bellingen. Pour l'exécution de cet ordre, qui m'est apporté par M. Bertin, conducteur des travaux du Rhin, deux capitaineries de douanes et la compagnie des francs-tireurs de Neuf-Brisach sont mises à ma disposition.

M. Bertin se charge de procurer des bateaux pour traverser le Rhin à Kembs et en face de Petit-Landau. Toutes les mesures sont prises pour que la réunion des différents groupes ne donne pas l'éveil aux Badois. Le passage se fera à l'aube.

Notre départ de Mulhouse doit avoir lieu entre onze heures et minuit, dans les voitures mises à notre disposition par la municipalité. Après l'exercice de l'après-midi, on arme et équipe des volontaires engagés du jour même, et l'ordre de réunion est donné sans explications.....

31 août. — Nous arrivons avant deux heures du matin sur la lisière de la forêt de la Harth. Les voitures, dont les lanternes ont été éteintes en route, iront nous attendre plus tard à Ottmarsheim. Pendant que les officiers conduisent la compagnie sur la route de Bâle, je vais à ce village, lieu du rendez-vous, et j'en ramène les douaniers et les francs-tireurs de Neuf-Brisach. Pendant la réunion, qui s'opère dans le plus grand silence, M. Bertin nous fait connaître les moyens dont il dispose pour la traversée et les dispositions sont arrêtées à la satisfaction des officiers présents.

A Kembs, 50 Colmariens et 20 douaniers doivent s'embarquer dans les cinq bateaux disponibles. Ce détachement, sous les ordres du lieutenant Kœnig, doit surprendre le village qui domine la partie du bras du Rhin où sont amarrés les bateaux, afin que les habitants, tous armés, dit-on, ne puissent profiter de leur favorable situation pour inquiéter les douaniers et nos bateliers chargés de la destruction de la petite flottille.

Pendant que notre avant-garde, allégée de ses sacs, file lestement sur Kembs, le gros de l'armée (220 douaniers, 50 francs-tireurs de Neuf-Brisach et 40 Colmariens) se dirige sans bruit vers le lieu où les barques stationnent, en attendant qu'elles servent à transporter en aval de Bellingen et dans l'île qui existe en face de ce village, les détachements nécessaires à la protection de nos travailleurs et à la sécurité de notre avant-garde.

Nous longeons Petit-Landau et nous arrivons enfin à notre point d'embarquement. Une erreur a dû être commise, car de bateaux il ne s'en trouve point. Nous faisons un kilomètre en amont, un autre en aval, pas plus de bateaux que de bateliers. J'expédie un message à Kembs pour que M. Kœnig me renvoie deux barques après la traversée de son monde, puisqu'il n'y a plus de doute à avoir. Les bateliers de Chalampé n'ont pas exécuté l'ordre donné par M. Bertin et il n'existe aucun moyen de se procurer des bateaux dans un court délai.

La rive badoise, les îles sont perdues dans le brouillard, tandis que les faibles lueurs qui précèdent l'aurore commencent à éclairer la terre française. On revient de Kembs, où il n'y avait plus personne ; notre avant-garde est donc isolée sur le territoire ennemi, sans savoir que nous ne pouvons la rejoindre.

Les 70 Français qui ont traversé peuvent être en péril ; nous sommes là plus de 300 prêts à combattre et nous ne pourrions leur être d'aucun secours. Par suite du brouillard, nos armes à longue portée ne nous seraient d'aucune utilité..... Quelle situation !

Un coup de fusil se fait entendre... puis le silence règne de nouveau. Je désire vivement que ce soit une maladresse.

Nos hommes étant à peu près cachés dans les broussailles, MM. Michel et Thiébaut restent avec moi sur le bord du talus qui domine le fleuve et, l'oreille tendue, nous cherchons à percevoir tous les sons, à nous rendre compte de tous les bruits venant de l'île ou de l'autre rive.....

Enfin nous entendons parfaitement des coups frappés sur les bateaux et ensuite des mots en français.

Ils sont en face de nous, mais le brouillard ne nous permet pas de les voir.

L'île se dégage, des francs-tireurs se mettent en communication avec nous et nous crient que tout va bien. Je leur recommande de se hâter pour nous rejoindre et recommence à respirer librement.

Les voilà tous enfin, ils reviennent dans cinq grands bateaux, traînant les leurs à la remorque. Peu à peu tous débarquent et j'ai la certitude qu'aucun n'a été tué ou blessé. Le coup de fusil a été tiré en l'air pour faire sauver plus vite des gendarmes badois qui avaient mis en joue les premiers francs-tireurs qu'ils avaient aperçus émergeant du brouillard.

Le lieutenant Kœnig me fait brièvement son rapport. Il a parfaitement dirigé son expédition et je suis heureux de le lui dire. Plusieurs bateaux ont été coulés et ceux qui paraissaient tout neufs ont été amenés, ainsi que deux poteaux du télégraphe. Pendant qu'une partie du détachement occupait le village, dont les habitants surpris n'avaient fait aucune résistance, les disponibles étaient allés sur la voie du chemin de fer et avaient coupé le fil du disque et les deux poteaux du télégraphe. Bonne précaution pour retarder l'arrivée des troupes stationnées à Fribourg.

Les bateaux sont confiés à M. Bertin et à la compagnie de Neuf-Brisach, qui doivent les faire charger sur chariots à Chalampé, comme on a fait précédemment pour les bateaux français, et l'on se sépare, heureux d'avoir exécuté l'ordre sans victimes de part ou d'autre. Dans le village de Bellingen, les francs-tireurs se sont très bien conduits. Quelques verres de vin blanc demandés ont été payés et un volontaire a laissé son fusil à la porte avant d'entrer dans une maison, pour ne pas en effrayer les habitants.

Nous retournons à Ottmarsheim, où nous ne trouvons qu'une partie de nos voitures. On s'entasse dedans et en route pour Mulhouse, où nous rentrons à midi, juste douze heures après notre départ mystérieux.

Ce coup de main, dont le commandant de place de Neuf-Brisach rendit probablement compte d'après le rapport verbal du capitaine des francs-tireurs de cette ville, devint, dans la bouche du ministre de la guerre, une expédition sur le territoire badois et, dans les journaux parisiens, *prétexte* à canards de la plus haute volée.

J'ai raconté ce fait de peu d'importance avec tous ses détails, parce que dans les escarmouches qui eurent lieu à la suite pendant cinq ou six jours, entre les Badois et les Français, d'une rive à l'autre, il y eut deux gardes nationaux de Mulhouse tués et un officier de la mobile du Haut-Rhin blessé. Les bateaux restés à Chalampé furent coulés ou recherchés par les Badois, protégés par le feu d'une pièce de canon. Je tiens donc à dégager ma responsabilité en prouvant que c'est par ordre que j'ai commandé cette petite expédition et que les bateaux pris avaient été remis au conducteur des travaux du Rhin. En possession depuis la veille d'un ordre de départ immédiat pour Epinal, j'ai dû revenir à Mulhouse sans perdre un instant.

Voici un spécimen des articles qu'occasionna notre affaire des bateaux de Bellingen. Je le copie dans l'*Histoire :*

LES FRANÇAIS EN ALLEMAGNE

Une rumeur que nous espérons voir bientôt confirmée, circulait ce matin. Un corps de cent mille hommes formé à l'abri du plus grand mystère, entre Besançon et Belfort, aurait passé le Rhin à la hauteur de Kembs et de Mulheim. Cette rumeur n'aurait rien que de très vraisemblable, le Haut-Rhin étant resté entièrement dégarni de troupes...

Quant au ministre, il se servit d'une dépêche venant certainement de Bâle, où il était dit : « Corps franc composé de quelques Français a pénétré sur territoire badois. — Le train badois manque aujourd'hui..... » pour réfuter M. Keller, député du Haut-Rhin, qui, après avoir raconté que des paysans du grand-duché venaient, armés seulement de sabres, rançonner les villages du Bas-Rhin, avait demandé que des mesures de précaution fussent prises immédiatement pour préserver le Haut-Rhin de ces incursions (*Séance du 31 août 1870*).

(Eudeline, *loc. cit.*)

13. Page 113. — *Départ d'une seconde ambulance...*

Dr Émile Neumann. *Odyssée d'une ambulance colmarienne* (*Revue alsacienne,* mars 1884) :

... La voie de Belfort à Paris n'étant pas libre, il fallait de Belfort se rendre à Dijon, et de là gagner Paris par la ligne de Lyon.

Nous n'arrivâmes à Paris que le 10 au soir. Dès le lendemain nous nous présentions, au Palais de l'Industrie, à M. le Dr Chenu, médecin en chef de la Société, chargé de la direction générale des ambulances. Le 13 au soir on nous délivre nos feuilles de route pour Tours, où nous devions rejoindre les ambulances alors en formation dans cette ville et dont l'organisation était confiée à M. le comte de Flavigny et à M. le Dr Gallard, médecin en chef du chemin de fer d'Orléans.

Notre séjour à Tours ne devait pas être de longue durée. La délégation de Tours, pensant que des engagements plus sérieux pouvaient avoir lieu sur divers points du parcours de cette voie ferrée, résolut de diriger de ce côté une ambulance volante. M. le Dr Gallard voulut bien me charger de la conduire ; il m'adjoignit MM. Chaigneau, Ferrand, Patenostre et Rivière, étudiants en médecine, qui devaient, avec mes amis et camarades de Colmar, compléter le personnel de l'ambulance.

Nous avions ordre de nous rendre à Savigny-sur-Orge, près de Juvisy, pour y porter secours aux blessés qui seraient, après les premiers pansements, dirigés par le chemin de fer le plus loin possible des opérations militaires.

Le 16 au soir nous quittions Tours, nous couchons à Vendôme ; le lendemain nous partons pour Dourdan, puis de là pour Arpajon, où la ligne de chemin de fer est coupée. Nous trouvons une voiture et un cocher qui veut bien nous conduire jusqu'à Savigny-sur-Orge. Nous n'avons plus qu'une petite et dernière étape à faire pour arriver à destination et accomplir la mission dont nous nous sommes chargés. Mais hélas ! nous avions compté sans les Allemands.

A cent mètres environ de la gare de Brétigny, des soldats bavarois cachés derrière une meule de paille se levèrent brusquement à notre approche et croisèrent la baïonnette. « On ne passe pas », nous dirent-ils. Ils nous ordonnent alors de descendre de voiture et forment le cercle autour de nous ; un lieutenant qui commandait le détachement ne tarde pas à paraître ; il nous presse de questions pour savoir quel est le but de notre voyage, je m'empresse de le lui faire connaître, lui montrant à l'appui les feuilles de route dont nous étions munis, nos brassards, notre matériel d'ambulance, etc. Il nous déclare très brutalement qu'il lui est impossible de nous laisser poursuivre notre route et qu'il ne peut pas davantage nous permettre de rebrousser chemin, attendu que nous avons vu leurs positions. J'insiste, je proteste au nom de la Convention de Genève ; l'officier ne veut pas entendre raison ; un capitaine (*Hauptmann*) arrive sur ces entrefaites, confirme les dires du lieutenant et nous fait conduire chez le colonel, qui se trouvait dans un village voisin, le Plessis-Pâté. Le colonel fut, je dois le dire, un peu plus poli que les officiers subalternes, mais, pas plus que ceux-ci, il ne voulut nous permettre de retourner sur nos pas. Ordre est donné aux soldats de nous conduire jusqu'à la ferme de Courcouronnes, occupée par des officiers d'état-major : « Ces messieurs, ajoute le colonel, statueront sur votre sort. » Là encore on nous adressa les mêmes questions, qui furent suivies des mêmes réponses ; puis on nous dirigea sur Corbeil, où je fus conduit auprès du général bavarois von Hartmann, commandant le IIe corps bavarois. Réitérant la demande que j'avais faite aux autres officiers, j'insistai pour que nous fussions reconduits aux avant-postes, ainsi que le voulait la Convention de Genève, dont les termes, à cet égard, sont formels. « Nous n'avons que faire, me dit le général, de la Convention de Genève ; à la guerre comme à la guerre, vous êtes devant nos lignes et vous y resterez, vous et vos camarades, jusqu'après la capitulation de Paris. Vous êtes d'ailleurs parfaitement libres de circuler dans ces lignes, mais n'essayez pas d'en sortir, il vous arriverait malheur, je n'ai pas autre chose à vous dire, retirez-vous. »

Il n'y avait plus d'illusions à se faire ; notre situation devenait critique.

Il était 8 heures du soir lors de notre arrivée à Corbeil. Ce n'était pas chose aisée de trouver ce soir-là à Corbeil soit un morceau de pain, soit un gîte pour la nuit. Des sentinelles postées devant les boulangeries en interdisaient l'entrée, à moins d'autorisation spéciale. Un officier bavarois, auquel j'exposai notre situation, fit cependant lever la consigne, et nous pûmes ainsi nous procurer du pain. Il nous fallait ensuite chercher un abri pour la nuit ; après avoir erré pendant une heure dans la ville et avoir vainement frappé à bien des portes, nous nous adressâmes à la concierge du tribunal, et cette brave femme nous offrit comme dortoir le prétoire de la justice de paix. Inutile de dire que cet asile de nuit fut accepté avec empressement et reconnaissance.

Le lendemain matin nous quittions Corbeil pour aller dans la direction de Melun, espérant toujours nous frayer un passage à travers les lignes prussiennes.

Délogés de Melun par les Allemands, il nous fallut encore revenir sur nos pas ; après avoir passé successivement une deuxième fois par Corbeil, puis par Ris-Orangis, Juvisy, nous gagnons Savigny-sur-Orge qui était également occupé par les troupes allemandes. Là encore se rencontraient les mêmes difficultés pour le logement et la nourriture.

Le 22 septembre, nous revenons à Arpajon où nous comptions passer la nuit ; à peine arrivés à l'hôtel, nous y recevons la visite inattendue d'un capitaine bavarois. Cet officier, dont je ne sais pas le nom, mais dont je n'ai certes pas oublié les traits, nous interpella de la façon la plus grossière. « Il n'y a pas de place ici pour les Français autres que les habitants d'Arpajon : qui êtes-vous, que faites-vous, d'où venez-vous ? » Puis, sans attendre de réponse, il ajouta : « Avant une heure vous aurez quitté la ville. » Sur ces mots il nous laisse, puis, revenant quelques instants après, il nous dit : « Non, vous ne partirez pas, vous passerez la nuit à Arpajon et demain je vous ferai conduire à Longjumeau. » Des soldats viennent s'emparer de nous, on nous met chacun entre deux hommes et on nous conduit ainsi escortés à la mairie. Nous y passons la nuit gardés à vue. Le lendemain, 23 septembre, nous partons pour Longjumeau, escortés comme des criminels par des gendarmes à cheval. Ne comprenant plus rien à ce qui se passait et cherchant en vain à connaître les motifs de notre arrestation, je demande à voir le général. On fait droit à ma demande et les gendarmes me conduisent auprès du général von der Thann, commandant le Ier corps bavarois. J'essaie de me défendre, je veux savoir pourquoi on nous traite comme des malfaiteurs ; vains efforts, tentatives inutiles ; on m'impose silence. « Vous êtes *des chenapans*, dit le général, j'en sais assez sur votre compte. Gendarmes, conduisez ces gens-là où vous savez. »

On nous mène ensuite dans une petite maison de la grande rue de Longjumeau, dans laquelle était installé un poste de soldats bavarois. Nous étions là soumis à une surveillance des plus sévères ; on nous prévint d'ailleurs que si nous faisions la moindre tentative pour nous évader, nous serions immédiatement passés par les armes.

La journée du 23 et la nuit du 23 au 24 se passèrent ainsi pour nous dans une anxiété facile à comprendre. Le lendemain, samedi 24 septembre, à dix heures et demie du matin, nous recevons la visite du maire de Longjumeau, qui se présente accompagné d'un officier allemand. Le maire, très ému, vient nous annoncer qu'une accusation très grave pèse sur nous et qu'on nous prend pour des espions. « Vous allez passer, dit-il, devant un juge militaire qui prononcera sur votre sort. Cet officier vous interrogera, et si malheureusement il ne vous était pas favorable, *vous seriez fusillés demain matin ;* soyez calmes et défendez-vous bien. » Inutile de dire l'effet que nous produisirent ces paroles et les angoisses qui les suivirent. Il n'était pas 11 heures, et l'interrogatoire ne devait avoir lieu qu'à 4 heures ; cinq grandes heures à attendre avant d'être interrogés et de pouvoir une dernière fois nous défendre. Cinq heures, cinq siècles, que je n'oublierai jamais. A 4 heures, on vient nous chercher, nous devons être amenés l'un après l'autre devant le juge (l'*Auditor*, comme l'appellent les Allemands) et interrogés séparément.

Je passe le premier. « Les papiers qu'on a saisis sur vous ne nous prouvent rien, me dit en commençant l'officier allemand, les espions en ont toujours ; la mission dont vous vous prétendez chargés n'a pas de raison d'être ; il n'est pas admissible qu'on vous ait envoyés de Tours à Savigny pour ramener quelques blessés qui se trouvent d'ailleurs entre nos mains. Je vous demande la vérité, qu'êtes-vous venus faire ici ? de l'espionnage, sans doute ; peut-être appartenez-vous à une de ces bandes de francs-tireurs qui infestent le pays et auxquels nous n'accordons ni trêve ni merci. » Je me récriai vivement contre les accusations d'espionnage et me défendis en invoquant toutes les considérations de droit et de justice auxquelles je pouvais faire appel. « Je suis médecin, dis-je, mes camarades sont tous ou médecins ou ambulanciers, notre mission est une mission d'humanité ; nous sommes délégués par la Société internationale de secours aux blessés et nos brassards devraient nous protéger contre les violences que nous subissons et contre les accusations dont nous sommes l'objet. Mettez-moi en présence d'un de vos médecins et il lui sera facile de s'assurer de la véracité de mes assertions. » Je parlai de notre première arrestation aux environs de Corbeil, de mon entrevue avec le général Hartmann qui, tout en nous défendant de sortir des lignes prussiennes, nous avait affirmé que nous pourrions y circuler librement. Je fis également observer que, parmi nos papiers, se trouvait un sauf-conduit allemand qui nous avait été accordé par l'intendant de l'armée du prince royal, lors de notre passage à Melun. L'interrogatoire dura une demi-heure environ ; puis ce fut le tour de mes camarades, auxquels les mêmes questions furent adressées et qui se défendirent avec la plus vive énergie. A 8 heures, on nous ramena tous devant l'Auditor. « Messieurs, nous dit-il, je veux bien croire que vous êtes médecins ou ambulanciers et que vous appartenez à la Société de Genève, mais votre présence ici ne nous étant pas suffisamment expliquée, il m'est impossible de vous rendre la liberté ; je vais vous faire placer dans une de nos ambulances qui se trouve établie très près d'ici et dans laquelle vous resterez en observation jusqu'à nouvel ordre. »

Nous avions donc la vie sauve ; ne fallait-il pas se déclarer satisfaits ? En effet, que pouvions-nous attendre d'un ennemi qui fusillait sans pitié les malheureux francs-tireurs tombés entre ses mains et faisait juger sommairement et exécuter de pauvres et inoffensifs habitants dont le seul crime avait été d'opposer quelque résistance à un vainqueur cruel et barbare ? Que pouvait-on espérer, quand on se trouvait à la merci des Bavarois, les sinistres héros de Bazeilles ?

Nous partîmes le soir même, sous la garde de soldats qui nous conduisirent au château de Villebouzin, près Montlhéry, où se trouvait installée la IXe ambulance bavaroise ; nous y fûmes d'abord l'objet d'une surveillance très rigoureuse ; puis on nous accorda une certaine liberté, on nous permit de sortir du parc, d'aller et de venir dans les environs du château, mais notre libération définitive, que nous ne cessions de réclamer, nous fut toujours refusée. Nous restâmes complètement inoccupés ; les médecins bavarois, malgré le grand nombre de malades auxquels ils avaient à donner leurs soins, n'eurent jamais recours à nos services. Ces médecins ne nous témoignèrent d'ailleurs pas la moindre bienveillance ; ils n'eurent même pas pour nous les égards que commande la confraternité la plus banale.

Dans les premiers jours d'octobre, la IXe ambulance quitta Villebouzin et fut remplacée par la XIe ; les médecins qui composaient celle-ci se montrèrent moins durs et moins arrogants que leurs prédécesseurs. L'un des médecins, le Dr Hermann, m'offrit généreusement d'intervenir en notre faveur, tout en me faisant observer qu'il était indispensable, pour avoir notre liberté, que l'un de nous se rendît à Versailles au quartier-général.

Le 21 octobre, j'obtins pour mon ami Léonhardt et pour moi un sauf-conduit de 24 heures pour faire ce voyage. Arrivés à Versailles le 21 octobre à midi, notre première visite fut pour le comité versaillais de la Société de la Croix-Rouge. Là on nous adressa au prince Putbus, délégué de la Société allemande de secours aux blessés. Le prince nous reçut courtoisement. Après lui avoir fait le récit de nos aventures, je présentai ma requête et demandai un sauf-conduit pour mes camarades et pour moi, nous permettant de retourner à Tours. Le prince s'y refusa : « Vous devez être renvoyés dans vos foyers, je ne puis vous laisser et ne vous laisserai pas rejoindre l'armée française, vous retournerez en Alsace, à Colmar, d'où vous êtes partis ; ce n'est qu'à cette condition-là que je vous accorde la liberté. » Munis de notre ordre de libération, nous repartîmes immédiatement pour retrouver nos camarades à l'ambulance bavaroise.

Nous voilà donc libres, ou au moins libres de retourner en Alsace. Mais comment regagner la ligne de l'Est ? On ne voyageait pas facilement alors aux environs de Paris ; il n'y avait plus ni chevaux ni voitures ; la voie ferrée n'était praticable sur la ligne de Strasbourg qu'à partir de Nogent-l'Artaud, station qui précède celle de Château-Thierry : aussi n'est-ce que le 23 octobre que

nous avons le bonheur de quitter les Bavarois. Nous retournons
d'abord à Longjumeau ; de là notre première étape est Lieusaint.
Grâce à un ordre de réquisition que le maire de Lieusaint veut
bien nous accorder, nous pouvons nous procurer une voiture pour
nous rendre à Tournan, puis à Coulommiers. Le 25, nous partons de Coulommiers dans la direction de Nogent-l'Artaud où
nous arrivons le soir ; c'est de là, comme nous l'avons déjà dit,
que partaient les trains qui se dirigeaient vers Strasbourg.

Nous quittons Nogent le 26 ; à 8 heures du soir seulement,
nous gagnons Châlons-sur-Marne, où nous couchons. La journée
du lendemain tout entière se passe à faire le trajet de Châlons à
Nancy.

Le 28 au soir nous arrivons à Strasbourg. Là, nouvel arrêt,
par suite du siège de Schlestadt ; la voie est coupée entre Strasbourg et Colmar, c'est une patache qui fait le service. Le 31 octobre au matin seulement, nous quittons Strasbourg et à 8
heures du soir nous sommes rendus à Colmar. Huit jours de
voyage pour aller des environs de Paris à Colmar, presque le
temps que met aujourd'hui un paquebot pour faire la traversée
du Hâvre à New-York.

14. Page 121. — *Le capitaine Richard...*

C'est lui qui arrêta le prince Louis-Napoléon à la Finkmatt
lors de l'échauffourrée de Strasbourg. Aussi n'eut-il plus d'avancement du jour où celui-ci tint les rênes du pouvoir : le souverain
ne sut pas oublier les griefs du conspirateur.

Marie-Charles Richard naquit à Soultz (Haut-Rhin) le 21 mars
1810. Simple engagé dans le 46e léger le 8 mars 1831, il était
sergent-major deux ans après et chevalier de la Légion d'honneur
le 22 novembre 1836.

Le 18 septembre 1839, il fut promu sous-lieutenant, le 21 juillet 1840 lieutenant, et capitaine le 19 décembre 1848. C'est
comme tel qu'il a été retraité en 1863.

Il a fait les campagnes d'Orient et d'Italie. Blessé par un éclat
d'obus devant Sébastopol et cité à l'ordre du jour de l'armée
d'Orient pour sa belle conduite dans les combats du 1er au 2 mai
et du 3 mai 1855, il fut nommé sur le champ de bataille officier
de la Légion d'honneur par le général Canrobert, mais l'empereur
ne voulut jamais ratifier cette nomination, malgré toutes les instances faites auprès de lui par d'influents personnages. Une au-
dience obtenue par le capitaine Richard aux Tuileries n'eut pas
plus de succès : l'empereur lui promit de faire examiner l'affaire,
mais jamais il n'y fut donné suite.

En 1875, des démarches furent faites auprès du gouvernement de la République pour le dédommager de l'injustice dont il était victime, mais le vieux militaire mourut le 26 novembre de la même année, avant que ces généreux efforts eussent abouti.

Il était également titulaire des médailles de Crimée et d'Italie, ainsi que de l'ordre du Medjidié.

15. Page 161. — *La compagnie de Lamarche compte parmi ses officiers une Colmarienne, Mlle Antoinette Lix...*

Antoinette Lix est sans contredit l'une des figures les plus originales et, ajouterons-nous, les plus sympathiques qu'ait produites l'Alsace. Née à Colmar le 31 mai 1839, elle n'avait que quatre ans lorsqu'elle perdit sa mère, Amélie-Françoise Schmidt, de Bergheim. Son père, ancien grenadier à cheval de Charles X et de Louis XVIII, résolut de l'élever en garçon. Jusqu'à l'âge de huit ans, Antoinette porta le costume masculin. A dix ans, elle montait parfaitement à cheval et faisait de l'escrime comme un maître d'armes.

A onze ans, Antoinette fut placée au pensionnat des sœurs de la Divine Providence, à Ribeauvillé. Ce ne fut pas une mince besogne pour les bonnes religieuses que de tempérer ce caractère impétueux, de rompre aux travaux de l'aiguille ces doigts endurcis au maniement de la bride et de l'épée ; mais la religion vint à leur aide : l'enfant était d'une piété fervente et obéissait sans murmure, dès qu'on lui rappelait ses devoirs de chrétienne. Il est vrai qu'on dut les lui rappeler souvent. La vertu qui lui coûta le plus à acquérir, c'est la patience. Un jour que les religieuses avaient emmené leurs élèves en promenade sur une hauteur (la Klausmatt, si nous ne nous trompons), au pied de laquelle roule un torrent, une des jeunes filles s'approcha de notre pensionnaire, brisa une baguette et lui en jeta au fur et à mesure les morceaux au visage. Antoinette, irritée, bouillonnait ; cependant elle se contint, tout en prévenant sa compagne que si elle ne cessait ce jeu, elle passerait un mauvais quart d'heure. L'autre ne tint nul compte de l'avertissement ; mal lui en prit : Antoinette, pâle de colère, la souleva comme une plume et la lança dans le torrent avant qu'on eût pu intervenir. Mais à peine eut-elle vu l'élève taquine disparaître sous l'eau, qu'elle s'y précipita à son tour et la ramena, aux applaudissements des élèves et au grand soulagement des maîtresses.

A dix-sept ans, pourvue du brevet de capacité et douée d'une instruction solide, — elle parlait et écrivait, outre le français, les langues allemande et anglaise, — elle fut appelée en Pologne, où

une patricienne, Mme la comtesse L..., lui confia l'éducation de
sa nièce.

Elle était là depuis six ans, lorsqu'éclata l'insurrection de 1863.
La nation polonaise se soulevait pour la vingtième fois contre le
joug de l'oppression russe, pour la vingtième fois recommençait
une lutte sans espoir. L'âme ardente de Mlle Lix ne pouvait rester
indifférente devant cet héroïsme. D'abord elle implora Dieu, puis
elle agit. Un ami du comte L... allait être surpris par les Russes
avec tout son détachement. Comment l'avertir, le sauver ? Mlle Lix
s'habille en homme, monte à cheval pour prévenir le général B...,
mais elle n'arrive que pour le voir tomber dans la mêlée. La brave
institutrice rallie alors les soldats qui se débandent, ranime leur
courage, se met à leur tête et gagne la bataille.

Ce brillant fait d'armes lui valut le grade de lieutenant, qu'elle
accepta, et elle continua la campagne sous le nom de *lieutenant
Tony*.

Frappée d'un coup de lance à la poitrine, elle est reconnue et
recueillie par une religieuse félicienne, Mlle Wolowska, avec qui
elle s'était trouvée en relations dans le monde et qui la soigne
dans sa propre cellule pendant les six semaines que la blessure
met à se fermer. Grâce à ce dévouement, elle peut sauvegarder
son incognito aux yeux de ses compagnons, qui tous ignorent
qu'elle est femme.

A peine convalescente, elle se charge de porter une importante
dépêche à un chef de partisans, mais elle tombe entre les mains
des Russes et ne doit la vie qu'à un passeport au nom de son
frère. Reconduite à la frontière, elle rejoint à Dresde la comtesse
L... et profite de ses loisirs dans cette ville pour suivre les cours
de la Faculté de médecine.

Elle revient en France en 1866. Le choléra sévissait alors avec
fureur dans le département du Nord. Cette fois, ce n'est plus la
bravoure, c'est la charité qui parle en elle. Avec le même oubli
de soi qu'elle a montré en Pologne, elle va soigner les cholériques
indigents et demeure à leur chevet pendant toute la durée de
l'épidémie. Sa belle conduite, signalée en haut lieu, lui mérite sa
nomination au bureau de poste de Lamarche (Vosges) où, dès
son arrivée, elle fonde un ouvroir pour les pauvres.

Survient la guerre avec l'Allemagne. Mlle Lix aussitôt d'aller à
la mairie et de s'engager dans une compagnie franche formée par
les frères et les fils de ses amies, qui lui offrent le grade de lieutenant, auquel la désignait son expérience de la guerre. C'est en
cette qualité qu'elle prit part au combat de la Bourgonce-Nom-
patelize, dans les rangs des francs-tireurs vosgiens. « En Pologne,
écrivait-elle plus tard, j'avais combattu pour une cause sainte, il

est vrai, mais étrangère ; lorsque l'Alsace, où je suis née, fut menacée, je n'avais plus le droit de m'abstenir. »

Elle combattit pour sa patrie avec plus d'ardeur et d'abnégation que' jamais, et sa pratique de cette vie de guérillas, où le petit nombre doit, par la ruse, l'emporter sur l'ennemi supérieur en force et mieux armé, sauva de plus d'un péril les francs-tireurs de Lamarche, qui avaient en elle la plus grande confiance et la respectaient tous comme une sœur.

L'*Industriel alsacien*, du 14 décembre 1870, contenait une très belle lettre d'un franc-tireur de Neuilly, M. Lesney, témoin oculaire qui raconte comment ce lieutenant féminin ralliait les mobiles qui se débandaient : « *Allons, Messieurs, debout*, disait-il, *c'est la tête haute que les Français doivent saluer les balles prussiennes !* » puis elle pansait les blessés qui tombaient autour d'elle, et prêchait d'exemple, sans se soucier du danger. Après ce combat, sa compagnie s'étant fondue dans les troupes garibaldiennes, elle se retira pour se consacrer exclusivement au soin des blessés.

La paix signée, elle s'en retourna à son bureau de poste. A cette époque de sa vie se place, si nous ne nous trompons, un trait qui ajouta encore à l'admiration et au respect qu'on lui avait voués. Par une froide nuit d'hiver, un de ses facteurs n'était pas rentré. Il y avait deux pieds de neige, un vent glacial soufflait avec violence, la nuit était noire, et personne ne consentait à aller à la recherche du facteur Bourcier. La femme de l'absent, sur le point d'être mère, était dans une angoisse déchirante à voir. Mlle Lix n'hésite pas, se met en route, parcourt neuf kilomètres à travers bois, à la recherche de son agent, et revient à deux heures du matin, transie de froid et brisée de fatigue. Le facteur avait pris une vieille route parallèle à celle que suivait la receveuse.

Le Gouvernement lui a décerné la médaille d'or 1re classe (28 janvier 1872), en récompense de sa belle conduite pendant la guerre et de son dévouement dans les ambulances.

Le conseil de la Société de secours aux blessés militaires lui a conféré, en 1871, la croix de bronze des ambulances, et le général de Charette lui a envoyé la médaille des zouaves pontificaux.

Dès la fin de la guerre, les membres du Comité de défense du département des Vosges, assistés des chefs de troupes, avaient voté des remerciements à Mlle Lix « pour sa courageuse conduite et son dévouement pendant la campagne ».

La Société Nationale d'encouragement au Bien lui a décerné une médaille de bronze le 5 mai 1872, et les Dames Alsaciennes lui ont offert une splendide épée d'honneur d'un travail remarquable.

A la suite de violentes douleurs rhumatismales, survenues après la guerre, Mlle Lix a dû demander l'échange de son bureau de poste contre un bureau de tabac, qui lui a été accordé en 1876.

On raconte encore bien d'autres actes de courage de sa part ; il serait trop long de les énumérer tous. Nous en citerons un, toutefois, qui a eu Paris pour théâtre. Le 27 novembre 1876, à cinq heures du soir, elle traversait la rue de Médicis, lorsqu'elle voit arriver à fond de train un cheval de maître échappé de son écurie. Une vieille dame, qui se traînait avec peine, se trouvait au milieu de la chaussée. Mlle Lix jette son manchon, saute à la tête du cheval au moment où il passait près d'elle et allait renverser la vieille dame, et parvient à arrêter l'animal emporté.

Aujourd'hui, elle vit dans la retraite, consacrant à un petit nombre d'amies et à la bienfaisance les courtes heures de répit que lui laissent ses travaux et des fièvres intermittentes, souvenir des marais de la Pologne. Ses occupations consistent principalement en traductions anglaises, dont elle emploie les bénéfices à des œuvres de charité. C'est elle qui est l'auteur de la traduction française de *Johnny Ludlow*, parue chez Maurice Dreyfus, en 1879.

Tout récemment, elle a publié sous le titre de *Tout pour la Patrie*, un volume rempli de souvenirs alsaciens, dont un grand nombre de journaux ont déjà fait un éloge aussi unanime que mérité, et qui vient de lui valoir une nouvelle médaille d'honneur de la Société Nationale d'encouragement au Bien.

Colmar et l'Alsace inscriront un jour dans leur Livre d'or le nom glorieux d'Antoinette Lix [1].

16. Page 230. *Ce jour-là, trois habitants de Colmar...*

Notice biographique sur Frédéric Simottel, par F. Dinago :

... Le 16 janvier 1871, à 8 heures du soir, la maison Simottel, située dans la petite rue des Tanneurs, fut cernée par un détachement du 27e de ligne prussien. M. Simottel père fut arrêté, ainsi que son fils cadet, rentré depuis peu du siège de Metz, où sa santé avait été fortement ébranlée par toutes les privations des assiégés. Ce furent MM. Schmœlling, préfet de police prussien, et Schwœppenhauser, ancien commissaire central français, qui

---

1. *Gazette des Femmes,* p. 139, 140 et 158, année 1882.
Grand Dictionnaire du XIXe siècle, par P. Larousse. *Supplément,* p. 1063, 4e col.
Industriel Alsacien du 2 octobre 1870. Rapport lu à la *Société Nationale d'encouragement au Bien,* le jour qu'on lui décerna la médaille de bronze.
L'Écho de la Dordogne du 29 janvier 1884.
Renseignements divers.

procédèrent à leur arrestation, sous l'inculpation d'avoir favorisé l'évasion de blessés français prisonniers de guerre, fait qualifié de crime et puni de mort par l'ordonnance de M. de Bismarck, du 12 octobre 1870. Ils furent internés momentanément au deuxième étage de l'hôtel des Deux-Clefs, mis au secret et ayant chacun la force armée à la porte de sa chambre. Le lendemain, le préfet prussien von der Heydt vint procéder à leur interrogatoire. Il ordonna l'élargissement immédiat du fils et annonça à M. Simottel père qu'il allait être transféré à Strasbourg, en compagnie de M. Édouard Chevalier, arrêté pour les mêmes motifs. En même temps qu'il mettait le fils cadet en liberté, il l'expulsa d'Alsace et lui intima l'ordre de se rendre à Nancy, sous peine d'être arrêté et conduit comme prisonnier en Allemagne.

... Arrivés à Strasbourg, MM. Simottel et Chevalier furent incarcérés à la prison des Ponts-Couverts, où ils restèrent deux longues et mortelles semaines. Leur cause ayant été fixée au 1er février 1871, devant le conseil de guerre, ils songèrent à se pourvoir de défenseurs. Le barreau de Strasbourg témoigna à M. Simottel la plus touchante sympathie, et ce fut son digne doyen, Me Mallarmé (actuellement juge honoraire à Epinal) qui se chargea de la défense de son confrère de Colmar ; M. Chevalier confia la sienne à Me Lederlin, professeur à la Faculté de droit... Après quatre heures de débats, les deux accusés furent renvoyés acquittés.

Pendant qu'on discutait leur sort, Mme Simottel recevait la foudroyante nouvelle de la mort de son fils, René, et c'est en rentrant tout joyeux d'annoncer à sa femme sa libération, que le pauvre père, acquitté à Strasbourg, fut condamné à Colmar à apprendre la perte cruelle qu'il venait d'éprouver... René Simottel, lieutenant d'artillerie de la garde nationale mobile, à Belfort, avait eu les jambes fracassées et l'épine dorsale brisée par un obus.....

SOCIÉTÉ COLMARIENNE DE SECOURS AUX BLESSÉS

Séance du 4 août 1871, présidence de M. Rencker. (Colmar, impr. Jung. 1871, broch. in-4°. 16 pages).

Rapport de M. Ed. Chevalier fils :

1° ... Le théâtre de la guerre s'étant, dès le début, éloigné de notre ville, Colmar n'a jamais eu ni blessés ni ambulances en dehors de l'hôpital militaire... L'hôpital militaire, parfaitement organisé par l'Administration française d'abord et prussienne ensuite, a recueilli un assez grand nombre de blessés ; le comité et surtout MM. Heylandt et Thierry les ont visités avec assiduité ; les malades et blessés ont été pourvus de vêtements chauds, de secours de tout genre et, à leur sortie, de l'argent nécessaire à leur rapatriement.

Beaucoup de dames ont apporté aux blessés les consolations qu'elles seules savent donner, et des dons de toute nature.....

... Plusieurs amputés, beaucoup de soldats mal soignés et non guéris venant de l'étranger, ont été placés à l'hospice civil et à la maison de santé, où ils ont été soignés avec sollicitude et dévouement par les médecins, les sœurs et les diaconesses.....

Les ambulances locales devenues inutiles, les champs de bataille étant transportés en Champagne et dans les environs de Paris, vous avez jugé bon, Messieurs, d'accepter le dévouement de plusieurs jeunes gens de notre ville, désireux d'aller au loin porter aux blessés leurs soins et leurs secours.

Deux ambulances partirent ainsi de Colmar, la Société en fit les frais ; mais ici encore ces essais échouèrent par suite d'événements inattendus (arrestation et captivité de plusieurs, difficultés de tout genre) que le rapport de M. le Dr Hummel vous fera connaître.....

3° Nous arrivons aux prisonniers d'Allemagne, vaste champ d'activité pour votre Société, et où nous avons pu largement donner... 10,463 fr. furent répartis dans les centres principaux, tels que Magdebourg, Dresde, Mayence, Coblentz, Minden, Glogau, Rendsbourg, etc. La répartition se fit de différentes manières : à Glogau, ce fut un comité d'officiers français ; à Rendsbourg, des jeunes gens de Colmar ; à Coblentz et à Minden, les commandants prussiens eux-mêmes ; à Magdebourg, M. l'aumônier catholique comte Enzenberg ; à Erfurt et Dresde, des correspondants alsaciens.

Votre comité s'était demandé, à propos de ces distributions d'argent, s'il était bon de suivre l'exemple de communes et de villes environnantes et de ne donner qu'aux Colmariens. Une difficulté rendait cette manière d'agir impossible pour les enfants de Colmar prisonniers en Allemagne, c'est l'ignorance absolue des noms de tous ceux qui étaient prisonniers. La commission que vous aviez nommée pour l'exécution de vos désirs, a préféré étendre la répartition entre tous, tout en priant ses correspondants de favoriser dans une certaine mesure les Colmariens et les Alsaciens. A Rastadt et à Rendsbourg toutefois, où se trouvaient les mobiles du Haut-Rhin, nous avons cru bien faire en destinant spécialement nos secours à nos concitoyens. Solidaires comme soldats, solidaires dans le malheur, il n'eût pas été généreux de séparer dans la répartition des bienfaits de la population colmarienne ceux qui étaient nos compatriotes, et dont les souffrances étaient d'autant plus vives que la distance et la difficulté de correspondre avec l'intérieur rendaient l'arrivée des secours plus difficile.

A ces 10,463 fr. distribués en argent, je dois ajouter une dépense de 11,658 fr. 35 c. faite pour l'achat de lainages, tricots, cache-nez, caleçons, etc., envoyés aux prisonniers, plus une somme de 2,761 fr. 90 c. représentant des objets destinés aux ambulances... La somme totale dépensée pour améliorer le sort des prisonniers se monte donc à 24,883 fr. 25 c. Cette somme ne représente que les débours en argent faits par notre trésorier. Les dons en nature faits par la population colmarienne ont dépassé toute attente ; ils se chiffrent par une estimation de 40,000 fr. au moins ....

Il ne m'est pas possible de vous entretenir des prisonniers français sans parler de la conduite si généreuse, si noble de la Suisse et particulièrement de la ville de Bâle. Les épreuves si douloureuses qui ont frappé notre pays ont été adoucies par la sympathie et le dévouement sans bornes de ce pays, si noblement représenté par le comité de Bâle. Ce dernier s'est chargé de tous les envois d'argent, envois d'effets, et ne s'est pas laissé rebuter par les difficultés que le mauvais vouloir et la chicane ajoutaient à celles d'un transport presque impossible.....

4° ... J'arrive, Messieurs, au dernier chapitre, le retour des prisonniers en France. Les Alsaciens rentrèrent les premiers... Le comité décida que les nécessiteux colmariens recevraient des vêtements, mais pas d'argent, et que les Alsaciens étrangers à la localité seraient à nos frais renvoyés chez eux.

Le conseil municipal de Colmar contribua pour une somme de 1,000 fr. à l'achat des vêtements.....

Nos compatriotes de l'intérieur vinrent ensuite et la Société eut la consolation et le privilège de souhaiter la bienvenue à ces infortunés et de leur offrir quelque soulagement matériel. Un service régulier fut organisé pour la distribution de soupes quelquefois, de pain, de vin et de cigares toujours. MM. les Drs Hummel, Claude et Neumann, assistés de quelques dames, sœurs de charité improvisées, s'occupèrent régulièrement des malades et blessés, tandis que vos délégués, renforcés par un certain nombre de personnes dévouées, distribuaient les rations.....

... N'oublions pas de citer des réunions de dames et un grand nombre de personnes en ville qui confectionnèrent elles-mêmes des quantités d'effets de tout genre et apportèrent ainsi un appoint heureux à la caisse, qui fut soulagée d'une main-d'œuvre onéreuse. Ces effets, réunis chaque semaine à l'hospice civil pendant les mois d'hiver, furent mis en ballots et expédiés sous la direction intelligente et dévouée de M. Louis Rothé.....

Le résultat total des recettes en tout genre se résume de la manière suivante :

Espèces reçues.	62,172ᶠ05ᶜ
Dons en nature, évalués au plus bas. . . .	40,000 »
Dons en vin.	4,960 »
Total. . . .	107,132ᶠ05ᶜ

En dehors de ces chiffres, nous avons reçu encore cigares, fruits, vins en bouteille, café, thé, punch, liqueurs, etc. Ces dons, distribués souvent par les donateurs eux-mêmes, n'ont pu être ni inscrits ni évalués...

Voici, d'après le même compte rendu, la liste des communes et des Sociétés donatrices :

Ingersheim, 231 fr. ; — Herrlisheim, 303 fr. 10 c. ; — Grussenheim, 17 fr. 70 c. ; — Sainte-Croix-en-Plaine, 495 fr. 05 c. ; — Loglenheim, 218 fr. 70 c. ; — Oberentzen, 118 fr. 20 c. ; — Holtzwihr, 133 fr 55 c. ; — Niederentzen, 203 fr. 40 c. ; — Rumersheim, 186 fr. ; — Obermorschwihr, 114 fr. 30 c. ; — Walbach, 33 fr. ; — Andolsheim, 91 fr. ; — Dürrenentzen, 50 fr. : — Lapoutroie, 509 fr. ; — Kuenheim, 216 fr. 35 c. ; — Rüstenhardt, 65 fr. 50 c. ; — Hirtzfelden, 120 fr. ; — Niedermorschwihr, 46 fr. ; — Artzenheim, 99 fr. ; — Blodelsheim, 170 fr. ; — Zimmerbach, 51 fr. 25 c. ; — Hüsseren, 238 fr. ; — Riquewihr, 852 fr. 25 c. ; — Horbourg, 200 fr. ; — Ostheim, 200 fr. ; — Munster, 1,240 fr. ; — Türckheim, 200 fr. ; — Günsbach, 200 fr. ; — Guémar, 300 fr. ; — Ribeauvillé, 500 fr. ; — Wintzenheim, 75 fr. ; — la communauté israélite de Grussenheim, 112 fr. ; — la communauté protestante d'Algolsheim et Volgelsheim, 115 fr. ; — Houssen, 138 fr. 50 c. ; — Kientzheim, 545 fr. 30 c. ; — Ammerschwihr, 400 fr. ; — la paroisse de Dannemarie, 89 fr. ; — de Gommersdorf, 15 fr. 60 c. ; — de Wolfersdorf, 16 fr. ; — d'Elbach, 21 fr. 05 c. ; — la Société internationale de Thann, 200 fr. ; — Société de secours de Sainte-Marie-aux-Mines, 500 fr. ; — le comité de secours de Guebwiller, 200 fr. ; — Hattstatt, 50 fr. ; — Gueberschwihr, 44 fr. ; — Rouffach, 324 fr. 25 c. ; — Colmar, 1,000 fr. ; — Niederhergheim, 50 fr. ; — Soultzmatt, 200 fr. — Total : 11,598 fr. 05 c., plus 1.000 fr. reçus de la Société de secours aux blessés militaires de Lyon.

ÉPILOGUE

« Pourquoi n'y a-t-il pas eu d'enquête sur les circonstances qui ont amené et accompagné, en 1870, la déclaration de guerre ?

« ... On a ordonné des enquêtes. On devait, en procé-
dant avec méthode et logique, en allant de la cause à l'effet
et non de l'effet à la cause, commencer dans l'ordre des
dates, c'est-à-dire par une information judiciaire concer-
nant les circonstances qui ont amené et accompagné, en
1870, la déclaration de guerre. Car tous nos malheurs et
tous les crimes qu'ils ont engendrés viennent de ce fait,
la guerre sans cause...

« ... On s'étonne que les ministres qui ont pris vis-à-vis
du pays la première, la plus grave des responsabilités,
celle de la déclaration de guerre et des malheurs qui l'ont
suivie, puissent venir se promener, le front serein, au
milieu de ceux auxquels leurs fautes ont imposé un deuil
éternel — et qu'on n'ait même pas le droit de les interroger. »

(Dauban, *le Fond de la société sous la Commune.*)

« Quand on a enlevé à la nation française l'Alsace et la
Lorraine allemande, on ne lui a pas ôté seulement des
places fortes, des murailles, des champs et même des

hommes. On lui a arraché un esprit, celui de la race germanique, en sorte que la France pourrait dire : Une vertu est sortie de moi.

« C'est là qu'il ne faut pas souffrir :.... il faut donner rendez-vous à l'esprit de la Lorraine germanique et de l'Alsace dans les provinces qui nous restent les plus voisines de Strasbourg et de Metz.

« Faites de Nancy un autre Metz, un autre Strasbourg au point de vue intellectuel et moral....

« Là accourront tous ceux qui représentent l'alliance de l'esprit germanique et de l'esprit français, telle que nos provinces limitrophes la personnifiaient.

« Vous avez perdu des territoires ; mais vous sauverez le génie traditionnel des populations qui nous ont été enlevées.

« Un jour viendra où ce génie maintenu, ces traditions conservées nous restitueront les provinces perdues.

« En un mot, gardez quelque part l'esprit de l'Alsace... Cet esprit vous rendra l'Alsace géographique et matérielle... »

(EDGAR QUINET, la République, 1872, p. 251.)

COMMUNICATIONS

REÇUES PENDANT L'IMPRESSION DE CE VOLUME

I

Événements de la guerre, relation officielle (extraits) :

8 août.

.... Toute autorité militaire avait disparu..... Colmar est une ville ouverte, complètement dégarnie de troupes, dépourvue de tous moyens de défense, sans garde nationale armée..... Était-il possible, dans de pareilles conditions, de songer à organiser une résistance quelconque..... Le devoir du maire était tout tracé : il se rendit en personne sur tous les points de la ville pour prévenir la population de la situation qui lui était faite par les événements.....

Sur ces entrefaites, un convoi de poudre destiné à Neuf-Brisach était arrivé devant le quartier de cavalerie, dégarni de troupes, et se trouvait abandonné là, sur la route, à la merci de la population des faubourgs, qui se groupait autour de la voiture. Ce convoi devait être pris en charge par un officier du 4ᵉ régiment de chasseurs qui était resté seul à Colmar pour diriger le dépôt de quelques soldats malades et convalescents. Cet officier, ayant eu connaissance des dépêches reçues par M. le Préfet, se rendit à 8 heures du matin à l'Hôtel de ville, où se trouvaient réunis quelques membres du conseil municipal et quelques citoyens notables. Il leur fit part de l'embarras qu'il éprouvait à remiser la poudre ou à l'expédier sur Neuf-Brisach, sous l'imminence de l'arrivée de l'ennemi, qui pouvait s'en emparer. Afin de la soustraire à un coup de main, et en présence de l'agitation de la foule qui cherchait à s'en emparer, les citoyens réunis à l'Hôtel de ville ouvrirent l'avis, partagé d'ailleurs par l'officier, qu'il fallait noyer la poudre. A peine l'officier se fut-il éloigné, que MM. Lemercier, secrétaire général, et de Latouche, conseiller de préfecture, vin-

rent à l'Hôtel de ville apporter l'ordre de M. le Préfet de faire
jeter les tonnelets de poudre à l'eau.

Tels sont les faits dans leur exacte vérité. Sur la foi de renseignements erronés, M. Keller, député du Haut-Rhin, les a présentés au Corps législatif, dans sa séance du 31 août, comme un
acte de faiblesse de la municipalité de Colmar. Il est du devoir
de l'administration de protester au nom de la vérité contre une
imputation mal fondée. Son patriotisme est connu, personne n'a
le droit de le suspecter, mais il y a des moments douloureux où
le patriotisme ne peut que gémir d'avoir été mis dans l'impuis-
sance d'agir par l'imprévoyance de ceux qui, dans le principe,
avaient la mission sacrée d'organiser la défense nationale et qui
ont laissé la population de l'Alsace sans défense.

14 septembre.

Dans la soirée, un colonel de cavalerie vint, de la part du général, inviter le maire à faire avertir les propriétaires de chevaux
de selle à les amener le lendemain matin, à 8 heures, sur la place
du quartier de cavalerie. Le maire résista à cette demande et aucun avis ne fut publié dans la soirée, mais le lendemain une nouvelle injonction, suivie de menaces d'exécution *manu militari*,
mit le maire en demeure d'avoir à faire exécuter l'ordre sur-le-
champ. Il fallut céder à la force et prévenir les propriétaires.
L'officier porteur de l'ordre paraissait d'ailleurs parfaitement ren-
seigné et cita les noms des principaux propriétaires de chevaux,
entre autres celui de M. le vicomte de Bussierre et de M. Edgar
Zæpffel, vice-président du conseil de préfecture. Il choisit douze
chevaux et une commission municipale fut chargée d'en faire l'estimation avec les délégués du général.

15 septembre.

Dans la matinée, toutes les troupes stationnées à Colmar reçurent l'ordre de se tenir prêtes à partir par la route de Sainte-Croix
entre midi et une heure. A onze heures et demie, l'intendant se
présenta de la part du général et informa le maire, d'un air assez
embarrassé, qu'il venait d'opérer la saisie, à l'entrepôt des tabacs,
de 23 caisses de cigares pesant 1,150 kilogrammes, que le général
proposait à la ville de lui céder ces cigares au prix de la régie,
c'est-à-dire à 12,650 fr., payables comptant, sauf à la ville à les
revendre aux débitants. Cette chevaleresque razzia de tabac aurait eu pour résultat de verser dans les poches des soldats du
grand-duc une haute paie de 12,650 fr., avec la perspective de
venir fumer les cigares à titre de réquisition et de faire ainsi coup

doub_e. L'ennemi avait déjà chargé les caisses sur ses fourgons qui stationnaient devant l'Hôtel de ville et l'officier demandait une réponse immédiate. Cette manière de comprendre la guerre parut un peu trop germanique à la commission municipale. L'administration était à ce moment représentée à la mairie par MM. Mathieu, Saint-Laurent, adjoint, Rencker, ..., et ......, membres du conseil municipal. Ils considérèrent comme un devoir civique de refuser ce marché, dont l'acceptation eût rendu la ville complice de la confiscation d'une propriété de l'État. Les fourgons partirent, emportant le chargement de 287,500 cigares.

II

Lettre d'un officier allemand a son hôte

(*Traduction*)

Colmar, le 28 octobre 1870.

Monsieur,

Comme vous ne paraissez pas savoir ce qui revient à un homme logé chez vous en qualité d'*officier*, je me permets de vous en remettre le détail ci-après :

Matin : Café avec les accessoires (*mit Beilage*).

Midi : Soupe grasse avec légumes et rôti, ou l'équivalent.

Soir : La même chose.

Journellement un litre de *bon* vin et 6 *bons* cigares.

La *bonne* qualité de ces objets est partout considérée comme essentielle.

Pour la *quantité* [1], vous pouvez prendre pour votre gouverne que suivant l'ordre de la division, chaque homme, même le simple soldat a droit à 1, je dis, en toutes lettres, une livre de bœuf par jour. En outre, je demande que mon ordonnance loge dans la même maison que moi.

Si mes informations m'avaient appris qu'il vous est impossible de me donner ce qui me revient, j'aurais procédé autrement et, selon le plus ou moins de temps que je compte passer ici, je me serais fait loger ailleurs ou bien j'aurais subvenu moi-même à ma subsistance. Mais il résulte de mes renseignements, Monsieur, que vous êtes fort à votre aise, et même riche ; or le moyen serait par

---

1. Les mots en italique sont soulignés dans l'original.

trop simple, pour se débarrasser d'un militaire qu'on doit loger, de lui faire un mauvais accueil.

Je préfère donc, Monsieur, vivre chez vous suivant les lois prussiennes en matière de logement de troupes, lois avec lesquelles Colmar ne tardera pas sans doute à faire plus ample connaissance. On se fait très bien à l'annexion (*es lässt sich ganz gut annectirt werden*) ; mon pays à moi a aussi été annexé en 1866.

E. MATTHIESEN,

Docteur en droit et référendaire, actuellement vice-
feldwebel faisant fonctions d'officier, 26e régi-
ment d'infanterie, 6e compagnie.

TABLE DES MATIÈRES

ERRATA

Page 47, ligne 22ᵉ. *Au lieu de :* le digne homme répandait, *lire :* le digne homme, abusé comme tant d'autres, répandait....

— 90, ligne 7ᵉ. *Après :* ont vu la lueur des projectiles, *ajouter :* reflétée par les nuages.

— 99, entre les lignes 21ᵉ et 22ᵉ, intercaler la date du dimanche 4 septembre.

— 109, ligne 15ᵉ. *Au lieu de :* il y a vingt-quatre heures, *lire :* vingt-quatre heures auparavant.

— 135, ligne 13ᵉ. *Au lieu de :* des uhlans défilent, *lire :* des dragons....

— 161, entre les lignes 17ᵉ et 18ᵉ, intercaler la date du 1ᵉʳ octobre.

Nancy, imp. Berger-Levrault et Cⁱᵉ.

L'Entrée des Badois à Colmar, le 14 septembre 1870, par […] gr. in-8°.

L'Ancienne Alsace à table. Étude historique et archéolog[ique] […] mentation des mœurs et les usages pendant […] de l'ancienne […] l'Alsace, par Charles Gérard, avocat à la Cour, d'ap[rès] […] 1877. Très bel […] caractères […]

9 782013 715218